中国宏观经济丛书
ZHONGGUO HONGGUAN JINGJI CONGSHU

国家高端智库成果
GUOJIA GAODUAN ZHIKU CHENGGUO

U0101418

# 转变经济发展方式与深化改革研究

ZHUANBIAN JINGJI FAZHAN FANGSHI YU SHENHUA GAIGE YANJIU

俞建国　曾　铮◎主编

人民出版社

# 《中国宏观经济丛书》编委会

主　　　任：朱之鑫
常务副主任：陈东琪
副　主　任：马晓河　任伟民　王昌林　吴晓华
委　员（按姓氏笔画排序）：
　　　　　　史育龙　白和金　毕吉耀　刘立峰　刘树杰
　　　　　　杨宜勇　肖金成　汪　鸣　宋　立　张长春
　　　　　　张燕生　林兆木　罗云毅　胡春力　俞建国
　　　　　　郭小碚　高国力　黄汉权　银温泉　韩文科
　　　　　　董　焰　臧跃茹

# 本书编写人员

主　　编：俞建国　曾　铮
成　　员：郭丽岩　许　生　相　伟　刘在红　刘　方
　　　　　郭春丽　黄卫挺

# 前　言

呈现在读者面前的这本书，原为国家发展和改革委员会宏观经济研究院2013年度的重点课题（2013年3月至2014年4月）。课题探讨了我国转变经济发展方式的内涵，剖析了我国经济体制的基本特征，以及我国经济发展方式存在的主要弊端和根源，旨在推动政府职能向创造良好发展环境、提供优质公共服务、维护社会公平正义转变。通过一年的调查和研究，课题组基本完成了预定目的。

转变经济发展方式是2007年党的十七大报告提出的关系国民经济全局紧迫而重大的战略任务，要点有三：一是"促进经济增长由主要依靠投资、出口拉动向依靠消费、投资、出口协调拉动转变"，二是"由主要依靠第二产业带动向依靠第一、第二、第三产业协同带动转变"，三是"由主要依靠增加物质资源消耗向主要依靠科技进步、劳动者素质提高、管理创新转变。"三年后，"转方式"便成为整个"十二五"时期（2011～2015年）发展的主线。

本项研究的主要结论是，经济发展方式既是需求方式、供给方式和要素投入方式的统一，也是发展目的、发展手段和发展动力的统一。因此，转变经济发展方式就是要矫正发展目的，优化发展手段，重构发展动力，核心是转变要素投入结构。改革开放以来，各级政府以经济建设为中心，在全面转向市场经济后又迅速融入世界市场，却未能及时调整这些职能，反而顺势将自己转变为市场主体，由此导致发展目的异化，手段停滞，动力扭曲。在总结工业化国家政府和市场关系的理论与实践基础上，我们剖析了我国政府主导型体制的优势和劣势，以及硬实力建设能力强、软实力建设能力弱的特点。

我们认为，转变经济发展方式关键是要处理好政府和市场的关系，这就需要进一步深化改革，切实将经济体制从政府主导型转变为市场主导型，政府功能从主导国民经济发展转向引导国民经济发展，从经营性、建设型政府转向法治政府和服务型政府，从硬实力建设为主转向软实力建设为主，尤其要加强对企业和个人的市场监管。转变经济发展方式要标本兼治，近期应直面三个转变，从解决短期变量——稳定经济增长速度、改善总需求结构入手，这将为改变中期变量——调整供给结构和收入分配结构创造有利条件。从长远看，则必须采取大力度改革措施，调整中央和地方利益格局以从根本上处理好政府和市场的关系，塑造新型市场主体，进一步推进生产要素市场化，从而实现经济发展方式的根本性转变。

一些人士曾提出疑问：转变经济发展方式的第一个转变即提高消费率（即消费占GDP的份额），怎谈得上是经济发展方式的转变呢？发达国家消费率较高，而许多发展中国家也不低，这怎么能反映出发展方式的差别抑或发展水平的高低呢？我们认为，转变经济发展方式的三项要求不是孤立的，而是一个系统的整体，虽然它们从国民经济核算切入的角度不同，却全面综合地反映了经济发展方式的内涵。例如，支出法核算的总需求结构，反映了发展的最终目的（社会"需求"不就是发展的目的吗），生产法核算的总供给结构，一定程度反映了发展手段的优劣，至于收入法所核算的要素报酬结构即要素投入结构，更是突出地反映了发展动力的差异。经济学的基本理论告诉我们，"生产是起点、是满足消费需求的手段，消费是终点、是生产的目的，分配则是连接生产和消费的中间环节"，这与经济发展方式的"三个转变"所反映的经济性质，在逻辑上是一致的。当我们提出"转方式"任务的时候，不就说明我们的发展目的、手段和动力出现一些问题了吗？而只有当我们赋予经济结构的变化以一定的价值观念，并使之与国民经济核算数据一一对应时，良好的发展理念才会变得可衡量、可操作、可检验，才容易落到实处。

值得注意的是，2016年制定的"十三五"规划纲要，对我国经济社会发展的主线作出了重大调整，由"十二五"时期的转变经济发展方式改为供给侧结构性改革，这是否意味着我们放弃了转变经济发展方式的任务？我们认为并非如此，因为这两条发展主线是彼此衔接的，只是随着时间的推移，侧重点发生了变化。

在二十一世纪的头一个十年中，中国经济发展虽然三个转变都需要，但突出的还是由于经济增长速度过快所导致的总需求结构严重失衡，投资和出口所占比重不断攀升，对经济增长的贡献也不断提高，而消费的比重和作用则持续下降。虽然"十二五"时期也仍然需要三个转变，但最迫切的仍然是实现第一个转变即需求结构的转变，因为没有需求结构的转变，就很难会有供给结构的转变和要素投入结构的转变，如前所述，这是由于第一个转变是短期变量，比较容易实现，而后两个转变是中期变量甚或是长期变量，难度较大。

从"十二五"规划执行结果来看，随着经济增速调整为中高速，投资率已从2010年的48%下降到2015年的45%，消费率则从49%上升到52%，双方各自向良性方向变动了3个百分点；消费对经济增长的贡献率从45%提高到60%，而投资的贡献率则从66%下降到43%，可以说，需求结构的调整已初见成效。

近两年，随着投资增速回落至个位数，可以判断，投资率继续下降的空间已经大大缩小，也就是说，尽管2016年我国的投资率仍处于44%的较高位置，但在"十三五"时期（2016~2020年）继续下调的余地已经不大，也变得不那么迫切而转化为一项长期任务了。可见，当我们判断经济进入了新常态、经济增长应下调为中高速的时候，总需求结构严重失衡的态势已大大缓解，出口不易，投资谨慎，而消费的作用则日益凸显。在这一背景下，供给侧的矛盾就变得突出了，如产能过剩、房地产库存严重等。"十三五"规划顺应经济形势的这一变化，对"十二五"规划提出的发展主线做出相应的调整，不仅是工作重心由原来的第一个转变移至第二个转变，也是"十二五"时期发展主线的深化，因为供给侧结构的优化本身即为转变经济发展方式题中应有之义。

因此，如果我们能够比较深入的了解转变经济发展方式的内涵，那么，对于当前正紧锣密鼓推进的供给侧结构性改革的重大意义也就会有更加充分的认识。诚如党的十九大报告所指出的，"我国正处在转变发展方式、优化经济结构、转换增长动力的攻关期"，这或许可以从一个侧面说明，转变经济发展方式仍然是我国经济社会发展的重大任务，且依然处于进行时，故而本项研究至今并不过时。

最后需要说明的是，课题组在上海和安徽调研期间，曾得到上海市及徐汇区和安徽省及合肥市、肥西县等各级政府的发改、财政、工信、商务、工商、食药监、编办、教育、卫生、住建、社保、民政、公安等多个部门及相关研究机构的热情帮助，使我们的许多认识得以深化，更接地气，在此我们表示深深地感谢。

　　本课题负责人为俞建国研究员和曾铮副研究员，各章执笔人分别是：总报告俞建国、曾铮，分报告一和分报告二俞建国，分报告三郭丽岩副研究员，分报告四许生研究员，分报告五相伟博士，分报告六刘泉红研究员和刘方助理研究员，分报告七郭春丽研究员，附件一观点综述曾铮，附件二调查报告刘方和黄卫挺副研究员（以上课题组成员职称均为2013年承担本项研究时的职称）。

　　将课题报告修订成书时，我们只是按照出书的体例略加修改和润色，总体上仍保持结题时面貌，以体现当时我们的基本观点和研究水平。不当之处在所难免，欢迎读者批评指正。

本书编写组

2017年11月

# 目　录

# 总报告:转变经济发展方式与深化改革研究

2007年党的"十七大"报告提出了转变经济发展方式的任务，2010年《"十二五"规划建议》进一步把加快转变经济发展方式确定为"十二五"发展的主线，2012年党的"十八大"报告则提出要确保转变经济发展方式在2020年之前取得重大进展。不过，自党的"十七大"以来，五年过去了，我们发现转变经济发展方式的任务完成得并不理想。这就需要我们认真探讨一下原因，采取有针对性的政策措施，以便使这一任务真正落到实处，避免凌空蹈虚。

## 一、转变经济发展方式的内涵及提出背景

党的"十七大"报告对转变经济发展方式、促进经济增长提出了三项要求，一是由主要依靠投资、出口拉动向依靠消费、投资、出口协调拉动转变；二是由主要依靠第二产业带动向依靠第一、第二、第三产业协同带动转变；三是由主要依靠增加物质资源消耗向主要依靠科技进步、劳动者素质提高、管理创新转变。[1] 我们认为，只有科学认识转变经济发展方式的内涵，才能深刻理解转变经济发展方式的重要性和系统性，而疏理转变经济发展方式提出的背景，则有助于我们意识到加快转变经济发展方式的紧迫性。

### （一）科学认识转变经济发展方式

转变经济发展方式的三项要求不是孤立的，它们之间存在着密切的内在联系。对此，我们形成了以下几点认识。

---

[1] 《在中国共产党第十七次全国代表大会上的报告》，人民出版社2007年版，第22、23页。

首先，这三项要求是从国民经济核算角度切入的。国内生产总值有三种计算方法，即生产法、收入法和支出法，分别从三个角度核算国民收入的形成。生产法反映了生产情况，收入法反映了分配情况，支出法反映了消费情况（包括为扩大消费而进行的投资），也就是说，通过一张投入产出表，既可以反映一国"生产—分配—交换—消费"再生产活动的全过程，也可以清楚地反映出生产、分配和消费三者之间存在的紧密联系。

其次，国内生产总值的三种计算方法，实际上也从三个维度界定了发展的内涵。支出法核算的总需求结构，反映了发展的目的；生产法核算的总供给结构，反映了发展的手段；收入法核算的要素报酬结构亦即要素投入结构，反映了发展的动力。这与经济学理论中"生产是起点、是满足消费需求的手段，消费是终点、是生产的目的，分配则是连接生产和消费的中间环节"，在逻辑上也基本一致，只是当我们把收入分配看作是生产、发展的动力时，应该说比"中间环节"这样的表述更加明了，也比较准确。从这一角度看，所谓转变经济发展方式，就是要矫正发展的目的，优化发展的手段，重构发展的动力。

第三，从规范分析角度看，经济发展方式既是需求方式、供给方式和要素投入方式的统一，也是发展目的、发展手段和发展动力的统一。而从实证分析角度看，经济发展方式则是国民经济核算支出法、生产法和收入法三种方法的统一。这样，理念可与核算数据对应，"发展目的、发展手段和发展动力"与"支出法、生产法和收入法"的统计数据也一一对应，可实现规范和实证的统一，人文和科学的统一（见表0-1）。由于有统计数据支撑，科学发展的理念便容易落到实处，转变经济发展方式也才具备可衡量性、可操作性和可检验性。[①]

转变要素投入结构是转变经济发展方式的核心。要素投入结构转变了，会带动需求结构和产业结构的转变。如果要素投入结构主要是以科技创新和提高劳动者素质为主，那就必然要求加大对人力资本的投入。人力资本要素或者广义的劳动力要素在国民收入分配中份额逐步提高，必然会促进消费扩大和消费结构的升级，增加消费对经济增长的贡献。同时，由于人力资本的投入加大，

---

[①] 继2007年党的"十七大"报告之后，2010年"十二五"建议和2012年党的"十八大"报告对转变经济发展方式又做了重申，但表述的内容和方式略有差异。我们认为，仍然可以用发展目的、发展手段和发展动力这样一个框架来理解这些略有差异的表述，详细内容见分报告一第四节。

表 0-1　转变经济发展方式各项内容的统一

| 经济发展 | 方　　式 | 转变的具体内容 | 核算方法 |
|---|---|---|---|
| 发展目的 | 需求方式 | 调整需求结构，矫正发展目的 | 支出法 |
| 发展手段 | 供给方式 | 调整供给结构，优化发展手段 | 生产法 |
| 发展动力 | 投入方式 | 调整分配结构，重构发展动力 | 收入法 |

劳动者素质的提高，会使单位物质消耗所带来的附加值越来越多，也会为新产品的研发、商业模式的创新乃至产业结构的优化升级创造条件，进而有利于促进三次产业的融和，实现三次产业的协同发展，最终实现生产方式科学合理、优化集约可持续。

从转变经济发展方式所需要的时间来看，三个维度是不一样的：需求结构变化可以是一个短期变量，可以通过宏观调控实现，但要持续下去，却需要矫正发展目的；调整供给结构、优化发展手段则是一个中期变量，需要若干年时间才能见效，这仍受制于发展目的；重构要素投入结构、提高全要素生产率[①]，是一个长期变量，以十数年、数十年计，所谓"十年树木，百年树人"，只能作为一项战略性安排，这需要长期坚持教育立国、科学立国才会逐步奏效，或许还要社会和政治体制改革的配合。但如果从改善发展的动力——要素分配结构来看，却可以通过一些改革措施在中近期内实现。

## （二）提出转变经济发展方式的背景

我国目前经济发展方式大体形成于 21 世纪初，持续至今，在今后若干年内，或因主动调整转变为新的经济发展方式，或因难以为继被迫终止。而转变经济发展方式，则是对 1995 年《"九五"计划建议》"转变经济增长方式"的方针做出的重大调整。

早在二十世纪八十年代初制定"六五"计划时，我们既已提出"把经济发展模式转变到以提高经济效益为中心的轨道上来"，但片面追求产值和速度的倾向一直存在，粗放型增长方式始终占主导地位，国民生产总值的增加主要依靠大规模的要素投入（自然资源、资本和劳动力）来支撑。这种局面直到九十年代中期仍然没有实质性改变。针对这种情况，1995 年"九五建议"提出积极

---

① 全要素生产率又称"索罗余值"，最早由美国经济学家罗伯特·索罗提出，指产出增长率超过劳动、资本和土地等要素投入增长率的部分。全要素生产率的来源包括技术进步、组织创新、专业化生产、劳动者素质提高以及经济结构变化和制度变迁等因素。

推进经济增长方式转变，把提高经济效益作为经济工作的中心。换句话说，这虽然是一项重大方针，但依然是我们在缺乏市场机制、企业缺乏集约经营动力的情况下所采取的从"外部"进行约束的办法，并且沿袭了苏联计划经济时代的提法。[①]

进入二十一世纪，我国经济进入了一个高速增长期，从2003年开始连续五年出现两位数高增长，固定资产投资增速年均达到25.8%，大大超过同期国内生产总值17.2%的现价增长速度。出口也出现了"井喷"，从2002年始连续6年增速超过20%，有两年甚至达到35%的超高速水平。净出口率则从2.2%一直攀升到8.8%，直接推动了外汇储备大幅增长，以致外汇从长期短缺变成烫手的山芋。

国民经济的高速增长，对一系列重大结构产生了重要的影响。首先，过快的经济增长使总需求结构失衡，异化了发展目的。高强度的投资和依靠国外市场释放生产能力，消费率必然下降。投资已不需要与消费协调发展，而是越来越依赖出口释放产能，形成一种内部失衡（国内储蓄大于国内投资，即总供给大于国内总需求）与外部失衡（国际收支失衡、外汇储备猛增）交相叠印、相互推动的局面。其次，总需求结构失衡妨碍了产业结构优化升级，致使发展手段停滞。高投资率和过高的出口依赖度妨碍产业结构优化升级，因为投资和出口拉动的主要是二产而不是三产。以"钢筋加水泥模式"为基础的投资，加上以劳动密集型产业为主的加工贸易出口和以资源密集型产业为主的一般贸易出口，增长过快不仅抑制了服务业的发展，还形成了依赖低附加值制造业、抑制高附加值制造业的机制，很容易被生产廉价品的"世界工厂"所锁定。最后，高投资率和高出口率改变了收入分配结构，扭曲了发展动力。高强度的投资所带动的主要是资本报酬较高而劳动报酬较低的冶金、建材等资本密集型产业。同时，高投资率也增强了资本在要素分配中的地位，形成对无限供给的劳动力的"强势"地位。出口的作用也与投资相类似。结果，2000～2007年，劳动报酬占国内生产总值的比重大幅度下降，而代表资本要素报酬的企业收入（营业盈余加固定资产折旧）比重则大幅度上升。收入分配结构的这种变化，反过

---

[①] 20世纪60年代，苏联经济增长率开始下滑，计划当局意识到生产资料浪费严重、劳动力即将枯竭，便由国家出面，试图从宏观层面推动增长方式的转变，提高经济效益。1971年苏共二十四大正式提出转变经济增长方式，即从粗放型经济向集约化发展道路过渡，但直到苏联解体，他们的这些努力成效甚微，最终输给了用市场方式配置资源的经济体。

来又进一步加剧了总需求结构的失衡。虽然这种失衡直接影响了消费的能力，却不影响产品的实现（可出口），充分反映了以投资为主、外需为主的经济发展方式偏离了发展的目的。

这样，在二十一世纪初的头七年，我国原有经济增长方式的弊端不但未能得到有效克服，而且可以说变得更加严重，不但原来的粗放式增长依旧，而且还表现为总需求方面的投资强度过大和严重依赖外需、消费率连年下降，表现为总供给方面的产能过剩、产业结构优化升级困难，表现为收入分配结构方面的劳动报酬份额迅速下降、企业收入份额迅速上升，以及外汇储备持续大幅增加等内外严重失衡的局面。加之国土开发强度过大、生态环境持续恶化以及对农村剩余劳动力挥霍性使用[①]所造成的局部性、结构性"用工荒"等现象，种种迹象表明，这样的发展无论如何都难以持续下去。如果继续延用"转变经济增长方式"这一作为长期任务的概念，不仅难以准确概括新时期出现的新情况和新问题，而且明显缺乏针对性，不能解决总需求、总供给和收入分配方面所面临的紧迫问题，故需要有一个能够准确刻画和破解新的发展阶段突出问题的清晰的表达方式——这应该是 2007 年党的"十七大"报告提出转变经济发展方式的主要缘由。

## 二、我国经济发展方式形成的体制原因

自 2007 年党的"十七大"报告提出转变经济发展方式的任务以来，五年过去了，总的来看转变的步伐比较缓慢，某些方面还可以说是止步不前，而生态环境形势则更趋严峻。主要表现，一是投资率进一步攀升。受 2008 年国际金融危机影响，我们采取了大规模投资的老办法，五年来投资率从 41.6% 迅速攀升至 47.8%，而消费率则变化不大，净出口率虽逐年下降，却不是我们主动调整的结果，而是这次危机的副产品。二是低附加值产业进一步扩张。"钢筋加水泥"的发展模式在应对这次危机中又显示出强大的扩张能量，2009～2011 年连续三年钢铁和水泥的产量双双年均增长 14%，大大超过同期 GDP9.7% 的增长速度。2012 年，当 GDP 增速回落到比较正常的 7.7% 时，一些主要行业的产能过剩立刻变得十分突出。可见，主要原因仍然是过去五年

---

① 多年来，许多企业只招收35岁以下的劳动者，一些企业把刚满35岁或40岁的农民工辞退，换上一批20岁左右的更年轻的农民工。而一些农民工仅工作几年便由于各种职业病而失去劳动能力被辞退。

（主要是前四年）经济增长速度偏快，前四年 GDP 年均增长 9.6%，不得不让投资继续充当总需求三驾马车的主角（投资贡献超过消费贡献 10 个百分点），结果便是二产继续充当总供给的主角（二产贡献超过三产贡献也是近 10 个百分点）。三是劳动报酬比重虽然提高不少，但受 2008 年经济普查等统计因素影响，这种提高并不完全具有可比性（见表 0-2）。

表 0-2　2007~2012 年主要经济结构的变化　单位：%

| 年　份 | 总需求结构 | | | 产业结构 | | | 要素分配结构 | | |
|---|---|---|---|---|---|---|---|---|---|
| | 消费率 | 投资率 | 净出口率 | 第一产业 | 第二产业 | 第三产业 | 劳动者报酬 | 企业收入 | 生产税净额 |
| 2000 | 62.3 | 35.3 | 2.4 | 15.1 | 45.9 | 39.0 | 48.7 | 36.0 | 15.3 |
| 2007 | 49.6 | 41.6 | 8.8 | 10.8 | 47.3 | 41.9 | 39.7 | 45.5 | 14.8 |
| 2008 | 48.6 | 43.8 | 7.7 | 10.7 | 47.4 | 41.8 | — | — | — |
| 2009 | 48.5 | 47.2 | 4.3 | 10.3 | 46.2 | 43.4 | 46.6 | 38.2 | 15.2 |
| 2010 | 48.2 | 48.1 | 3.7 | 10.1 | 46.7 | 43.2 | 45.0 | 39.7 | 15.2 |
| 2011 | 49.1 | 48.3 | 2.6 | 10.0 | 46.6 | 43.4 | 44.9 | 39.5 | 15.6 |
| 2012 | 49.5 | 47.8 | 2.7 | 10.1 | 45.3 | 44.6 | 45.6 | 38.2 | 15.9 |
| | 平均贡献率 | | | 平均贡献率 | | | | | |
| 08~11 年 | 48.4 | 58.8 | -7.2 | 4.7 | 52.4 | 42.9 | | | |

资料来源：2013 年《中国统计年鉴》。

注：企业收入包括营业盈余和固定资产折旧；2008 产业要素分配数字缺。

可见，经济增长速度偏快的体制机制不改变，就很难实现经济发展方式的转变。因此，有必要深入探讨目前经济发展方式形成的体制原因。

## （一）政府从利益主体转变为市场主体

1978 年，党的十一届三中全会否定了持续二十多年的以阶级斗争为纲的基本路线，停止了一波接一波的政治运动，确定了全党全国以经济工作为中心的方针。工作重心的这种转移是非常及时果断的，也是非常正确的，赢得了全国人民的拥护。在当时政企合一、全民所有制经济占绝对统治地位的体制背景下，发展经济必须搞活企业，而搞活企业首要放权于各级地方政府，因为当时所有的企业几乎都隶属于各级政府。因此，自那时开始的"分灶吃饭"财政体制，调动了地方的积极性，使地方政府成为一个强大的利益主体，真正做到了"以经济建设为中心"，从而推动整个社会出现了蓬蓬勃勃的经济建设高潮，并取得了举世瞩目的成就。

政府以经济建设为中心，本质上就是调集全部行政资源，试图在短期内实现"跨越式、超常规"发展。问题是，1992 年我们既已确立了市场经济的改革方向，整个经济体制也开始逐步转变，至 2000 年，市场经济体制框架已初步形成。但是，原来"以经济建设为中心"的地方政府却顺势将自己从"利益主体"转变为"市场主体"。我们看到，肩负着奔小康任务的我国数万个政府行为主体（包括三十一个省区市，三百余个地市，近三千个区县市和四万多个乡镇，或许还应该加上数目相近的"条条"），非常自觉地依据各自的发展目标，充分利用市场方式来直接配置资源。但如此一来，真正按照市场规则配置资源就很难实现了。

## （二）政府成为市场主体的内在矛盾

首先，地方政府的个别理性不等于全国的集体理性。我国县及县以上各级政府每隔五年就会变质一份经济和社会发展规划（计划），由同级人民代表大会批准，政府部门负责执行。就这些规划的大部分而言，人们很难责备它们脱离了本地实际，有违中央要求。问题是，各级政府是如何组织规划实施的呢？一种是，政府做规划旨在确保企业生产经营和项目投资建设不违背规划，除基础设施外，并不负责具体实施，规划只具指导性。另一种则是，政府既做规划又负责组织实施。后者是我们目前的主要做法。尽管常常会出现"规划规划，墙上挂挂"的情况，但政府以经济建设为中心却是要落在工作实处的，当然有理由根据情况的变化随时修订规划。我们看到，当成千上万个这样的主体"合理"行为汇集时，却常常导致集体的非理性，不是下级的规划颠覆了上级的规划，就是上级的规划消解了下级的规划。这就像数学中的"有限"和"无限"的概念一样，在"有限"中得出的正确结论放在"无限"中常常是不确定的甚至是错误的。例如，目前各地区都要求加快实现小康、提前实现小康，这从道理上讲无可厚非，先富总比后富好，故大家都要抢抓"战略机遇"，内地要"弯道超车"赶沿海，沿海则要"超常规"追四小龙，10% 的速度几乎成了大部分地区发展规划的底线，而 15% 或 20% 的速度也不过是常规目标。发展能够快一点儿，有什么理由要阻止呢？但大家都快起来，全国的经济增速必然会超过可承受的限度。我们的资源可以确保几十个地市、几百个区县每年增长 15% 或 20%，却根本不可能让三百个地市、三千个区县同时维持如此高的速度。又如，某个产业从全国来看应确定为支柱产业或战略性新兴产业，但从个别地区看，该产业上不上马则存在很大的弹性和不确定性，往往一时难以判定，因而各地区"积极响应"国家的产业政策也就无可厚非，"没有条件创造条件也要上"的精神不但没有理由否定，甚至值得鼓励。但如此一来，许多产业就很容易出现"一哄而上"的现象，随之而来的便是全国性的产能过剩。这样的"过热"和"过滥"现象在我国反复出现，最后只能以"宏观调控"收场。留给后任的，只能是大片的烂尾工程和大量的呆坏账。

那么，是不是可以换一种组织方式，各级规划部门多通气、多协调，增加些"集体理性"呢？但这样一来，下级规划就必须报上级批准，这又会成为典型的计划经济方式，需要政府从上到下去配置资源，而且是全面配置资源。例如，从全国来看，如果年均增长 8% 是合理的，而要落实到各个地区，无论是匀速增长或是有差别的增长，只能通过增长速度的指令分配，以及银行信贷额度的指令分配，否则根本就不可能确保全国合理的增长速度。

其次，政府作为市场主体难以承担市场责任。在市场经济条件下，"投资有风险，入市须谨慎"，无论是"一夜暴富"还是"倾家荡产"，企业或个人最终要为自己的行为负责。我们看到，在市场经济国家，企业开业第一年的破产率高达 60% ~ 80%，五年后的破产率也会有 20%。正是小企业的大量创办和大量消亡，成为市场经济国家经济结构调整和升级的主旋律，构成经济生活中充满活力的一道靓丽而又悲壮的风景线。但政府作为市场主体，其投资的失误率虽然很难说一定就会比企业或个人的高，问题是这些失误所造成的损失如何清偿呢？下级政府的失误只能由上级政府承担，全国的失误只能由通货膨胀或增加税收来解决，最终还是要由纳税人"买单"。因为政府毕竟是公法人，是难以破产的，我们尽可以赋予它市场主体的权力，却无法让其承担市场主体的责任。故市场经济国家政府的投资行为是被牢牢地关在笼子里的，只能在市场失灵的范围内发挥一些有限的作用，如必要的基础设施建设等。如果我国各级政府都肩负带领辖区内人民奔小康的使命，负有"经营城市、招商引资"的任务，并直接组织实施发展规划的话，那么，这样的政府实际上担负了无限责任，也就无"笼子"可言了。这与我们要实现的市场经济改革目标显然是南辕北辙的。

最后，政府将长期纠结于越位、缺位和错位之中。2002 年党的"十六大"报告就已明确提出要"完善政府的经济调节、市场监管、社会管理和公共服务的职能"，但十年来这些职能落实得并不理想，而经济建设职能却扩张很快，这在最近这次国际金融危机中表现得淋漓尽致。目前各级地方政府的职能，半是经济建设，半是公共服务，但有虚实主次之分：前者实之，后者虚之；前者为主，后者为辅；前者成为政府的"强势部门"，后者构成政府的"弱势部门"。以至于在一些地方以经济建设为中心已经演变为以经营城市为中心，以招商引资为中心，以土地财政为中心，以拆迁为中心。这与人们心目中政府在市场经济中应该当好裁判员的定位相距甚远，与上述中央确定的职能更是风马牛不相及。地方政府伴随市场经济改革的"潇洒转身"，不经意间成为市场主体，从依靠计划方式配置资源转变成利用市场方式配置资源，虽然对推动经济增长十分有效，比较容易找到"抓手"，但却也为敷衍、推诿、搪塞应尽的基本公共服务职责找到了口实；经济增长的质量越来越难以保障，大量的政绩工程、形象工程、豆腐渣工程造成了巨大的浪费和损失，严重损害了政府的形象和信用。更为严重的是，这种"转身"直接干扰甚至破坏了最基本的市场秩序。因为当各级政府成为公司、准公司，成为名副其实的市场主体时，就会更直接地去配置资源，如招商引资"零地价"，"五免五减"、甚至"十免十减"（即企业所得税免征若干年，减半征收若干年），更热衷于铺摊子、上项目；就会像垄断企业一样，很容易实行地区封锁，实现地方保护。这样一来，公平竞争、优胜劣汰的市场规则将很难发挥作用。同时，这也为公权力的泛滥、异化直至寻租腐败敞开了大门。这样下去，经济社会失序的局面将很难扭转。

## （三）政府作为市场主体构成现行经济发展方式的体制基础

从收支角度看，我国财政体制是世界上最为分散的，各级政府"分灶吃饭"，多收多支，地方财政支出严重依赖于当地的财政收入。这种体制，本质上与农村的"包产到户"、城市的"企业承包"并无大的区别，无非是用经济手段调动各方面积极性的一种延伸，但这一次却延伸到了政府内部，一定程度上把上下级之间的行政关系转变成商业关系，科层关系变成市场关系，公共管理变成工商管理，公共服务变成市场营销。这就使我国地方政府成为拥有行政权的市场主体，能够按照不同的行政层级来配置经济资源，层级越高，掌握的财政、投资、用地资源和机会就越多，其行为大体符合经济人假设，故"利益最大化"的逐利特征使其具有超乎寻常的经济主动性。由此带来的一系列问题不但在发达国家中几乎是不存在的，就是在其他金砖国家或新兴国家也是少见的。例如，宏观调控成了中央调控地方，而不是政府调节市场；拖欠农民工工资的竟主要是我们的政府部门，而置起码的社会公信于不顾（因为我们的官员常常"新官不理旧账",前任借的款后任不负责还);我们的发展,明显显露出急功近利、寅吃卯粮、杀鸡取卵、竭泽而渔的特点,"前任建后任拆、前任挖后任填",信誓旦旦地要"拆出一个新中国";在强制拆迁中竟有政府官员命令推土机从拆迁户身上开过去的恶性事件发生,酿成数起命案,令世人惊骇;与之相应,一些地方提拔了一批为人强势、嚣张跋扈、胆大妄为、投机钻营的干部来实现这些目标,后来倒下去的,多半也是这类干部;以至于国家最高领导人多次告诫我们的高级官员"你们要讲真话",说明讲假话已经到了多么严重的程度;与 GDP 增速世界第一相伴的,是出逃贪腐官员数量也是世界第一,等等。

近五年来的情况表明,这些问题非但没有收敛,却有愈演愈烈的迹象。例如,为应对国际金融危机,地方政府融资平台爆发性崛起。又如,2013 年因经济"下滑",一些地方政府不甘过"紧日子",主要职能部门纷纷成立了自己的企业。① 面对地方政府发展经济的愿望强烈而又冲动,其他问题则被忽略、搁置的表现;面对地方政府如此这般高调介入市场、充当市场主体,把自己等同于企业、甚至凌驾于企业之上的做法,人们深感困惑:这是我们所要的市场经济吗?这还有市场规则、市场规律可循吗?究竟是人们对政府"当好裁判员"的认识过于肤浅、迂腐呢,抑或是我们的一些行为已经自觉不自觉地违背了市场经济的基本原则?

因此,无论我们科学发展的愿望多么强烈、多么正确而又美好,如果不断然采取措施,这些问题无疑将延续至"十二五"末甚至"十三五"末。我们担心的倒不是这些问题的存在,而是这些问题如果得不到遏制而继续发酵恶化,就会落入苏联计划经济的"资源枯竭陷阱",而一旦集中爆发,就又可能落入南美的"中等收入陷阱",严重影响"两个百年"目标的实现。

可见,决定目前我国经济发展方式的体制基础,主要是各级政府已经成为市场主体却又难以承担市场之责,这是三十年前财政"分灶吃饭"、推动地方政府"以经济建设为中心",加上二十年前开始的整个经济体制全面转向市场经济而未能调整政府职能的自然结果。就我国自身而言,这种经济发展方式不大可能出现在二十世纪,因为那时我们的市场体系还没有完全形成,供给能力

---

① 据《半月谈》2013年10月16日报道,当前武汉市一些政府部门纷纷成立自己独资或控股的企业,如水利部门有水利投资公司,交通部门有交通投资公司,农业部门有农业投资公司,旅游部门有旅游投资公司,科技部门有科技投资公司,环保部门有环境投资公司,就连城管都设有环卫投资公司。

还十分有限，出口通道也还不那么顺畅；也不大可能延续至 2020 年之后，因为至少上面提到的那两个"陷阱"也不会给它如此长的生命力。因此，从这些因素判断，这种经济发展方式确有其阶段性特征。但从全球范围来看，世界上与我国处于相同发展阶段的国家不少，却很难找到类似的经济发展方式，这又说明它与发展阶段并无必然联系。由此方能理解，为什么我们的发展目的会发生如此明显的异化，以至于投资率接近 50%，早已成为世界第一，却对继续推高投资仍然乐此不疲；居民消费率已跌至 35%，成为又一个全球第一，却仍不嫌其低。由此才能够理解，为什么我们的发展手段会出现如此明显的停滞，二产比重长期居高不下，以至于钢材产能超过 10 亿吨、水泥产能超过 30 亿吨，却还在继续扩大产能。因为只要经济增速一提，这些产能顷刻间就会得到释放，甚至还会供不应求。由此才能够理解，为什么我们的发展动力出现如此明显的扭曲，劳动者报酬比重持续下跌，资本报酬比重不断上升，却仍然心安理得，处之泰然。这不仅是因为发展速度是没有止境的，地方政府在这场大比拼中"守土有责"，理所当然地具有合法性，而且在政治上和道德上也无懈可击，因为提前实现小康的正义性是无人能够指摘的。

## 三、政府主导型体制对我国经济发展方式的影响

下面，我们探讨既已形成的经济体制对我国经济发展方式的影响。经济体制中最重要最基本的一对关系就是政府和市场的关系，它以"上位"的姿态决定着其他所有的经济关系。因此，处理好这对关系是转变经济发展方式的核心内容。

从政府方面看，我国虽为单一制国家，但由于幅员辽阔，人口众多，从中央到乡镇，五级政府管理体制堪称世界层级之最。改革开放后，在经济性分权的实际运作中，地方政府的经济权限不仅大于世界上任何一个单一制国家的"地方政府"，甚至也远远大于联邦制国家的"地方政府"。因此，中央政府和地方政府的关系构成我国经济体制中十分特殊也十分重要的内容。

从市场方面看，有市场主体和市场客体之分。市场主体就是从事市场交换和为交换而进行生产的人和人的群体，主要包括作为生产者的企业和既作为消费者也作为生产要素供给者的居民；而当政府采购时，政府亦构成市场主体的组成部分。然而在我国，由于地方政府在开发区建设、城市改造等活动中的巨大资源配置作用，它实际上构成了我国重要的市场主体而绝不限于一般的公

共物品采购。因此，从政府职能角度看，地方政府半为经济建设，半为公共服务，一身二任；从经济体制角度看，地方政府半为行政主体、半为市场主体，二位一体。因此，无论从哪个角度看，地方政府均具有双重身份。

市场客体即市场上的交易对象，有商品市场、服务市场和要素市场之分，我们这里着重分析要素市场，因为相对于商品和服务，各种生产要素（资本、土地和劳动力）通过企业及政府的运用，更加直接地作用于经济发展方式，并影响着它的变化。

图 0-1 即是对我国经济体制与经济发展方式之间关系的一个简要概括。

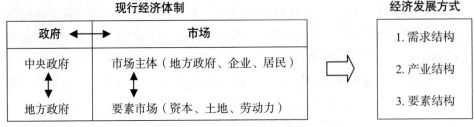

图 0-1　我国经济体制及对经济发展方式的影响

下面，我们逐一分析我国经济体制对经济发展方式三个方面的影响。

## （一）经济体制对需求结构的影响——发展目的异化

政府作为市场主体对总需求的影响，在投资领域影响较大，其次为外贸领域，消费领域则相对较弱。由于地方政府既是政策的执行者，又是地方利益的代表者，因此，政府对总需求的影响，主要是围绕中央和地方利益格局展开的，其结果便是发展目的发生异化，严重偏离了消费。

首先，政府作为市场主体对投资影响较大，"投资饥渴"依然故我。我们知道，投资是推动经济快速增长最便捷的方式，故也成为各级政府个别理性转化为集体非理性表现得最充分的地方。我们看到，长期以来凡中央扩大投资的政策，会得到上下一致的拥护，而压缩投资的政策，则会引起上下一致的不满。这里的"上"，既包括中央部委，也包括央企和一些全国性总公司，即过去的所谓"条条"；这里的"下"，既包括省市县乡各级地方政府，也包括地方国有企业，即所谓的"块块"。这些投资主体的行为，实际上仍然是传统体制下国有资金预算软约束的反映。这也表明，只要各级政府承担的是发展经济这类无限的责任，而对国有企业的行为又没有较强的约束，那么这类市场主体也就难以承担市场责任，这样的投资主体对于"投资饥渴"是永恒的，对于资金的需求是无限的。在这次抵御国际金融危机的新一轮投资中，"高铁"建设在为人强势的原铁道部负责人指挥下的恣意扩张，地方政府融资平台的爆发性崛起，以及国有企业大手笔的"攻城略地"、争当"地王"，轻易地消化了天量贷款，实现了海量投资。这与凯恩斯为弥补有效需求不足而采取扩张性政策的环境完全不同。我国的投资需求永远是高热度的，对国土开发的渴求永远是高强度的，需要中央政府一压再压才能勉强维持平衡，这与计划经济时代积累与消费经常难以平衡的情况几乎是一样的。当上层看到过热的苗头，需要压缩投资时，有关执行部门则唯恐避之不及，尽可能避免成为"一刀切"的工具，避免因"切一刀"而受到"发展不科学"的责难，因"切一刀"而得罪了地方的"项目书记"、"经营市长"。无奈，宏观政策只好在这些部门之间兜圈子，以至于负责土地、环评的部门也会被临时充作压缩投资的政策工具。可见，如果在投资方面中央没有能力"调控"地方，政府就休想调节市场，投资便会异化为仅仅是提高经济增长的手段，而与投资的最终目的——消费无缘。

其次，政府作为市场主体，致使"奖出限入"的外贸政策调整迟缓。自改革开放以来，我国一直实行"隐性进口替代"战略，"鼓励先进技术、核心设备和关键零部件"进口，以实现中低端产品的自给。故"奖出限入"的政策是稳定的、一贯的，直至外汇储备升至世界第一时才察觉有所不妥，开始限制"三高"产品出口，放松消费品进口等，但也只能亡羊补牢，效果有限。因为出口已成为释放大规模投资所形成的巨大产能的重要通道，成为经济增长的又一重要牵引力。当各级政府积极推动本地企业不惜代价竞相压价出口的时候，出口便也成为个别理性转化为集体非理性的又一例子。出口的目的也被异化：不是为了进口先进技术、关键设备，而是为了释放过剩产能，或者纯粹为了提高经济增长速度，置国内有效需求于不顾。"风助火势，火借风威"，出口与投资这种互推之势，直至国际金融危机爆发才被急剧萎缩的外需暂时中断。

第三，政府作为市场主体可以主导投资，却难以主导消费。自亚洲金融危机以来，促进消费成为政府的一项长期政策，从降低储蓄利率到鼓励购房、鼓励汽车进入家庭等，形成了一系列刺激消费的税收信贷政策。为应对国际金融危机，又先后出台了各类家电补贴政策。不过，因为居民消费主要受家庭收入和消费倾向的影响，消费政策虽然对促进消费发挥了一定的积极作用，但居民是真正的市场主体，其消费受到收入和财产的约束是刚性的，不会随意挥霍，个别理性不会导致集体的非理性。相反，个别人的"非理性行为"却会由于互相对冲而消失在集体理性之中。这与缺乏约束、无需刺激就会大规模扩张的投资形成了鲜明的对照。值得关注的是，在实施促进消费的政策中，大量企业通过虚报节能家电产品销量等手段骗取国家补贴，一批国内著名厂商居然也榜上有名。如果说中国最优秀的企业都如此造假，这就足以令人深思，不仅让人怀疑消费政策的实际效果，也反映了我国政府对企业的微观管理是多么的薄弱，至少说明政府相关部门之间缺乏必要的沟通。

数据显示，2001～2007年，居民消费年均增长11.2%（可比价为9.2%），不可谓不快，但同期投资（资本形成）却年均增长18.0%（可比价为15.5%），净出口年均增长38.9%，这就直接导致总需求结构发生逆转，使居民消费率从46.4%跌至36.1%，下降了10个百分点以上，投资率却从35.3%上升到41.6%，上升了6个多百分点（2011年进一步攀升至48.3%），净出口率也从2.4%上升到8.8%。这在某种意义上也说明了我们发展目的异化的程度，因为世界上还很少有投资率超过居民消费率的国家，更何况是大大地超过[①]。

## （二）经济体制对产业结构的影响——发展手段停滞

政府作为市场主体，使得市场机制对产业结构的作用十分有限而地方政府的作用强劲，就是宏观经济政策的影响恐怕也要比产业政策大得多。其结果就是产业政策被"对策"以及我们的宏观调控所消解，致使发展手段出现停滞。即便如此，大家还以为是在又好又快地建设小康社会，这同样是个别理性汇集成集体非理性的结果。

首先，我们希望优化工业结构，但落后产能却很难淘汰。这种情况与宏观调控、压缩投资的政策相类似，存在着中央政府和地方政府之间的艰苦博弈。从地方政府角度看，淘汰一千万吨的落后产能，必须上马三千万吨的先进产能，才能保证我小康目标如期实现；从中央政府角度看，无论是落后产能还是先进产能，统统都过剩了，如果都靠出口解决，不但面临国外反倾销制裁，即便能够顺利出口，换回来的美元也是徒增烦恼。至于许多地区根本就不具备上先进产能的条件，淘汰了落后产能，它又如何实现小康？就这一点而论，现行体制下产能越淘汰越多就不足为怪了。

其次，我们鼓励发展战略性新兴产业，一哄而上的却是低端产业。各地

---

① 根据2013年《中国统计年鉴》第62、63、347页数据计算，并参考《国际统计年鉴》数据。

兴建了大批高科技产业园区，但上马的却多为普通加工业或高新技术领域中缺少科技含量的低端环节，诸如电子产品中的装配、新能源中的光伏电池等，这同样造成了大量的产能过剩，有的在金融危机后甚至惨遭全军覆没。因为当地政府关心的并不是产品的科技含量有多高，而是用什么方式能够最快地把园区"填满"而不至让它"闲着"，反正产品"国内不要有国外"。于是，"钢筋加水泥"再加上便宜劳动力构成的加工类"劳动密集型"，或者靠大量银行贷款造就的重化工类"资本密集型"，便成为实现快速增长最便捷的方式。如此一来，高新技术不过成了铺摊子、上项目、扩大投资、增加 GDP 的一个幌子。

第三，我们积极发展服务业，服务业份额却迟迟难以提高。这又是为什么呢？仍然是投资驱动。在我国固定资产投资中，用于服务业的投资占大头（约占 55%，其中 23 个百分点用于房地产），这种对服务业的大规模投资在短期内拉动的显然不可能是服务业而只能是"钢筋加水泥"之类的低附加值重工业。尽管发展服务业与地方利益关系密切，其税收（营业税）几乎全归地方，但这与来自土地的巨额收入相比实在来得太慢。故通过推动房地产业的快速发展进而推高地价，才能最大限度满足地方政府扩大财政收入的需要，而不是什么服务业。

此外，由于地方政府推动经济快速发展而导致经济增长波动幅度过大，同样不利于产业政策的实施。我们看到，在宏观调控下经济低迷、需求不振时被"淘汰"的一批落后产能，一旦遇到高速增长、需求转旺，顷刻间便会死灰复燃，使压缩过剩产能的努力前功尽弃。可见，保持宏观经济的稳定和内外均衡，当是科学发展的应有之义。如果速度仍然像历次五年规划（计划）执行的那样，指标被大大突破，而且把超过规划预期指标不加分析地视为巨大成就，那就难免不断重蹈老路：有的产业振而不兴，有的产业不振自兴，有的产业却百振难兴；产能过剩—压缩过剩产能—产能复又过剩。

## （三）经济体制对要素投入结构的影响——发展动力扭曲

目前我国各种生产要素几乎都存在着程度不同的二元结构，土地是国有和集体的二元，劳动力是城乡二元，资本和技术则是体制内和体制外的二元等。在要素市场被分割的情况下，便难以形成统一的要素市场价格，尤其是当政府成为市场主体而作为生产要素的重要使用者时，要素市场改革相对滞后便不足为奇，很容易出现要素价格扭曲现象，如低劳动力成本、低社会福利成本、低资金成本、低土地成本、低资源利用成本等。这主要反映在市场化改革后，由于缺乏必要的市场规则和政府的公共服务，供过于求的劳动力尤其是缺乏专业技能的劳动力因激烈竞争使得劳动者地位下降，导致劳动报酬占 GDP 份额下降；而资本市场发育不足，使企业和政府可以低成本利用资金并使各自的收入份额上升；至于土地，则伴随工业化、城市化的大规模国土开发，早已成为地方政府的"摇钱树"，并成为财政收入快速增长的重要原因。这些因素的综合结果，便是要素在趋于耗竭的同时，发展动力被扭曲。

首先，劳动报酬份额下降，[1]影响劳动者积极性。尽管改革开放以来我国每年增加的劳动力人数有下降的趋势，但我国仍然是世界上劳动力最为丰富的国家，三十多年共增加劳动力 3.8 亿人，平均每年增加 1100 万人。工业化过程中又产生了大量的农业剩余劳动力，进一步加剧了劳动力供求总量的不平衡。城镇新增加的就业人数，二十世纪九十年代前半期平均每年 400 万，后半期陡升为 820 多万，进入二十一世纪则达到 1160 万。目前全国农民工约 2.6 亿人，由于数量庞大，大部分文化水平不高，又缺乏专业技能方面的培训，这就为粗放式发展提供了便利条件。在这一背景下，市场化取向的改革必然使劳动力竞争更趋激烈，迫使其长期处于"买方市场"的地位。国有企业及其劳动制度的改革又分流了大量的职工，具有"国有"身份的职工数量从 1992 年高峰时的 7643 万下降到 2000 年的 4265 万，至 2008 年又进一步降至 2318 万。[2]大量农民工和下岗失业职工对城市就业形成了巨大压力，也对在岗职工和再就业职工的报酬形成了压力，而在非正规部门就业的农民工的收入更是长期偏低。

在劳动者地位下降的同时，企业（所有者及其委托代理的经营者）的地位却不断上升。国有企业自二十世纪八十年以来经营自主权不断扩大，九十年代通过破产、重组和劳动制度改革，分流了数千万职工给社会，通过"债转股"剥离了数万亿元的不良债务给四家资产经营公司，为新世纪轻装上阵创造了条件，主要经济指标出现了罕见的增长。2001～2011 年，国有及国有控股工业企业户数减少了 68%，职工减少了 40%，而工业总产值和利润却增加了 5.5 倍和 6.8 倍。[3]至于其中垄断行业的利润，更是令人瞠目结舌。同时，个体私营企业和三资企业在劳动力供过于求的市场上，优势地位也十分明显，大量农民工不得不进入工资被压得很低、劳动强度超负荷的所

---

① 具体数据见表0-2。
② 见历年《中国统计年鉴》。
③ 根据2012年《中国统计年鉴》第518~520页数据计算。

谓"黑煤窑"、"黑砖窑"、"血汗工厂"，去挣血汗钱，而这点钱还经常不能按期拿到。

其次，资本报酬份额上升，[①]鼓励了盲目投资。企业的强势地位增强了资本的地位。在资金市场上，由于我国金融体系以银行间接融资为主，而银行又是以国有银行为主，利率市场化至今未能完全实现。这样的金融体制，很容易与国有企业实现"银企对接"、与各级政府实现"银政联盟"，也很方便政府的"大手笔"运作，因为相对于民营企业，放贷于这些市场主体毕竟又"安全"又便捷。政府和企业不但可以获得低成本的贷款，而且在一定程度上还可以继续吃银行的"大锅饭"。而国有商业银行凭借其垄断地位，除了继续吃国家的"大锅饭"外，还可通过存款派生源源不断地为政府和国有企业提供贷款。近些年银行又以表外业务的形式，为房地产业注入了强大的资金，推动房价不断走高。这样的金融体制，必然降低资金的使用效率，助推铺摊子式的粗放发展。2000 ~ 2012 年，我国固定资产交付使用率从 77.7% 下降至 61.0%，下降 16.7 个百分点；其中铁路从 80.9% 下降为 28.4%，下降达 50 多个百分点。同期固定资产投资在建总规模则从 7.3 万亿元增加到 87.0 万亿元，增长了近 11 倍[②]，而 GDP（当年价）不过增长了 4.2 倍。这些数据表明，随着战线拉长，建设规模扩大，投资中沉淀的资金越来越多。可见，所谓"盘活存量"，无非是要收缩建设规模，提高固定资产的交付使用率。

在劳动力总体供过于求，劳动力市场化进程加快，工会职能缺失，劳动者、企业和政府三方协调机制不健全的情况下，企业必然呈现强势姿态；在金融市场上通过低利率获得的大量资金也大大增加了企业的强势地位。而劳动者维权成本过高，对政府有关部门办事拖沓失去耐心，甚至被迫采取极端行为也时有所闻。企业走强，劳动者走弱，这种态势也使得民企和三资企业偏好用低成本劳动力的方式进行扩张，国企则偏好用低成本资金的方式进行扩张，都缺乏通过积累人力资本进行技术和管理创新的意愿。这是现阶段我国劳动报酬份额下降、企业收入份额上升、全要素生产率难以提高的基本原因。

第三，土地成为"摇钱树"，加剧了耕地消耗。土地在我国是最重要的生产要素之一，由于耕地资源的稀缺性，土地"农转非"带来了极大的增值效应。又由于土地所有权、占有权、使用权等一系列产权界定的模糊以及实际操

---

① 具体数据见表0-2。

② 据2001年《中国统计年鉴》第177、178页，2013年《中国统计年鉴》第166页、第174~177页。

作过程中的随意性，极大地降低了土地的使用效率，并成为地方政府和开发商的财富源泉。在工业化过程中，各地借加快城镇化之机，开展了大规模的"造城"运动。2000～2012年，我国建成区[①]面积从2.24万平方公里增加到4.56万平方公里，增加了一倍多，而城镇人口不过从4.59亿增加到7.12亿，只增加了55%；同期耕地面积则从19.51亿亩下降到18.26亿亩，且优质良田被劣质耕地所替换。至于土地增值的总收益，我们可根据固定资产投资额与固定资本形成额之间的差额做一估算。2005～2012年，八年的差额累计达50余万亿元（各年度分别为1.45、2.20、3.34、4.47、6.79、9.45、9.80、13.15万亿元），近几年已相当于GDP的20%～25%。[②]土地的这部分增值收益，约三分之一成为各级地方政府的财政收入，故2005～2012年财政收入以每年20.5%的速度增长，大大超过了同期GDP15.9%的增速（当年价）；其余少部分作为对农民的征地补偿及村委会的收入，大部分则为各级开发商、房地产商所占有。

由上可知，各级政府及其所辖国有企业作为市场主体，掌控了大部分要素资源的配置，主导了我国市场经济的运行。这一市场主体运用所掌握的土地资源和被压低了价格的金融资源，利用供过于求且缺乏技能的劳动力，采取了高强度的国土开发和充分利用海外市场这些较为便捷的方式，实现了经济的快速增长。这便是我国现行经济发展方式的体制根源。这种粗放的经济发展方式，致使我们的发展目的异化、手段停滞、动力扭曲，具体表现，就是在需求结构、产业结构和收入分配结构方面出现种种不协调现象。我们的发展，确实到了不可持续的地步，如不主动调整，努力转变经济发展方式，早则2015年，迟至2020年，我们就有可能落入南美或苏联两个"陷阱"中的一个——这或许是历史为现行经济发展方式留下的最后时间。

## 四、转变经济发展方式的关键是 处理好政府和市场的关系

政府和市场的关系既是经济体制中最重要最基本的一对关系，却也是弥经久远的一对关系。在文明初露曙光的年代，伴随着人类社会早期的分工和交换，家庭、私有制、阶级、国家这些社会组织形态尚处于混沌状态时便与

---

① 建成区指市区集中连片部份及分散在近郊与城市有密切联系、具有基本完善的市政公用设施的城市用地。
② 据2013年《中国统计年鉴》第62、154页数据计算。

市场结下了不解之缘。或者说，正是由于产品有了剩余，为应对新的生产方式和频繁的交换关系，才产生了国家、政府这些阶级统治的工具，以缓和因产品剩余而日益尖锐的社会冲突。自那时开始，早期的各民族共同体，晚期的各民族国家，便以不同的方式不断地调整、适应着与市场的关系。直到今天，这种调整在世界范围内仍在继续，只是"镇压"功能逐渐弱化而"管理"功能不断增强。

## （一）工业化国家政府和市场关系的理论与实践

发达国家处理政府和市场关系普遍奉行的基本原则是公私界限分明：对于政府所行使的公权力，"法无授权即禁止"；对于市场所协调的私权力，"法无禁止即权利"。公法（宪法和行政法）规定了各国政府的权力及责任，凡法律没有明确授予政府的权力，政府机构都不得行使，属于"正面清单"管理。而私法（民商法）规定了企业权利及义务，凡法律没有明确禁止的事项，市场主体都可以做，属于"负面清单"管理。不过，由于这些国家文化传统不同，工业化走过的道路不同，政府和市场的具体关系也有很大差别。表0-3即是对主要工业化国家政府和市场关系从理论到实践的一个简要概括。

表0-3　工业化国家政府和市场的关系——从理论到实践

| 政治谱系 | 左翼 —————————————————————→ 右翼 | | | | | |
|---|---|---|---|---|---|---|
| 经济学派 | 新制度学派 | 新剑桥学派 | 瑞典学派 | 新古典综合 | 货币主义 | 新自由主义 |
| 代表人物 | 加尔布雷斯 | 罗宾逊 | 林德伯克 | 萨缪尔逊 | 弗里德曼 | 哈耶克 |
| 政治哲学 | 平等优先（卢梭） | | | | 自由优先（洛克） | |
| 经济目标 | 公平优先 | | | | 效率优先 | |
| 运行机制 | 强调**政府**作用 | | ⇒ | | 强调**市场**作用 | |
| 社会领域 | 再分配强 | | | | 再分配弱 | |
| 权力配置 | 公权力大 | | | | 私权力大 | |
| 资源配置 | ——————————— 市场为基础 ——————————— | | | | | |
| 代表国家 | 日　本 | 瑞　典 | 德　国 | 法　国 | 英　国 | 美　国 |
| 体制特征 | 管理市场经济 | 福利市场经济 | 社会市场经济 | 计划市场经济 | 传统市场经济 | 自由市场经济 |
| 历史进程 | 晚期工业化国家 ← ——————————— 早期工业化国家 | | | | | |

资料来源：作者整理。

当代主要工业化国家的主流经济学派和相应的经济体制，从重视平等到强调自由，可以看作是一个自左翼至右翼的连续序列，各国的主流思潮和经济政策也会像"钟摆"一样围绕各自的中心左右摆动。在给定的这一框架内，出了左侧边界，便是平等压倒自由的民粹主义，或计划经济体制；出了右侧边界，则是自由压倒平等的极端保守主义，或斯密时代的自由市场经济。①

西方的经济学思想和经济体制，受政治哲学影响很大。英国著名的哲学家、政治家洛克（1632～1704年），见证了英国资产阶级革命的全过程，他的自由主义成为近代西方政治学说的经典。洛克认为，自由权、生命权、财产权和健康权是人不可剥夺的自然权利，而自由是其中更为本质的；须采用一种现实的、可操作的政治制度来保障自由，这就是，政府最重要的目的是要维护财产权。洛克的这一思想，为新兴资产阶级的自由提供了坚实的基础。

法国著名的启蒙思想家、哲学家卢梭（1712～1778年），他提出的平等规则成为法国大革命期间民主派的政治纲领。卢梭认为，仅仅把人人平等归结为人格上的平等和法律面前的平等是不够的，应贯彻到社会经济领域。私有制是人类不平等的根源，只有建立以人民主权为本质的民主共和国，平等才能真正实现。卢梭坚定的民主主义立场和反抗专制君主不惜采取暴力的观点，不仅成为法国大革命时期激进派的革命箴言和行动指南，也深深影响了美国的政治实践。

但随着资产阶级革命的胜利，"自由"与"平等"这对概念，从反对封建专制的共同诉求转而成为相互矛盾的诉求：究竟是不惜牺牲某些人的个人自由权利以达到较大的社会经济平等，还是宁可让某种不平等现象存在也要全面捍卫每个人的自由权利？故在西方社会，普通民众强调平等，而社会精英则强调自由。这种思想分野，给西方经济学打上了深深的烙印。

二十世纪下半叶，西方各主要经济学流派对资本主义经济的基本观点，可按照从强调自由到强调平等的顺序，做一排列：以哈耶克为代表的新自由主义，以弗里德曼为代表的货币主义，以萨缪尔逊为代表的新古典综合派，以林德伯克为代表的瑞典学派，以罗宾逊为代表的新剑桥学派，以加尔布雷斯为代表的新制度学派。

---

① 出了边界的各类学派在这些国家也一直存在，只不过一般不是主流思潮，也未能形成相应的经济体制，但在发展中国家中却很容易成为主流思潮。而极左的民粹主义和极右的极端保守主义往往又是相通的，两者都会带来社会经济秩序的混乱，这又为下一轮的民粹主义和极端保守主义埋下了伏笔。

这些学派对一些具体问题的看法，亦可按照对自由和平等的重视程度，自右翼到左翼的顺序做一排列。如对资本主义市场机制作用的态度，由较大程度的肯定，到逐步怀疑，以至基本否定；对现存资本主义经济秩序的制度改革的态度，由较大程度的怀疑、否定，到逐步肯定，以至主张从根本性方面来重建现存资本主义经济秩序；对当代资本主义经济中存在的主要问题的判断，从归咎于国家干预过度、市场机制发挥得不够，到逐步归咎于国家在某些方面干预得不够（因为历史遗留下来的影响过大，制度—结构方面存在缺陷）；对资本主义经济的出路的基本态度，从主张减少国家干预、加强市场机制的作用，到逐步要求实行国家的某些调节措施，直至实行制度—结构改革；对经济政策的基本目标，从强调"自由"和经济效率，到注重经济稳定、经济增长，到强调"平等"、"收入均等化"以至于"权力均等化"等。①

在这些经济理论的指导下，各工业化国家的经济体制便也有了相应的分野：凡强调"自由"优先的国家，政府对市场的干预便较少，而强调"平等"优先的国家，政府对市场的干预则较多。按照政府对市场干预的强度，各国的经济体制亦可做一由弱到强的排序：垄断经济主导型的美国自由市场经济（亦可称之为垄断主导型市场经济），私人经济竞争较充分的英国传统市场经济，国家主义占上风的法国计划市场经济②（亦被称之为混合经济体制），注重社会稳定和公正的德国社会市场经济，实施"从摇篮到墓地"计划的瑞典福利市场经济，以赶超为目标的日本政府主导型市场经济。

这些国家政府对市场的干预强度，也具体地表现在一系列经济社会政策方面，诸如包括财政政策、货币和金融政策、价格政策、外贸政策等在内的宏观经济政策，刺激投资和刺激消费政策，国有经济发展政策，扶持中小企业政策，技术政策，产业政策，区域政策，以及包括就业、工资和各项福利在内的社会政策等。这些政策及实施结果，有些在各国差别不大，如国有经济的比重，各国大体在 10% 以内。有些则相差悬殊，如财政收入占 GDP 的份额，美日不过 30% 多一些，而瑞典则高达 70% 以上；反映收入差距的基尼系数，日本、瑞典不过 0.25 左右，而美国则高达 0.41。但总的来看，即便是最强调自由竞争、强调私权力作用、强调小政府大社会的国家，似乎也没有漏掉其中哪项政策，只是这些政策实施的强度较弱；反之，即便是最强调平等、强调公权

① 胡代光、厉以宁：《当代资产阶级经济学主要流派》，商务印书馆1982年版，第24页。
② 国家主义是信仰国家在经济事务中起重要的作用的学说，在法国有悠久传统，曾风行一时，故法国并不推崇"斯密信条"即看不见手的作用。

力作用的国家，政府的干预也主要是间接的，其经济运行的基础仍然是市场经济，即由分散的经济决策者根据市场价格自主决定资源的配置。因此，尽管经济体制和所采取的政策有所不同，却不妨碍这些国家跻身于世界最发达经济体的行列，它们在国际舞台上的竞争也是难分伯仲的。

通过对各国工业化历史进程的比较，我们还可以发现，政府对市场的干预，工业化先行国家往往较少较弱，而后起步的国家往往较多较强，历史和逻辑是相当的一致。这一现象意味着，后发国家出于赶超需要，不甘于市场发育不足而会采取强有力的经济政策促进发展。但由于"压缩"了工业化时间，加剧了工业化引发的各种社会矛盾，那些在先发国家上百年陆续出现、逐步解决的问题，到了后发国家则被压缩在几十年、十几年内集中出现，这又迫使这些国家采取一系列政策以缓和社会矛盾。我们在十九世纪德国、二十世纪日本的崛起过程中，都可以清晰地见到这种现象。后来它们虽然都实现了工业化，实现了赶超，但政府干预经济的历史传统却保留了下来。

### （二）优劣势凸显的我国经济体制

我国经济体制的最大特点也是最大优点是政府能够集中力量办大事，主要表现在：让"嫦娥"奔月，让"蛟龙"下海，以及过去的"两弹一星"等，对我国实现科技现代化、国防现代化意义重大；成功举办 2008 年北京奥运会、2010 年上海世博会，向世人展示了即将成为世界第二大经济体的雄姿；成功应对 2003 年"非典"、2008 年汶川地震，反映了强大的应急能力；连片开发式扶贫效果显著，解决了上亿贫困人口的温饱问题，为我国赢得了世界声誉；深圳特区、上海浦东、天津新区等一大批开发区相继成为新的增长极，实现了有序开发，等等。这些带有"举国体制"特征的活动，使得我国在较短时间内综合国力和国际竞争力显著提高，增强了中华民族的凝聚力，也构成了我们软实力的重要组成部分。

既然如此，我们又何必急于转变经济发展方式呢？因为这样的发展是不可持续的，因为它透支了我们的未来。一方面，这种应急能力强的举国体制具有超强的经济动员能力，会很快耗尽我们各种资源——高强度的国土开发致使耕地面积直逼 18 亿亩红线；许多自然资源尤其是未受污染的水资源几近枯竭；对青壮年劳动力的挥霍性利用，在农业劳动力尚占全国劳动力三分之一时，城市便出现"用工荒"，部分农村则出现凋敝萧条；而国际秩序和我国的国防力量也不允许我们无度地利用国外的自然资源。如此下去，就有可能落入苏联计划经济的"资源枯竭陷阱"。另一方面，我们又把各级地方政府推入市场，这不仅令市场机制黯然失色，难以发挥更为积极主动的作用，同时也把商业规则带进了政府，使腐败现象越演越烈，严重妨碍政府正常职能的发挥，这便导致市场功能和政府功能双双紊乱。如此下去，又有可能落入南美的"中等收入陷阱"，亦即权贵资本和民粹主义严重对立的市场经济。甚至不排除同时落入两个陷阱的可能。由此可见，我国政府有强大的资源配置能力，却缺乏管理资源让其按照市场规则自由流动的能力。因此，我们在适度保留集中力量办大事的优点的同时，应更加尊重市场规律，更好发挥政府作用，加快完善我们的社会主义市场经济体制，主动实现经济发展方式的转变。

为处理好政府和市场这对最重要的关系提供基本思路，下面，对我国政府各项经济职能做一大致的梳理归类（见表0-4）。

**表0-4　目前中国政府的经济职能**

| | | |
|---|---|---|
| 一．硬实力建设（物质的、有形的） | 1.市场主体 | 1.融资平台 |
| | | 2.园区建设（产业园、科技园） |
| | | 3.造城运动（大学城、奥运城） |
| | | 4.政府采购，政府招投标 |
| | | 5.控制经济命脉，主导经济发展（国企） |
| | 2.招商引资 | 政府全方位招商 |
| | 3.基础设施 | 1."铁公基"，农村电网 |
| | | 2.为企业和招商引资服务 |
| | | 3.文教体卫设施（学校、医院、图书馆等） |
| | | 4.提高生活质量（绿地、园林、广场等） |
| | | 5.满足基本需要（水电气路公交等） |
| 二．软实力建设（非物质的、无形的） | 1.宏观管理（经济法） | 1.制定发展规划 |
| | | 2.宏观调控 |
| | | 3.产业政策（产业结构和产业组织政策） |
| | | 4.区域政策 |
| | | 5.技术创新 |
| | | 6.环保政策 |

| | 2. 微观治理<br>（市场监管，<br>民商法） | 1. 保护公民的私有财产（物权法） |
| | | 2. 保证公平竞争、公平交易（债权法） |
| | | 3. 税收征缴（属经济法） |
| | 3. 公共服务<br>（社会法） | 1. 教育培训 |
| | | 2. 医疗卫生 |
| | | 3. 社会保障 |
| | | 4. 收入分配 |

资料来源：作者整理。

目前我国政府所从事的经济工作可分为两部分，一是政府的硬实力建设。三十多年来，我们"以经济建设为中心"，实际上是以硬实力建设为中心，这是目前最为耀眼的一项工作，是看得见摸得着的工作，会给初访中国的外国人留下深刻的印象，"中国像个大工地"就是对它的如实写照。这也是地方政府的主要工作，是对地方领导政绩考核的主要内容。二是政府的软实力建设，这是项看不见摸不着的工作，却无时无刻不在发挥作用，通常由中央政府制定政策，地方政府负责组织实施。

## （三）政府硬实力建设能力强

政府硬实力建设可分为三类，一是直接配置资源。政府在这方面基本上发挥的是市场主体的作用，它可包括借国际金融危机迅猛发展起来的各类政府融资平台[①]，产业园、科技园等各类园区建设，大学城、奥运城等各种造城运动。我们不能说这一切都搞错了，但如果全国 600 多个城市、2000 多个区县都以这种经营城市的方式推进经济建设，200 多个城市定位于"国际化大都市"，就不能不说是一种病态。故每当这类建设之风越刮越烈之日，便是中央政府清理整顿之时。一旦清理，也实在分不清哪个该保留，哪个不该保留，最后只能"一刀切"，往往造成巨大损失。此外，政府作为市场主体直接配置资源的方式，

---

① "土地财政＋融资平台＋银行打捆贷款"的组合，成为近年来地方政府融资的基本模式。其中融资平台即是政府性投资公司，代替政府行使投融资职能。它通常由政府以财政性资金、国有资产、土地收益、财政拨款等资金注入，以经营收入、公共设施收费、财政资金等作为还款来源，成为政府融资的平台和载体，承担政府项目投资、融资和建设任务。

还有政府采购和政府的招投标活动，以及通过国有企业控制经济命脉和主导经济发展等。虽然在政府采购和招投标过程中存在着权力寻租现象，国有企业也一直存在分布过宽、全民少有共享等问题，但从总体上看，基本上还属于在政府的正常职能范围之内出现的问题。

二是招商引资。各级政府领导人适度的招商引资是值得鼓励的，但一些地方却以招商引资为第一政绩。如西南某市对所属数十个政府部门全部下达招商引资的硬指标，年终考核因招商不力，责令园林局长、供销社主任等离岗招商，民政局党委副书记则被免职。又如沿海一些地方，招商引资任务从上到下一直下达到乡镇，为完成任务，政府竟然花钱"买"外资（行情是每100万美元"外资"，"售价"17万元人民币），"外资"空转一圈后又出了国门。招商引资到了这种不务正业、不择手段、走火入魔、极为荒唐的地步，在全国当然不是个案而具有一定的代表性。此类"创举"只能表明，我们的一些地方政府"以经济建设为中心"已经远远偏离了正道。

三是基础设施建设。基础设施建设显然是政府最基本的职能，大致可包括主要由中央政府负责的"铁公基"（铁路、公路和基础设施）、农村电网等，主要由地方政府负责的满足城镇基本公共需要的水电气路和为提高生活质量所进行的园林、广场等方面的市政建设，以及满足人民群众发展需要的学校、医院、文化馆、图书馆、体育馆等文教体卫设施建设。总体来看，基础设施建设方面的工作，越是较高层级的政府，由于筹资能力强，出现的问题主要是"贪大求洋"、超标准建设，如高铁的超速，机场、高速公路在某些地区布局过密等，以及一些城市的亮化工程、豪华办公楼等问题。而低层级政府，尤其是中西部欠发达地区的基层政府，由于筹资能力不足，主要是"欠账"的问题，如许多市县的学校、医院及文体设施年久失修等。从另一个角度看，发达地区的问题主要是建设超前。布局超前，就容易占得先机，汇集资金，积聚人气，推高房价，提高发展速度。但由于这种竞争如同军备竞赛，是永无止境的，发达地区抢占了较多的资源，必然导致欠发达地区的建设严重滞后，出现了明显的两极分化。另一个突出问题就是，各地过于注重形象工程、面子工程，忽视惠民工程、"里子"工程，地上部分十分光鲜，地下部分下雨便愁，这几乎是所有城市的共性问题，年复一年已经成了夏季多雨时节全国的"焦点新闻"。

在世界经济论坛发布的《2011～2012年全球竞争力报告》中，基础设施一项中国在142个经济体中排列第30位，达到发达国家水平。看来，我们的硬实力建设确实有些超前，大大超越了我们的发展阶段。①

### （四）政府软实力建设能力弱

政府的软实力建设亦可分为三类，一是政府的宏观管理，包括制定国民经济和社会发展规划、宏观调控、产业政策、区域政策、科技政策（亦可归入产业政策）和环保政策等，主要由经济法调节。二是市场监管，即政府对市场主体的管理，与宏观管理相对，属于政府对市场经济的微观治理。包括保护公民的私有财产，保证公平竞争、公平交易（价格监管、质量监管）、税收征缴等，主要由民商法调节。三是公共服务，包括教育培训、医疗卫生、社会保障、收入分配入等，主要由社会法调节。比较而言，我国政府软实力建设这三个方面，宏观管理较好，公共服务次之，微观治理最为薄弱。

一是宏观管理较好。在上引世界经济论坛报告中，中国竞争力在142个经济体排名第26位，其中宏观经济环境一项则位列第10，不仅远远超过其他金砖国家、在发展中国家中名列前茅，亦超过了大部分发达国家。就一般情况而言，我们有把握将经济增长控制在7%～10%的范围之内，物价（CPI）不超过5%，财政赤字适度，主权债务（被评为）良好等。或许在宏观经济运行方面，我们可以较多地运用一些行政手段和货币的数量型管理、较少地依赖各级政府的配合，因此比较容易实现这些目标。但在产业政策、区域政策、环境保护等方面，却常常是"政策出不了中南海"，因为但凡需要地方政府配合的，尤其是需要地方拿出真金白银"配套资金"的时候，政策效果往往很差。"上有政策，下有对策"几乎成为惯例，政策被对策消解乃至颠覆也就在所难免。而地方也多有抱怨，认为中央"不给枪，不给炮，只吹冲锋号"。毕竟地方政府具有双重身份，不仅仅是行政主体，也被我们赋予了市场主体的地位，有其自身利益。

二是公共服务有较大改善。我国的公共服务虽然也是弱项，但近年来有较大进步，主要表现在"基本公共服务水平和均等化程度显著提高。教育事业迅速发展，城乡免费义务教育全面实现。社会保障体系建设成效显著，城乡基本养老保险制度全面建立，新型社会救助体系基本形成。全民医保基本实现，城乡基本医疗卫生制度初步建立。保障性住房建设加快推进。加强和创新社会管

---

① 2011年中国人均国民收入在参加排序的214个国家和地区中名列第114位，见2013年《中国统计年鉴》第967页。

理，社会保持和谐稳定。"① 据联合国开发计划署 2011 年《人文发展报告》，在 187 个国家和地区中，中国的人文发展指数排名第 101 位，属中等水平。其中预期寿命 73.5 岁，排名第 83；平均受教育年限 7.5 年，排名第 104；健康指数排名第 83。大体看，这些与公共服务关系密切的领域，中国的排名与中国人均 GDP 的排位大致差不多或略为靠前。

三是微观治理能力薄弱。通常人们并不把微观治理看作是政府分内事，以为只有宏观管理才是政府的职能。其实不尽其然。谈到政府职能，人们都会想到经济学鼻祖亚当·斯密，斯密认为，政府只需管好国防、司法和公共设施建设等，这样，"最明白最单纯的自然自由制度就会树立起来"②，那只"看不见的手"就会在冥冥之中指引人们有效地促进社会利益，成为国民财富不断增长的源泉。这也就是所谓政府"守夜人"的职能。做这样解读，很容易使人发生误解，以为市场经济就是政府对市场管得越少越好的经济。因为在斯密的论著中，其矛头所指是国家的重商主义政策，而对于广泛通行于英国乃至整个欧洲大陆的民商法所涉并不多。这对于他来说或许是件自然不过的事，以至于可以"熟视无睹"。而他所谈到的政府司法职能，主要涉及的也还是刑法。这或许属于"当事者迷"吧。

---

**欧洲的商业传统与中国的抑商文化**

得益于地中海天然便利的交通运输条件，欧洲社会自古以来就有重视商业的传统，早在古希腊时期便瓦解了血缘氏族社会，为大规模商业活动奠定了社会基础。与之相匹配的民商法亦有十分久远的历史，公元六世纪东罗马帝国颁布的《罗马法》便堪称世界一绝，多次受到恩格斯的高度评价，把它誉为"商品生产者社会的第一个世界性法律"，认为"它对简单商品所有者的一切本质的法律关系（如买主和卖主、债权人和债务人、契约、债务等等）作了无比明确的规定"③，"是纯粹私有制占统治的社会的生活条件和冲突的十分经典的法律表现，以致一切后来的法律，都不能对它作任何实质性的修改"④。它的一些法学名词和术语，如公法、私法、民法、人格、善意、恶意等，以及许多原则和制度，为当代各国民法所沿袭。法国大革命后拿破仑于 1803～1804 年颁行的

---

① 《在中国共产党第十八次全国代表大会上的报告》，人民出版社2012年版，第3~4页。
② 亚当·斯密：《国民财富的性质和原因的研究（下卷）》，商务印书馆1981年版，第 253~375页。
③ 恩格斯：《路德维希·费尔巴哈和德国古典哲学的终结》，《马克思恩格斯选集》第4 卷，人民出版社1972年版，第248页。
④ 《马克思恩格斯全集》第21卷，人民出版社1965年版，第454页。

《法国民法典》（又称《拿破仑法典》），即是以罗马法为蓝本而制定的，成为大陆法系的一个范本。至于斯密所在的英国，虽然奉行的是以"遵循先例"为原则的判例法，但仍然大量吸收了罗马法的基本原则和制度，而成为当今世界两大法律体系之一的英美法系。斯密尽可以对英国繁琐复杂的普通法、衡平法、制定法"视而不见"，对充斥普通法院、衡平法院、上诉法院以及国会等种类繁多的立法司法机构中的争辩"充耳不闻"，而去详尽地阐释他的经济思想——分工和市场，工资和利润，抨击重商主义，讨论君主合理的收支等，但毫无疑问，规范欧洲早期商品经济生活的，是民商法。没有这样一套系统性、逻辑性很强，法理又极为精深的民商法体系，欧洲生产的专业化分工水平就不可能深化到一枚扣针要分十八道工序，交换形式就不会丰富到远距离、大容量、高价值和规范化的形式多样化的市场，既不会出现工场手工业的蓬勃发展，也不会有市场经济制度的确立，更不会出现斯密时代便已开始的工业革命。

　　这一切对于欧洲之外的人，尤其是对于准备实行市场经济却又生活于完全不同文化土壤上的中国人来说，便有些陌生了。中国有着五千年光辉灿烂的传统文化，不过这一文化最大的特点是建立在伦理基础上的，因而表现出对商品经济的某种不适，因为建立在血缘关系基础上的伦理关系天然具有排斥商品货币关系的特质（这在任何民族中都是一样的），故这一文化最大的弱点便是难以建立起高水平的社会化而非"官府化"的专业分工体系。尽管中国历史上一直存在着商品生产和交换，在一些朝代的"盛世"还相当的"繁荣"，但这样的"繁荣"往往是社会大动乱的前兆，故统治者不会允许它过度繁荣导致弃农经商者众，进而瓦解小农经济，动摇王朝的税源。总的来看，相对于整个社会长期的自给自足经济，仅在短期内存在于城市中的商品经济不过是汪洋大海中的一些孤岛。因此，依靠儒家的伦理道德和严刑峻法，遵从习惯或习惯法便足以规范简单的商品活动。特别值得关注的是，重农抑商是自商鞅变法以后一以贯之的国策，士农工商，商业为历代的末业，统治者经常摆在头号位置的是如何打击大商人，而不是去有序地管理商品经济。故我国没有民法传统，缺乏私法文化，形成的是以刑法、行政法为核心的公法文化，这与以商业立国、对待契约如同对待宗教般神圣的欧洲历史传统，确实存在着巨大的差异。

　　由此我们便容易理解，为什么欧美以外的广大发展中国家，至今政府仍然不能很好地完成"守夜人"的职责，因为毕竟他们的文化传统与中华文化相近而与欧美迥异。

资料来源：作者整理。

　　政府对市场经济的微观治理，就是以民商法为基础，对市场主体及其行为进行规范，这是市场经济条件下政府最基本的一项管理工作，是市场经济规律也就是那只"看不见的手"发挥作用的前提，是与宏观管理完全不同的一种职能，却是宏观管理和公共服务的基础。没有政府对企业或个人行为进行法律的、行政的规范治理，就不可能有正常的市场秩序，也就谈不上市场规律。这就不难理解，为什么美国政府中有大批的独立机构对市场主体进行微观治理，其规范化的要求几乎达到事无巨细的程度。在有效微观治理的基础上，价格机制、竞争机制、供求决定等市场规律才会充分发生作用，这才有"市场失灵"一说：出现一极是自由得一无所有的无产者、另一极是富可敌国的有产者这种社会分裂的极化现象；才会有企业降低成本、多获利润、做大规模的动机，直至出现垄断；才会出现生产过剩、总需求不足、周期性经济危机这些工业化带来的独有现象。为弥补市场失灵，自十九世纪下半叶开始，早期工业化国家陆续赋予政府反垄断、经济调节和社会公共服务等宏观管理方面的职能（见表0-5）。

**表 0-5　工业化国家政府经济职能的演进**

| 时间 | 1. 前工业化时期 | 2. 工业化早期 | 3. 工业化中后期 |
|---|---|---|---|
| 基本职能 | 封建国家垄断经济 | 政府履行初级经济职能 | 政府履行中高级经济职能 |
| 主导法律 | 民商法（仅在城市） | 民商法 | 经济法、社会法 |
| 政府管理 | 政府管理不足<br>重商主义政策干预经济 | 政府微观治理（守夜人）<br>"看不见的手"发挥作用 | 政府宏观管理和公共服务<br>"看得见的手"发挥作用 |
| 市场特征 | 市场无序<br>市场机制作用尚不充分<br>（一般供求规律起作用）<br><br>弊端：<br>封建特权，超经济强制<br>不平等，欺诈，掠夺 | 市场有序<br>市场机制充分发生作用<br>（价格、供求、竞争机制）<br><br>弊端：市场失灵<br>经济波动，垄断，公共物品、排污、研发、教育等外部性 | 弥补市场失灵<br>宏观管理：经济调节反垄断，推动技术进步<br>社会管理：收入分配就业，社会保障<br>公共服务：教育，卫生 |

资料来源：作者整理。

　　当然，政府干预也会带来"公共失灵"，需要公民社会及其组织予以"弥补"和"纠正"。这就要求政府进一步调整职能，将大量的执行权甚至包括一些非核心的决策权逐渐移交给发展成熟的社会组织，自身则保留较重要的决策权。当然，这是另外一个需要研究的重要课题，本文对此不展开分析。

　　就我国而言，改革开放后，1986年全国人大通过了《民法通则》作为规范商品经济的基本法，但其实只能算是一个民法教程大纲，虽然这些原则性条款总计不过一万多字，却足以规范我们20年的经济生活，因为人们实际上遵从的还是习惯或习惯法。2007年我国通过了《物权法》，对各种所有权（国家、集体和私人）及其收益（用益物权）等都做了比较详尽的规定，但直到今天，全国每年最大的一笔收益——国有土地收益，没有一个人能够说得清楚究竟是多少，更不要指望任何一个人能够说得清是如何分配的，因为我们遵从的仍然是习惯法，似乎只要处置国有土地的人没往个人口袋里装些什么，具体方式就不必计较了。于是我们看到，因为土地一批批官员倒下，又因为土地让一些敲诈者一夜暴富。如果说国有财产都难以得到有效保护，那么私人财产又如何能够得到有效保护呢？我们实在难以分清个人财产哪些是合法所得，哪些是非法所得，因为我们知道，没有一个贪腐官员的问题是自己申报出来的而不是被人揭发出来的，这说明官员在落马之前，对其监督基本处于真空或空白状态。①

我国几乎是在一夜之间驶入了市场经济的汪洋大海。三十年来，我们的经济总量增加了二十余倍，今天，除农民少许口粮外，几乎所有产品都纳入了市场交换体系，而我们所依赖的却主要还是大家的习惯。我国社会出现了大量的假冒伪劣、坑蒙拐骗、偷税漏税、欺行霸市等现象，不少人以为这是市场经济的弊端，或是市场的失灵，这实在是对市场经济的误读。准确地说，这是资本原始积累及资本主义早期阶段才会大量产生的一种现象，属于超经济强制方式而不是市场经济一般方式，是政府对市场治理严重缺位的结果。客观地说，发展中国家比较容易出现此类问题，因为这些国家普遍缺乏大规模经商的传统和适应大规模商业活动所需的商业伦理，更缺乏民商法传统，面对突如其来的现代化又急于转型转轨，政府和社会都表现出极大的不适，如工业化带来的多元化导致社会价值观分裂，城市化导致原来的乡村共同体瓦解，以致整个社会道德滑坡、信仰缺失、信任和同情不再等。

就这一点而论，我国社会中出现这些问题是不足为怪的，但这却难以成为聊以自慰的理由。各国的经验告诉我们，现代性会带来稳定，而实现现代化的过程却容易带来不稳定。如果我们不尽快加强政府的微观治理，消除这些导致社会无序的不稳定因素，继续维持低成本的按照习惯而不是按照规则的行事方式，不但我们的市场交易水平难有提高，专业化分工和协作水平会止步不前，在国际竞争中将长期处于不利地位，而且在这场无序竞争中，普通百姓为食品安全惴惴不安，不知吃什么、喝什么、买什么、用什么；而拥有巨额资产的人则惶惶不可终日，携巨资出走的经济精英、文化精英、"政治精英"也会越来

---

① 其实，我国政府在微观管理方面的薄弱表现在多方面。另一个明显的例子是，作为正处于工业化中后期阶段的国家，工业统计数据无疑是最重要的，但我国规模以上工业企业增加值的数据已多年在《中国统计年鉴》上了开"天窗"。如此重要的一个数据长期缺失，说明了我们在企业微观管理方面的薄弱。

越多，这就会动摇我国社会主义市场经济的经济基础乃至政治基础，造成更大的不稳定。

综上所述，我国硬实力现代化成绩斐然而软实力现代化滞后是非常明显的，这不过是百余年来看重"船坚炮利"、轻视制度建设，偏重器物层面现代化、忽略制度层面现代化在当代的延续，因此必须予以纠正。

## （五）小结：理顺政府和市场关系的基本思路

经过三十多年的经济建设，中国给外国人士留下的印象是"城市像欧洲，农村像非洲"。说城市像欧洲，无非是指城市的硬实力建设堪比发达国家。因此，套用这一句式，我们可以说，我们的硬实力建设像欧洲，软实力建设或略好于非洲；我们的应急响应能力超过欧洲（我国在汶川地震救援及灾后重建中的表现，国际舆论评价普遍要好于美国政府应对卡特里娜飓风和日本政府应对"3.11"地震海啸的表现），而常规管理能力恐怕类似于非洲；我们的宏观管理接近欧洲，而微观治理或许还赶不上非洲（因为我们的发展速度远远快于非洲，故在市场微观治理方面出现的问题也较非洲突出。例如，我们的伪劣产品不仅坑害了国人，也曾令俄罗斯人和目前的非洲人十分不满，因为这种现象是他们不曾遭遇过的），等等。这些评价虽然不一定精确，却大致反映了我国政府在履行经济职能时所表现出的不平衡十分刺目，几乎是全球南北差异在中国的集中反映。

通过以上分析我们可以看到，在目前转轨阶段，我国政府对市场经济的治理，初级职能履行较差，某些中高级职能因可运用一些行政手段反而履行得较好，而在超越市场功能方面（如应急反应等）则有高水平发挥。但我们应认识到，政府的初级职能即微观治理是市场经济管理的基础，历史和逻辑也都证明，市场经济的发育发展程度，是与政府依法行政的市场监管能力同步变化、相伴而行的，这些职能履行到位，会更好地发挥市场的作用，并大大提高政府高一级职能的管理和服务水平。

因此，今后理顺政府和市场关系的思路应该是：

——为使市场在资源配置中起决定性作用，经济体制要从政府主导型转向市场主导型即由市场主体（企业、居民）主导的经济，与之相应，政府的功能从主导国民经济发展转向引导国民经济发展，实现从建设型、经营型政府到法治政府和服务型政府的转变；

——为大幅度减少政府对资源的直接配置，应调整政府的自身资源配置，从硬实力建设为主转向软实力建设为主，尤其要清理并卸下地方政府肩上的一些无限责任；

——政府硬实力建设要从直接配置资源为主转向间接配置资源为主，即通过调节市场和提供公共服务的方式，实现经济社会发展规划；

——政府软实力建设，目前特别需要加强市场监管，即加强对企业和个人的微观治理。近期对微观治理依赖较大、效果又不明显的宏观类、社会类政策，应适当收缩范围、调减力度，待政府治理能力提高后再扩大范围、增强力度；

——改变领导方式，从"一把米"式的领导、"跑部钱进"式的被领导，转向依法行政，依法履行职责、依法追究责任。

只有这样，我们才有可能"推动政府职能向创造良好发展环境、提供优质公共服务、维护社会公平正义转变"[①]，从而实现经济发展方式的转变。

## 五、转变经济发展方式、深化改革的主要任务

为提高经济发展质量和效益而提出的三个转变——改善需求结构、产业结构和要素投入结构，构成目前转变经济发展方式的主要内容。应该说，这是在经济体制尚未发生根本性转变的情况下需要采取的三项带有强制性、从"外部"约束发展的方式。只有当经济体制从政府主导型转变为市场主导型，即市场在资源配置中起决定性作用、政府的作用不过是弥补市场失灵，才能从根本上解决好政府和市场的关系，为矫正发展目的、优化发展手段、重构发展动力奠定牢固的基础。

理顺中央和地方关系，政府退出市场主体地位，发展目的才能从单纯赶超转变为努力构建扩大内需的长效机制，实现经济增长适度，幸福指数不断提高，充分体现民富国强、社会和谐的要求；企业成为良好的市场主体，政府软实力建设得到加强，发展手段才能从急功近利转变为可持续，实现生产方式科学合理、优化集约和三次产业的融和；政府和企业各就各位，要素市场健康有

① 按笔者理解，十一届三中全会提出"以经济建设为中心"，显然指的是以硬实力建设为中心。《中国共产党第十六次全国代表大会报告》提出"完善政府的经济调节、市场监管、社会管理和公共服务的职能"，政府需要"完善"的这些职能均属于软实力建设，但并未否定以硬实力建设为中心。《中国共产党第十八次全国代表大会报告》提出"推动政府职能向创造良好发展环境、提供优质公共服务、维护社会公平正义转变"，对政府未来职能的定位已经很明确，即需要从硬实力建设为中心转变到软实力建设为中心。

序，发展动力才能从主要依靠增加资本和土地投入、增加资源消耗转变为提高全要素生产率，实现人的素质稳步提升，科技进步和管理创新成效显著。只有这样，提高质量和效益才会成为企业乃至整个社会经济的内在要求，进而形成新的经济发展方式。

因此，转变经济发展方式需要标本兼治，近期应直面三个转变，从解决短期变量——稳定经济增长速度、改善总需求结构入手，这也将为改变中期变量——调整供给结构和收入分配结构创造有利条件。从长远看，则必须采取大力度的改革措施，解决好政府和市场的基本关系，实现经济发展方式的根本性转变。

### （一）稳定总需求水平，保持可持续增长

前面已经指出，经济增长速度过快，必然会恶化总需求结构，促使消费率尤其是居民消费率不断下降；而总需求结构失衡，必然导致产业结构难以优化，在服务业、农业发展不足的同时，工业又严重产能过剩；而过快的增长速度和产业结构的失衡，必然带来收入分配结构亦即投入结构的失衡，使资本和土地收入份额上升，劳动收入份额下降。因此，近期内必须控制总需求，使经济增长保持在适度的范围内。

那么，适中的速度该是多少呢？在目前条件下，GDP 大约年均增长 7.5% 左右。这仍然是一个较快的速度，一个赶超的速度，而绝不是一个低速度，更不是不发展的速度。这一速度也足以确保我们在 2020 年实现全面建设小康的目标。这是因为，消费与国民总收入 GDP 之间，具有稳定的函数关系，即消费对 GDP 的弹性系数，这是由目前经济技术条件所决定的。从近十几年来我国情况看，当 GDP 增速 8%（当年价，可比价约为 7.5%）时，消费弹性系数为 1，即消费也增长 8%。而当 GDP 增速超过 8%，消费弹性系数就会下降，每一个百分点的经济增长所带动的消费增长就会小于 1。如 GDP 增速达到 10%，消费只会增长 9%，消费弹性系数为 0.9（＝ 9%÷10%）；当 GDP 增速达到 14%，消费仅会增长 11.2%，消费弹性系数则下降为 0.8（＝ 11.2%÷14%）。投资和净出口的弹性系数则刚好相反，随经济增速上升而上升（见图 0-2）。[1]

---

[1] 具体数据分析详见俞建国、王蕴：《"十二五"时期扩大消费需求的思路和对策研究》，中国计划出版社2012年版，第26~34页。

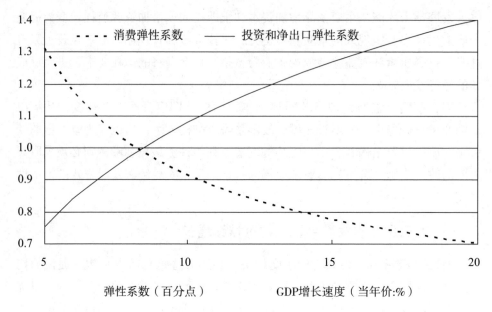

弹性系数（百分点）　　　　　　GDP增长速度（当年价:%）

**图0-2：经济增长速度与消费弹性系数、投资和净出口弹性系数之间的关系**

由此可知，速度决定结构。当经济增长超过7.5%，消费增速虽然还可继续提高，但投资和净出口的增速会提高得更快。这样，消费对经济增长的贡献反而会下降，投资和净出口的贡献则会上升。经济增长速度与扩大消费率、提高居民收入份额和提高消费倾向均明显具有反比关系，速度越快，调整难度越大，越难见效。这就是在现阶段经济技术条件下，我国这些重大宏观经济变量之间的不以人的意志为转移的关系。这是科学发展的基本前提。

7.5%，也仅仅是维持目前比重、不至于使现行发展方式进一步恶化的速度，不过，却也是转变经济发展方式的起点。在此基础上，我们才有能力调整总需求结构这一短期变量，为优化总供给结构、收入分配结构这类中期变量留下空间，并为改善要素投入结构这一长期变量积累能量，否则便很容易落入空谈。从这一意义上看，7.5%可以说是转变经济发展方式的一个基点。

## （二）调整需求结构，矫正发展目的

矫正发展目的，就是要把发展目的从通过投资满足政府扩大财政收入、满足国外市场的需要，转变到主要满足国内消费需求上来，这就需要调整总需求结构。"十二五"规划纲要提出要使"居民消费率上升"的目标和"建立扩大消费需求的长效机制"的任务，但没有给出具体的约束性或预期性指标。我们认为，为形成以扩大消费需求为中心带动经济发展的格局，应努力使居民消费率由 2010 年的 35% 提高到 2015 年的 40%，至 2020 年达到 45% 的水平。这样，最终消费率才有望从 48% 提高到 2015 年的 53%，至 2020 年接近 60% 的水平。而投资和外贸活动则应围绕消费需求展开，投资率大致从目前 48% 这样一个较高的水平逐渐回落至 40%，货物和服务贸易则保持基本平衡（净出口率为零）。如果考虑到人民币国际化的需要，那么每年有一两个百分点的贸易逆差也应该是可以接受的，因为只有逆差才能使人民币成为别国的储备货币而走向世界。

建立扩大消费需求的长效机制，一要增强居民的消费能力。增强居民的消费能力就是要提高居民所得在国民总收入中的份额。2013 年初，国务院已转发三部委《关于深化收入分配制度改革若干意见》，提出"到 2020 年实现城乡居民人均实际收入比 2010 年翻一番，力争中低收入者收入增长更快一些，人民生活水平全面提高"，"居民收入在国民收入分配中的比重、劳动报酬在初次分配中的比重逐步提高，社会保障和就业等民生支出占财政支出比重明显提升。"我国的经验表明，GDP 翻一番容易，居民收入同时翻一番却不容易，而要做到"提低、扩中、限高"更不容易。因此，今后要切实排除利益集团的干扰，[①]抓好落实工作，努力使居民所得份额从 2010 年的 60% 提高到 2015 年的 65%、至 2020 年达到 70%，劳动报酬份额从 2010 年的 45% 提高到 2015 年的 50%，至 2020 年达到 55%，即两个比重大体上每年提高一个百分点，使国家、企业和居民（劳动者）的收入分配格局趋于合理。

二要有现代消费观念的引领。一个社会的消费观应该是科学的，也应该是人文的。科学，是说消费方式要与自然和谐，要以科技进步和经济的可持续发展为前提，以资源和环境的可持续利用为基础；人文，是说消费方式要有品位，高品位引领低品位，让精致的产品（服务）大众化，让大众的产品（服务）精致化，实现文明的整体进步。科学精神和人文精神的统一，亦即物质文明和精神文明的统一，是享受现代文明的人应具备的内在品格。科学可以让我们的世界变得更精彩，而品味精彩需要人文，需要审美情趣；"精彩"

---

① 据人力资源社会保障部有关司局负责人透露，2009 年人社部曾打算制定《工资条例》，因垄断企业反对而夭折（见 2011 年 8 月 22 日《济南日报》："'工资条例'酝酿三年仍'难产'"）；2013 年 8 月出台的《劳务派遣若干规定》，曾规定被派遣劳动者享有与用工单位劳动者同工同酬的权利，但因有关部门和部分央企的强烈反对而打了折扣，使同工同酬并不包括福利和社会保险（见 2013 年 09 月 01 日《京华时报》："人社部：劳务派遣同工同酬不包括福利和社保"）。

的进一步升华更离不开人文。人文精神促使生活艺术化,人文精神也要求艺术生活化。通过开拓精神世界、提升文化品位,激发对真善美的无止境追求,会使心灵得到充实和升华,人性不断丰富、完善而臻于完美,从而推动社会的全面进步。

三要构建良好的消费模式。未来我国的消费模式既要有利于生态文明,也要有利于社会和谐,并能得到永续发展。要构建一个与我国生产力水平相适应,与资源环境及战略资源保障能力相协调,消费水平不断提高,消费结构和消费品质不断优化,公共服务不断扩大的消费模式。生态文明的消费模式,要求以人的责任为本,呵护好我们的生态家园,不要透支资源和环境,促进人与自然和谐发展。社会和谐的消费模式,要求社会财富的增长能够惠及大众,调节过大的收入差距,提供的公共服务性消费不断增多,这是文明进步的重要体现。永续发展的消费模式,要求消费需求不断升华,培育和创造出一批批具有中国特色、满足国人精神文化层面的高端消费需求,而成为中华民族消费的引领者,为我国的经济发展提供不竭的动力。

## (三)调整产业结构,优化发展手段

优化发展手段,就是要通过合理配置自然资源和生产要素,以满足需求为目的而改善各生产部门之间的比例关系,使单位产品所包含的科技含量(物质文明)和人文含量(精神文明)越来越多,这就需要调整产业结构。"十二五"规划纲要对产业发展已做了比较全面的构想,有关部委也陆续制定了一批专项规划,这些规划体现了国家的战略意图。因此,保持合理经济增长速度,改善总需求结构,将形成对过剩产能的高压态势,有助于形成规划纲要和各专项产业规划的实施环境,对提高产业核心竞争力是非常有利的。

矫正了发展目的,将有利于优化发展手段,这样,消费对产业优化升级的带动作用将会越来越明显,即通过提供越来越多的满足国人消费品位不断上升要求的产品和服务,会极大地推动产业发展。中国的消费革命虽然方兴未艾,但靠数量取胜扩大消费的模式在步入初步小康之后已经显得乏力,今后表现在结构升级急速推进方面的消费革命将难以再现,而主要会表现在结构升级的深化即消费品质的提高方面。当一般物质性消费基本上得到满足之后,人们会增加对精神产品或蕴涵一定文化底蕴的物质产品的需求,而人类的精神需求是永无止境的。中国文化博大精深,在某些消费领域亦有不俗的表现,例如中华饮食、中国烹饪,均享誉世界。中华文化有着丰富的内涵和深厚的底蕴,在满足人类高层次需求方面，有着取之不尽的宝藏。要挖掘中国优秀的传统消费文化，这是一座有待进一步开发的巨大的人类需求的富矿。

工业化的历史表明，谁能掌握一国文化的"遗传密码"，谁就一定能够占领该国市场的制高点。跨国公司可能比我们更清楚地认识到，不深入了解中国文化，就不可能在中国市场上占有一席之地，从而分享中国增长的巨大蛋糕。今天，为贴近消费者需求，世界500强已有470家在华设立了研发中心。中国人显然应该比外国人更了解自己的需求，能够更好地利用现代科技、现代企业管理和商业模式来满足这些需求。但中华文化在利用现代技术方面的一个不足，就是这些需求没有经过整合，处于高度分散状态，很难被现代技术作为潜力巨大的市场开发。我国地域辽阔，各地都有自己的区域文化，甚至亚区域文化。这些丰富的有差异的文化既孕育着极大的消费需求，又处于高度分散状态，犹如一个储量巨大却是由无数珍珠状分散储藏的油田一样，不经过大的地质构造运动，很难开发利用。这就需要整合消费文化，为我国的技术创新提供明确的指向。

为此，研究机构、大专院校、行业协会等应组织力量研究中华消费文化。利用今天的国学热，整合中华文化中的消费观念，使深层次的消费需求便于技术开发和市场推广，让文明古国的文化优势转变为市场优势、经济优势。鼓励生产企业、行业协会设立营利性或非营利性的研发中心，将整合后适合现代消费观念的理念、创意转变为能够满足市场需求的产品和服务。立法保护老字号企业，充分挖掘中华老字号弥足珍贵、极具民族特色的文化内涵，弘扬老字号唯我独有、世代传承的文化价值，促进老字号融汇时代气息，运用现代营销方式和现代管理技术实现创新发展，扩大其影响力和市场占有率。

面对消费需求变化的新趋势、新特点，功能性产业政策应该比结构性产业政策更为有效，即通过鼓励企业走创新之路，鼓励企业和消费者走低碳、绿色之路，鼓励和扶持千百万中小企业，并整合和挖掘中华文化中所包含的深层次消费需求，不断推陈出新，创造出雅俗并举、富有时代气息的消费品。从而推动发展手段优化集约可持续，实现生产方式科学和人文的统一，以及三次产业的融和，满足亿万消费者日益丰富多彩的物质和精神需要。

### （四）调整分配结构，重构发展动力

重构发展动力，就是要改变过度依赖资本、过度依赖土地作为发展的动力源，通过人力资本的积累，增加高素质劳动力在收入分配格局中的比重，这是

转变经济发展方式的核心，也是增强国家竞争力的核心，这就需要调整要素投入结构。但由于人力资本的积累和依靠高素质人才进行的技术和管理创新，都具有较强的正外部性，因此，无论良好的要素市场能否形成，都需要政府积极加以推动。

我国既存在缺少技术的劳动密集型产业，又存在缺少技术的资本密集型产业；农村既存在着上亿需要逐步转移的劳动力，又存在着巨额的外汇储备似乎表明我们的资金极为富裕。这两个并存让人很难判断我们究竟发展到了哪个阶段，分不清究竟是劳动还是资本哪个更稀缺。这显然受体制因素干扰。但毫无疑问，这两类产业都受到内外需求的强大制约，无论哪种类型的产业都很难继续成为新的增长点。为此，必须发展需求弹性较大而又具有动态比较优势的产业，即适应产业优化升级需要的具有中度技术的劳动密集型产业和具有中度技术的资本密集型产业[1]，以作为未来高技术资本密集型产业发展的起点。近几年我国普通大学毕业生难找工作，而职业学校的毕业生却供不应求，表明市场在一定程度上开始了"纠偏"，为人力资本的培养提供了方向。

因此，要构建有利于创新和产业升级的国民教育体系。继续加大公共投入，提高全体国民的受教育年限，降低家庭和个人教育支出比重。为保持人力资本积累的可持续性，力争在"十二五时期"把高中教育和职业教育纳入义务教育范围，以减轻低收入家庭在教育支出上的负担。优化人力资本投资结构，压缩普通大学规模，扩大包括职业大学在内的职业教育的规模，把职业高中与普通高中的比重由目前的大约 0.25∶1 扩大至 1∶1。[2] 将职业教育纳入经济社会发展和产业发展规划，扩大应用型、复合型、技能型人才培养规模，促使职业教育规模、专业设置与经济社会发展需求相适应，并在师资、资金、设备、政策等方面给予倾斜。应着眼于关键环节，增强对研发、设计、营销、供应链管理、金融服务、咨询等专业人才培育，创新教育及培训机制，鼓励大学、科研机构与企业联合建立技术人才培养基地。

我国正处于产业结构的剧烈变动期，容易出现大量的结构性失业和摩擦性失业，而职业培训对提升劳动者的素质能力、促进劳动力产业之间转化以及减少结构性失业等方面都具有十分积极的作用。启动"强制"国民培训计划，建立健全覆盖城乡全体劳动者并能适应其职业生涯不同阶段需要的职业培训制

① 王岳平等：《培育我国产业动态比较优势》，《宏观经济研究》2012年第6期。
② 杨福家：《直面"文凭贬值"背后的教育失衡》，《文汇报》2013年7月5日。作者为国家教育咨询委员会委员，原英国诺丁汉大学校长。

度，使新进入人力资源市场的劳动者都要接受相应的职业培训。有计划、有步骤地推行职业"准入制度"，逐步做到凡已公布实行职业准入的行业，新成长劳动力必须接受职业学校教育或职业培训，企业只能与具有相应职业资格的劳动者签订合同。[①]

从另一角度看，提高劳动者素质，增强劳动者获得收入的能力，依靠创新和高水平的技能而不仅仅是调整收入分配关系，才是市场经济条件下提高劳动对资本的地位，从而保证劳动者报酬份额提高的根本途径。

以上几项任务均为直面"三个转变"，核心是第一条，第一条做到了，稳住了增长的速度，其他三条才有望做到。下面我们转向改革，核心是要处理好政府和市场的关系。

## （五）调整中央和地方利益格局

国民经济年均增长 7.5% 的速度近两年已被国内越来越多的经济界人士所认可和接受。但按正态分布，必有三分之一省份的增速会高于全国平均水平两个百分点左右，又会有三分之一省份的增速会低于全国平均水平两个百分点左右。[②] 低于全国增速的省份，又会有三分之一的地市低于全省的平均速度。至于到了县一级，速度就会更低。这样一来，严重依赖"分灶吃饭"的经济体制将难以运转，高速增长时"有得吃和吃得好"的差别，就会变成"有得吃和没得吃"的差别。若要维持现行财政体制，就需要各地区经济增速保持一致，这样大家才能都"有饭吃"，这必然要求层层下达指令性的速度指标，而这在现行条件下根本不具备可行性。可见，目前财政体制给宏观调控带来了极大的压力，层层地方政府都要求保 8%，宏观经济最终必然失控。显然，不解决财政问题，7.5% 的速度也很难稳住。

而从中长期看，随着社会主义市场经济向纵深发展，对全国市场统一性的要求会大大增强。例如，市场秩序的维护，环境的治理，《劳动合同法》的执行，社会保障资金的筹措使用，资本和土地市场的管理等各项政策措施，属全国性公共产品，有很大的外部性，需要各级政府的行为保持高度内在的统一性和一致性。如果各级地方政府的责任和权力关系仍然是责任、权力加利益的关系，地方政府仍然是市场主体，这就相当于设计了一套激励相悖的制度，必

---

① 谭永生：《向实现更高质量的就业转变》，《中国发展观察》2013年第2期。
② 此为2006年~2012年7月的平均值，据历年《中国统计年鉴》计算。

然造成谁维护全局利益谁吃亏、不执行政策的反而占便宜的局面。如此一来，"地方服从中央"、"局部服从整体"只能沦为空洞的口号，既谈不上经济发展的可持续，也很难有市场秩序和社会政策可言，更难扭转经济秩序混乱和社会行为失范的局面。

没有统一的财政，就难有统一的政策。中央和地方的关系在我国整个经济社会活动的行为规范中处于高端位置，是影响经济社会健康发展的全局性问题，并在很大程度上决定着市场主体乃至个人的行为。因此，必须从根本上解决中央和地方事权与支出责任不匹配的问题，也就是地方政府在履行基本公共服务职能时财力不足的问题，地方政府在执行外部性较强的政策时激励不相容的问题。

我们认为，就我国这样的单一制国家而言，地方政府独立的事权可能是相当有限的。[①]在中央和地方事权划分上，中央的责任是"雪中送炭"，地方则为"锦上添花"：中央提供基本公共服务，地方则可根据自己的财力提供高于全国平均水平的"升级版"公共服务。因此，可考虑在现有中央和地方财力格局总体稳定的前提下，逐步提高中央财政收支的比重，以基本公共服务均等化和基本社会保障全国统筹为目标，经过几个五年规划，将中央财政支出比重从目前的 15% 提高至 50% ~ 60%，作为履行中央事权所需承担的支出责任，相应，中央财政收入比重提高至 70% ~ 80%。其实，这也不过是目前联邦制国家中央财政的集中水平，表 0-6 的数据可供我们参考。而属于区域性的、具有内部性的公共服务，则通过建立稳定可靠的地方主体税种和一定的转移支付予以解决。

对此，人们可能会产生疑惑：这不又成"大锅饭"了吗？我们认为，政府部门的工作积极性是不应靠市场机制来调节的，也不能靠经济利益来刺激，正如国务院不能靠市场机制来调动各部委的积极性，各部委也不应靠市场机制来

---

[①] 1998年我国停止军队经商，21世纪初城市居委会也陆续停止了经商。2013年9月，我们在的调研中了解到，上海市街道办事处早已于几年前停止经商，剥离了经营性功能，只保留为社区服务的功能，经费完全由上级解决。这显然不是因为上海市"区一级"与"街道一级"的事权划分清楚了，而是因为实在难以划清，所以，也就没有必要再划清楚了。与联邦制国家不同，作为单一制国家，上下级政府的事权相当一部分恐怕是很难分清的。在这种情况下，这些事权及支出责任，应该由上级政府负责而不应让下级政府"买单"。否则，下级不是去造假，就是去"创收"、举债，干扰市场活动。我们认为，上海此举在全国开了一个好头，为我国各级政府和市场关系提供了一个好的思路，应巩固成果，继续向前推进。

表 0-6　主要发达国家中央和地方的财政收支比重　单位：%

| 政体 | 国家 | 中央和地方 | 20 世纪 90 年代平均水平 | | 2001 ～ 2011 年平均水平 | |
|---|---|---|---|---|---|---|
| | | | 税收收入 | 财政支出 | 税收收入 | 财政支出 |
| 联邦制国家 | 美国 | 中　央 | 67.27 | 51.93 | 65.13 | 50.45 |
| | | 州和地方 | 32.73 | 48.07 | 34.87 | 49.55 |
| | 德国 | 中　央 | 70.70 | 62.31 | 70.40 | 62.47 |
| | | 州和地方 | 29.30 | 37.69 | 29.60 | 37.53 |
| 单一制国家 | 法国 | 中　央 | 89.38 | 82.40 | 88.59 | 80.19 |
| | | 地　方 | 10.62 | 17.60 | 11.41 | 19.81 |
| | 英国 | 中　央 | 96.10 | 72.55 | 95.25 | 71.61 |
| | | 地　方 | 3.90 | 27.45 | 4.75 | 28.39 |

资料来源：根据 OECD 数据库数据计算。

调动下属机构的积极性一样。如前所述，习惯于让各级政府和政府各部门经费自理甚至搞经营创收，是改革以来调动各方面积极性的一种普遍做法，曾发挥过一定的积极作用，但随着时间的推移和市场经济体制的建立，边际效益递减，边际成本递增，发展到今天，负面作用已远远大于正面作用。这种把政府内部的行政关系变成商业关系、公共管理变成工商管理的做法，混淆了两种不同性质组织的管理方式，已经成为目前各种不正之风乃至腐败的重要根源。只有对"分灶吃饭"的财政体制进行重大改革，才能从根本上理顺政府的内部关系，大幅度减少政府对资源的直接配置，为建立法治政府和服务型政府的绩效考核制度，为处理好政府和市场的关系铺平道路。

## （六）处理好政府和市场关系

我国政府主导型经济体制，表现为政府大规模直接配置资源，而以市场主体身份参与市场活动的"越位"行为主要是地方政府。因此，为地方政府解决履行基本公共服务职能时财力不足的问题，也就为处理好政府和市场关系提供了最基本的条件。一方面，地方政府退出市场主体的身份，可避免直接配置资源的角色错位；另一方面，地方政府免除了后顾之忧，可集中精力去做好市场监管、社会治理和提供基本公共服务，这就为我国经济社会秩序的好转奠定了基础。微观治理是市场经济条件下国民经济的基础性管理，虽然这是政府的一项初级职能（"守夜人"），却是消除不良竞争、扭转诚信缺失，并让市场机制和市场经济规律充分发生作用的前提。这对于培育良好的市场主体尤其是民营经济的行为、促进健康的市场体系意义重大。

从过去政府全面配置资源的计划经济，到目前政府半为直接、半为间接配置资源的政府主导型经济，再到未来由市场力量配置资源的市场经济即政府除提供必要的硬实力建设外，主要任务是进行软实力建设，为经济建设保驾护航——这是我国经济体制改革的两大步骤。我们已经走完了第一步，考虑到转型的复杂和政府职能的惯性，可在目前的政府主导型经济和未来的市场经济之间，增设一个"政府引导型经济"作为过渡，以增加缓冲。可设想，在过渡期内，除继续发挥好五年规划的统领功能和加强各级规划的协调外，地方政府应自下而上、自东向西、从发达地区到欠发达地区，递次取消直接配置资源的功能。只有这样，才能大幅度减少政府对资源的直接配置。这样，到 2020 年，除贫困地区、灾区重建地区、需要重新布局的开发区等少数区域可继续保留经济建设职能外，其他地区，尤其是东部发达地区，除一些基础设施外，政府将不再直接配置资源。届时，我国将实现从建设性、经营性政府向法治政府和服务型政府的根本性转变，这也就意味着从总体上实现了资源的市场配置。

因此，推动地方政府退出作为市场主体这种混淆公私界线，有悖于市场经济常理的做法，推动政府职能从硬实力建设为中心转向软实力建设为中心，也即向创造良好发展环境、提供优质公共服务、维护社会公平正义转变，应该是当前我国经济体制改革和政府职能转变的主要任务。

## （七）塑造新型市场主体

政府退出市场主体位置，不再搞经营，转而加强对市场的微观治理，对于塑造新型市场主体意义重大，是实现要素投入方式转变即提高质量和效益成为企业内在动力的基本前提。基本目标是构筑法制完备、制度规范、以市场为纽带的合理、协调的政企关系，塑造真正生产经营和投资决策自主、交易公平自由、自主创新和可持续发展能力强的新型市场主体，以市场主体的优化升级促进我国经济发展方式的根本转变。

要继续对国有经济布局进行战略性调整。坚持分类改革，凡民营企业愿意并有能力经营的竞争性领域，国企中的国有资本应逐步退到参股地位，直至全部退出；稳步推进垄断性行业国有企业改革，自然垄断领域中的一些骨干企业可实行国有相对控股，其中竞争性业务应尽快与垄断性业务分拆，引入民营资本，并严格按公法进行约束。国有资产监督管理委员会自身的改革也应同步进行。

要大力促进民营经济健康发展。进一步改善市场准入等外部环境，形成有利于民营企业公平竞争的体制机制。要打破限制民营经济进入的歧视性"铁门"、"玻璃门"或"弹簧门"，为民营企业腾出必要的发展空间。在土地供给、城市规划、园区招商、政府采购等公共资源利用方面，要为民营企业提供平等发展的机会。努力解决民营企业融资难的问题，进一步健全社会化服务体系，引导和帮助企业提高管理水平。

要引导外资企业发挥技术外溢效应。完善投资环境和政策激励机制，引导外资投向，吸引外资在华设立研发机构。健全知识产权保护法律体系，发展与研发活动有关的服务业，如知识产权转移、技术授权、检测验证、技术预测及市场信息等。积极发展风险投资，优化研发需要的融资环境，为外资研发提供资金保证。鼓励外资研发机构与本土企业、研究机构进行合作和信息交流。

## （八）进一步推进生产要素市场化

要素市场化是保证各种所有制经济平等使用生产要素的前提，是各类市场主体健康成长的基础，也是调整政府和市场关系的重要内容。推动生产要素市场化的核心是打破二元体制，形成产权清晰、功能完善、流动顺畅、统一开放、竞争有序的现代要素市场体系。

要建立城乡统一的建设用地市场，推动土地使用的市场化。在守住18亿亩耕地红线的前提下，加快推进农村土地市场化改革，将土地占有、使用、收益、流转、抵押、担保等权能赋予农民，建设城乡统一的建设用地市场，建立健全土地承包经营权流转市场，改革农村宅基地制度和征地制度，同时加快完善城市土地使用制度。

要深化金融体制改革，健全金融市场体系。要完善多层次的信贷市场体系，加快发展以创业投资和证券市场为主的创新金融体系，逐步实现以银行为主的间接金融体系向以证券市场为主的直接金融体系转变，重构农村金融服务体系，推进利率和汇率市场化改革。

要加快建立城乡统一的劳动力市场，促进劳动力的流动。以消除城乡、行业、身份、性别等一切影响平等就业的制度障碍和就业歧视为重点，完善劳动就业制度和工资市场形成机制，深化国有企业和垄断行业用工制度改革，建立与劳动力自由流动相适应的社会保障体系，促进劳动力在城乡、区域、行业和不同所有制之间自由流动和优化配置。

要大力推进科技创新体制改革，发挥市场对创新要素配置的导向作用。推动技术产权化进程，建立产学研协同创新机制，强化企业在技术市场中的主体地位和主导作用，改革科研管理体制，完善技术市场体系建设，努力释放创新潜力。发挥市场对技术研发方向、路线选择、要素价格、各类创新要素配置的导向作用。

### （九）处理好改革与发展的关系

发展与改革是两个系统，很容易形成"两张皮"的现象。应该说，发展是一个完整的系统，改革则是对紧紧镶嵌于发展内部的一套体制机制的变革，因此也自成系统，但却是另外一个不同于发展的系统，一个带有相对独立性的系统。如果我们的一切工作以发展为中心，改革就容易"碎片化"甚至被虚化，成了件"有空再做"、"能拖就拖"的事情；但如果以改革为中心，某些重大发展秩序就有可能被打乱，甚至发展进程被中断，如俄罗斯的"休克疗法"。因此，对发展与改革必须进行一定的协调，否则，不是延误了改革就是造成了经济的瘫痪。从近10年来我国总的情况来看，发展很快，改革步子不大，确有"碎片化"迹象，值得反思。应在党的十八届三中全会总体改革方案的指引下，出台一些较为重大、较为系统的改革举措，让"改革跑赢危机"，到2020年使改革在重要领域和关键环节上取得决定性成果。改革需要支付成本，甚至会带来一定的阵痛，尤其是我们的改革已经进入了深水区，有几场攻坚战需要打，我们要有足够的心理准备。当然，改革也要有底线意识，如不能让经济增长过低，物价不能过高，对财政赤字和可能造成的失业人数也要有所控制等，防止给社会经济带来过大的冲击。因此，改革总体上仍然是渐进性的，但应有局部的突破。

**参考资料：**

曹沛霖：《政府与市场》，浙江人民出版社1998年版。

郭建青等：《西方主要发达国家市场经济大观》，中国经济出版社1993年版。

胡代光、厉以宁：《当代资产阶级经济学主要流派》，商务印书馆1982年版。

胡寄窗：《中国经济思想史》，上海人民出版社1962年、1963年、1981年版。

江春泽：《比较经济体制学》，人民出版社1992年版。

周枏：《罗马法原论》，商务印书馆1994年版。

林榕年主编：《外国法制史》，中国人民大学出版社1999年版。

刘国光主编：《中国十个五年计划研究报告》，人民出版社 2006 年版。

聂高民、孙长学：《中国经济体制改革顶层设计研究》，人民出版社 2012 版。

浦兴祖、洪涛主编：《西方政治学说史》，复旦大学出版社 1999 年版。

钱颖一：《现代经济学与中国经济改革》，中国人民大学出版社 2003 版。

王珏主编：《市场经济概论》，中共中央党校出版社 1998 版。

张守文、于雷：《市场经济与新经济法》，北京大学出版社 1993 年版。

历年《中国统计年鉴》，中国统计出版社。

历年《国际统计年鉴》，中国统计出版社。

［英］亚当·斯密：《国民财富的性质和原因的研究》，郭大力、王亚南译，商务印书馆 1972 年、1974 年版。

［美］萨缪尔森：《经济学》，高鸿业译，商务印书馆 1981 年、1982 年版。

［美］斯蒂格利茨：《政府为什么干预经济》，郑秉文译，中国物资出版社 1998 年版。

# 分报告一：关于转变经济发展
# 方式的内涵

准确理解和把握转变经济发展方式的内涵，是我们贯彻中央这一重要方针的基本前提。党的"十七大"报告对转变经济发展方式、促进经济增长提出了三项要求，一是由主要依靠投资、出口拉动向依靠消费、投资、出口协调拉动转变；二是由主要依靠第二产业带动向依靠第一、第二、第三产业协同带动转变；三是由主要依靠增加物质资源消耗向主要依靠科技进步、劳动者素质提高、管理创新转变。[1] 那么，这三项要求之间是否存在着某种关联？它们是互相独立、互不相关的呢，还是存在着某种内在联系的？

## 一、转变经济发展方式的三项要求具有内在的联系

我们发现，转变经济发展方式的三项要求与国民经济核算的三种方式存在着对应的关系，表 1-1 为 2010 年中国投入产出表的简要形式。

我们知道，表 1-1 中任何一个数据的变化都会引起一系列相关数据的变化，可谓牵一发而动全身，而分别从生产、收入和支出三个角度核算出的国民生产总值均为 40.4 万亿元，反映了经济理论的严密性。国民经济核算体系（SNA）综合了 17 世纪英国经济学家威廉·配第关于一切劳动都创造价值的国民收入理论（生产法的根据）、19 世纪法国经济学家萨伊关于生产三要素论的国民收入理论（收入法的根据）和 20 世纪英国经济学家凯恩斯关于有效需求决定论的国民收入理论（支出法的根据）。可见，这一核算体系是几个世纪以

---

[1] 胡锦涛：《在中国共产党第十七次全国代表大会上的报告》，人民出版社2007年版，第22、23页。

表 1-1　2010 年中国投入产出基本流量简表

单位：万亿元

| 投入＼产出 | 生产法 | | | | 支出法 | | | | | |
|---|---|---|---|---|---|---|---|---|---|---|
| | 一产 | 二产 | 三产 | 中间使用 | 最终消费 | 资本形成 | 出口 | 最终使用 | 进口 | 总产出 |
| **总投入** | 6.9 | 87.7 | 30.6 | 125.3 | | | | | | |
| **中间投入** | 2.9 | 68.3 | 13.8 | 84.9 | 19.7 | 19.4 | 11.2 | 50.2 | 10.2 | 125.3 |
| 一产 | 0.9 | 4.0 | 0.4 | 5.4 | 1.3 | 0.4 | 0.1 | 1.7 | 0.4 | 6.9 |
| 二产 | 1.5 | 55.1 | 7.2 | 63.8 | 6.3 | 17.5 | 9.4 | 33.2 | 9.0 | 87.7 |
| 三产 | 0.4 | 9.2 | 6.1 | 15.7 | 12.1 | 1.5 | 1.7 | 15.3 | 0.7 | 30.6 |
| **增加值** | 4.1 | 19.4 | 16.9 | 40.4 | | | | | | |
| 劳动报酬 | 3.9 | 7.7 | 7.6 | 19.1 | | | | | | |
| 生产税 | 0.0 | 4.0 | 2.0 | 6.0 | | | | | | |
| 折旧 | 0.2 | 2.6 | 2.8 | 5.5 | | | | | | |
| 营业盈余 | 0.0 | 5.3 | 4.5 | 9.7 | | | | | | |

（左侧纵向标注：生产法、收入法）

资料来源：2013 年《中国统计年鉴》第 69 ～ 73 页。

来人类探索经济活动奥秘的结晶，是理论与实际密切联系的经典之作，不但具有逻辑美、精确美，也具有简洁美。它是科学精神在经济领域中的具体体现，是人们用以指导宏观经济管理的重要工具。因此可以说，这一成果是人类在经济学领域中所取得的最辉煌成就之一。

通过这张国民经济核算表，我们可以发现，它们与转变经济发展方式的三项要求之间存在着密切的联系。首先，这三项要求可以看作是从国民经济核算三个角度切入的。国内生产总值有生产法、收入法和支出法三种计算方法，分别从三个角度核算国民收入的形成。这张核算国民经济的投入产出表，既可以反映一国"生产—分配—交换—消费"再生产活动的全过程，也可以清楚地反映出生产、分配和消费三者之间存在内在的联系。而转变经济发展方式的第一项要求中的"消费、投资和出口"对应支出法，第二项要求中的"三次产业"对应生产法，第三项要求中的"科技进步、劳动者素质"则对应收入法。

其次，国内生产总值的三种计算方法，实际上也从三个维度界定了发展的内涵。支出法核算的总需求结构，反映了发展的目的；生产法核算的总供给结构，反映了发展的手段；收入法核算的要素报酬结构亦即要素投入结构，反映了发展的动力。从这一角度看，所谓转变经济发展方式，就是要矫正发展的目的，优化发展的手段，重构发展的动力。

第三，从规范分析角度看，经济发展方式既是需求方式、供给方式和要素投入方式的统一，也是发展目的、发展手段和发展动力的统一。而从实证分析角度看，经济发展方式则是国民经济核算支出法、生产法和收入法三种方法的统一。这样，理念可与核算数据对应，"发展目的、发展手段和发展动力"与"支出法、生产法和收入法"的统计数据也一一对应，可实现规范和实证的统一，人文和科学的统一（见表1-2）。由于有科学数据的支撑，科学发展的理念便容易落到实处，转变经济发展方式也才具备可衡量性、可操作性和可检验性。

表1-2　转变经济发展方式各项内容的统一

| 经济发展 | 方　式 | 转变的具体内容 | 核算方法 |
|---|---|---|---|
| 发展目的 | 需求方式 | 调整需求结构，矫正发展目的 | 支出法 |
| 发展手段 | 供给方式 | 调整供给结构，优化发展手段 | 生产法 |
| 发展动力 | 投入方式 | 调整分配结构，重构发展动力 | 收入法 |

## 二、转变经济发展方式的基本含义

为什么说需求结构能够反映发展的目的？因为支出或需求反映了人们对发展成果的使用，能够体现发展的基本理念和发展的目的。消费反映了生产和经济发展的最终目的；而作为追赶型国家，投资则突出地反映了富国强军的国家目的。因此，消费和投资的关系，本质上可以看作是民富和国强的关系。如果我们"既要黄油又要大炮[①]"，那么就只能超高速了。前些年我国的发展，多少显露出急功近利、寅吃卯粮、杀鸡取卵、竭泽而渔的苗头，"前任建后任拆、前任挖后任填"，信誓旦旦地要"拆出一个新中国"。与之相应，我们提拔了相当一批为人强势、嚣张跋扈、胆大妄为、投机钻营的干部来实现这些目标，后来倒下去的，多半也是这类干部。而维持高速度，就会偏离满足有效需求的发

---

① 这里的"大炮"泛指强国的意思。

展宗旨，投入时只能依赖高强度的投资，产品实现时只能依赖大规模的出口（高净出口率），消费的比重则越来越低，造成国民福利的损失。这反映了发展的目的发生异化，以及赶超的急躁和焦虑心理。可见，需求结构确实可以反映发展的目的。

为什么说供给结构能够反映发展的手段？目的须通过手段来实现，而生产或供给则反映了发展的手段。人类满足生存和发展的目的，早期通过农业革命使人类从食物采集者变为食物生产者，改变了食物的来源和结构，生存手段从完全坐享大自然的恩赐，转变为摆脱大自然的束缚，逐步掌握了自己的命运。供给方式和结构的这种转变，反映了人类生存和发展手段的变化，并引起定居农业（村庄）和城市的出现，进而改变了人类的生活方式。同样，后来一系列的产业革命，使工业和服务业比重上升、农业比重下降，单位物质消耗所带来的附加值越来越多，同样反映了人类发展手段的变化和演进。而我国长期以来主要依靠第二产业，尤其是靠附加值较低的那部分制造业带动经济发展的局面，在一定程度上反映了发展的手段出现停滞。可见，供给结构确实可以反映发展的手段。

为什么说要素投入结构能够反映发展的动力？因为要素投入结构既反映了经济增长的来源即劳动、资本和全要素生产率[①]的情况，又反映了要素投入的报酬即收入结构，这就很自然地会反映发展的动力。劳动报酬、营业盈余和生产税净额，体现了劳动、资本、土地及政府提供的公共服务等各项要素投入的回报。其中劳动报酬的多寡，既反映了普通劳动者的报酬，也反映了科技创新、管理创新等高素质劳动的报酬，必然会在发展动力方面有所体现，即表现出对人力资本的重视程度和对创新的热情程度。如果营业盈余比重过高，则反映了资本在低资金成本、低劳动成本、低资源成本、低环境成本条件下的扩张热情；而政府收入比重过高则反映了当前政府对"土地财政"的依赖。这都会扭曲发展的动力，影响要素投入结构的改善。可见，要素投入结构确实可以反映发展的动力。

因此，如果资本的扩张热情和政府经营城市的热情远远超过了劳动致富和科技创新的热情，就会表现出要素投入的失衡，也表明了收入分配的失衡（动力扭曲），在发展目的上就会表现为投资、消费和出口等需求结构失衡

---

① 全要素生产率又称"索罗余值"，最早由美国经济学家罗伯特·索罗提出，指产出增长率超过劳动、资本和土地等要素投入增长率的部分。全要素生产率的来源包括技术进步、组织创新、专业化生产、劳动者素质提高以及经济结构变化和制度变迁等因素。

（目的异化），因为投资和出口的背后是企业，消费的背后则是消费者即主要由劳动者所构成的居民。而需求结构失衡又会影响供给结构升级优化（手段停滞）。

从上述分析中我们还可以看出，国民经济核算中的"生产法—收入法—支出法"，与经济学理论所探讨的"生产（含流通）—分配—消费"是同构的。在经济学分析中，生产是起点，是满足消费需求的手段；消费是终点，是生产的目的；分配则是连接生产和消费的中间环节，而恰恰是这个中间环节，最能体现生产的动力：劳动报酬影响劳动者的积极性，利润影响资本投入者的积极性，利息则影响收入转化为资本的积极性。可见，所谓经济发展方式指的是生产的全过程，而转变经济发展方式，则是要解决生产全过程中存在的重大问题。我们把"需求结构、供给结构和收入结构"理解为"发展目的、发展手段和发展动力"，在逻辑上与经济理论也基本上是一致的。这些都是经济学最核心、最根本的道理，同时，却也是最基本的道理。

# 三、转变经济发展方式的深层含义

根据上述理解，我们尝试着对转变经济发展方式的内涵作进一步表述。所谓转变经济发展方式，就是要矫正发展目的，优化发展手段，重构发展动力，使我国在 5 ～ 10 年内，在需求结构、供给结构和要素投入结构方面有实质性进展。表现为经济增长适度，幸福指数不断提高，充分体现民富国强、社会和谐的要求；生产方式科学合理，优化集约可持续；人的素质稳步提升，科技进步和管理创新成效显著。

发展目的要从单纯赶超转变为构建扩大内需的长效机制，不能再为了高速度而盲目扩大投资和出口，而是要以消费为导向，优化投资结构，实现贸易平衡，稳步提高居民消费率，并把"保障和改善民生"作为根本出发点和落脚点，使广大劳动者能够共享发展成果，从而协调好经济与社会的关系。

发展手段要从急功近利转变为可持续，在推进农业、工业和服务业现代化的同时，要促进三次产业的融和、实现三次产业的协同发展。推动以农民工市民化为主的城市化，是解决城市化过程中容易出现的投资与消费失衡的重要途径。而资源环境状况不仅是衡量发展手段是否优化改善的重要内容，也是转变经济发展方式的着力点。

发展动力要从单纯依靠增加资本、土地投入和物质资源消耗转变为提高全要素生产率，也就是政府要从卖地情结、企业要从资本扩张热情中跳出来，逐步转向主要依靠科技进步、管理创新和劳动者素质提高，使全民族对科技创新和管理创新充满热情。

转变要素投入结构是转变经济发展方式的核心。要素投入结构转变了，会带动需求结构和产业结构的转变。如果要素投入结构主要是以科技创新和提高劳动者素质为主，那就必然要求加大对人力资本的投入。人力资本要素或者广义的劳动力要素在国民收入分配中份额逐步提高，必然会促进消费扩大和消费结构的升级，增加消费对经济增长的贡献。同时，由于人力资本的投入加大，劳动者素质的提高，会使单位物质消耗所带来的附加值越来越多，也会为新产品的研发、商业模式的创新乃至产业结构的优化升级创造条件，进而有利于促进三次产业的融和，实现三次产业的协同发展，最终实现生产方式科学合理、优化集约可持续。

从转变经济发展方式所需要的时间来看，三个维度是不一样的：需求结构变化可以是一个短期变量，可以通过宏观调控实现，但要持续下去，却需要矫正发展目的；调整供给结构，优化发展手段则是一个中期变量，需要若干年时间才能见效，这仍受制于发展目的；重构要素投入结构，提高全要素生产率，是一个长期变量，以十数年、数十年计，所谓"十年树木，百年树人"，只能作为一项战略性安排，这需要长期坚持教育立国、科学立国才会逐步奏效，或许还要社会和政治体制改革的配合。但如果从改善发展的动力——要素分配角度来看，却可以通过一些改革措施在中近期内实现。

通过以上分析我们不难看出，转变经济发展方式实质上是要解决再生产全过程中存在的问题，涉及再生产的主要环节，因此需要对一系列重大利益关系进行调整，这当然只能依靠改革。

## 四、中央文件对转变经济发展方式的新阐释

继 2007 年党的"十七大"报告之后，2010 年"十二五"建议和 2012 年党的"十八大"报告对转变经济发展方式又做了重申，但表述方式有一些差异。

"十二五"建议提出以科学发展为主题，以加快转变经济发展方式为主线，基本要求可以归结为"五个坚持"。一是坚持把经济结构战略性调整作为加快转变经济发展方式的主攻方向。二是坚持把科技进步和创新作为加快转变经济发展方式的重要支撑。三是坚持把保障和改善民生作为加快转变经济发展方式

的根本出发点和落脚点。四是坚持把建设资源节约型、环境友好型社会作为加快转变经济发展方式的重要着力点。五是坚持把改革开放作为加快转变经济发展方式的强大动力。①

党的"十八大"报告在"加快完善社会主义市场经济体制和加快转变经济发展方式"一节中，提出要"加快形成新的经济发展方式，把推动发展的立足点转到提高质量和效益上来，着力激发各类市场主体发展新活力，着力增强创新驱动发展新动力，着力构建现代产业发展新体系，着力培育开放型经济发展新优势（即四个"着力"—笔者注，下同），使经济发展更多依靠内需特别是消费需求拉动，更多依靠现代服务业和战略性新兴产业带动，更多依靠科技进步、劳动者素质提高、管理创新驱动，更多依靠节约资源和循环经济推动，更多依靠城乡区域发展协调互动（即五个"更多"），不断增强长期发展后劲。"并提出了五方面具体内容："全面深化经济体制改革；实施创新驱动发展战略；推进经济结构战略性调整；推动城乡发展一体化；全面提高开放型经济水平"。②

我们认为，可以用一个统一的框架来理解党的"十七大"报告、"十二五"建议和党的"十八大"报告中关于转变经济发展方式的阐释，这就是沿用表1-2的方式，仍把发展分解为目的、手段和动力（见表1-3）。在一个统一的分析框架内，可以把略有差异的表述方式协调起来。至于发展的具体内容，多一些或少一些并不会影响对整体的把握。

表1-3　中央"三个文件"关于转变经济发展方式的表述

| 发展内容 | 党的"十七大"报告（三项任务） | "十二五"建议（五个坚持） | 党的"十八大"报告 | | |
|---|---|---|---|---|---|
| | | | 四个"着力" | 五个"更多" | 五项任务 |
| 目的 | 总需求结构（消费、投资、净出口） | 1.经济结构调整（需求结构）3.社会保障和改善民生 | | 1.内需特别是消费 | （三）结构调整（需求结构）改善需求结构，扩大内需、消费 |

---

① 《中共中央关于制定国民经济和社会发展第十二个五年规划的建议》，人民出版社2010年版，第6~7页。

② 胡锦涛：《在中国共产党第十八次全国代表大会上的报告》，人民出版社2012年版，第20~24页。

| 发展内容 | 党的"十七大"报告（三项任务） | "十二五"建议（五个坚持） | 党的"十八大"报告 | | |
| --- | --- | --- | --- | --- | --- |
| | | | 四个"着力" | 五个"更多" | 五项任务 |
| 手段 | 总供给结构（农业、工业、服务业） | 1. 经济结构调整（供给结构）<br>4. 资源环境两型社会<br>1. 统筹城乡（供给结构） | 3. 构建现代产业体系 | 2. 现代服务业和新兴产业<br>4. 节约资源和循环经济<br>5. 城乡区域发展协调 | （三）结构调整（供给结构）产业结构，企业，区域，城镇化<br>（四）城乡一体化 |
| 动力 | 要素投入结构（资本、劳动、全要素生产率） | 2. 科技进步和创新<br>5. 改革开放 | 2. 增强创新动力<br>1. 激发市场主体活力<br>4. 培育开放经济优势 | 3. 科技进步、管理创新 | （二）创新驱动<br>（一）体制改革<br>（五）提高开放水平 |

注：表中序号"1……5"、"（一）……（五）"为"十二五"建议和党的"十八大"报告中的顺序。在《中国共产党第十八次全国代表大会报告》中，关于"社会保障和改善民生"、"资源环境"方面的任务已列入第七节"社会建设"和第八节"生态文明建设"中。

# 五、我国经济发展方式出现偏差的基本机制

中央提出的加快转变经济发展方式的方针，应该说具有很强的针对性。进入 21 世纪以来，我国宏观经济领域出现的一个重要不协调现象——消费率持续下降，引起各方面的强烈关注。尤其值得注意的是，这还是自亚洲金融危机以来，在政府一系列刺激消费的政策背景下出现的现象。应该说，在我国既定的增长方式基础上，在既定的经济制度和经济结构变迁（工业化）过程中，过高的经济增长速度对一系列重大结构有着决定性影响。

## （一）高速度注定要高强度的资本投入和大规模的出口

我国经济增长方式与大多数发展中国家相类似，主要靠资本投入而不是靠技术进步和制度创新。地方政府对高增长的渴求，只能依靠高投资实现。其不竭的动力，一则来自"分灶吃饭"的财政体制，一则来自企业的"投资饥渴症"。而高投资所形成的过剩的生产能力，只能靠国外市场来释放。从制度变迁角度看，市场化改革虽然使我们离计划经济渐行渐远，但仅靠市场化并不能成就"好的市场经济"，因为政府主导型经济很容易使公权力泛滥，滋生寻租

腐败，滑向"不好的市场经济"。

## （二）速度决定结构的变化

投资持续高速增长，首先引起总需求结构失衡。高强度的投资和依靠国外市场释放生产能力，消费率必然下降。这说明总需求的实现越来越依赖投资和出口，而不是消费。生产目的发生异化，造成国民福利损失。其次，高投资对产业结构优化升级不利。投资主要拉动的是工业尤其是附加值相对较低的建材业，而不是服务业。服务业发展缓慢，不仅影响就业和居民收入，更主要的是直接改变了收入分配结构。因为工业增加值中资本收入比重较高而劳动报酬比重较低，服务业增加值中劳动报酬比重较高而资本收入比重较低。出口对产业结构和收入分配结构的影响也大体相似。这些最终都影响到消费。产业结构的这种逆向变化，实际上也反映了以资本投入为主的增长方式的要求。最后，高投资恶化了收入分配结构。要素投入时，资本既能够以低成本的方式取得，又得以与无限供给的劳动力相结合；产品实现时，也无须完全依赖国内的购买力；那么在分配时，高强度的投资势必大大增强资本的地位。通过产业结构的逆向变化和对劳动的挤压，便会出现有利于资本要素不利于劳动要素的分配结果。表现为要素分配中，代表资本要素的企业收入比重越来越高，劳动者报酬比重越来越低，这直接影响了消费的能力，却不影响产品的实现（可出口）。

## （三）高投资阻碍了发展方式的转变

以投资和出口拉动为主的增长方式在发展中国家并不罕见，是增长方式水平不高的表现，不足为怪，但高强度的投资和过高的对外依赖度却反映了增长方式的不健康。对资本投入和出口依赖过度，必然提高资本的贡献率，对劳动贡献率和全要素生产率的贡献率形成挤出效应。对劳动的挤压，表现为高投资、高出口所带动的产业，或对劳动需求较少，或需要的是素质相对较低的劳动者——这也是对人力资本的挤压。对全要素生产率的挤压，表现为对技术创新缺乏兴趣，企业管理粗放。可见，一旦我们的短期选择变成了路径依赖，就会损害长远利益。

通过以上分析可知，高速度需要高强度的资本投入和大规模的出口，直接引起总需求结构的失衡，这一失衡对产业结构优化升级不利，造成有利于资本要素不利于劳动要素的分配结果，进而对劳动贡献率和全要素生产率的贡献率形成挤出效应。按句话说，现行的经济发展方式，发展目的发生异化，导致发展手段出现停滞，并引起发展动力的扭曲，而扭曲的动力机制又会反过来进一步异化发展的目的，从而陷入恶性循环。

# 六、转变经济发展方式的要义

按照上述理解，转变经济发展方式三项要求之间的关系，也就是发展目的、发展手段和发展动力之间的关系，可表述为：发展的目的决定发展的手段，发展手段会影响发展的动力。而矫正发展目的、调整总需求结构可在短期内见效，因此，应成为转变经济发展方式的一个重要基点。

## （一）要协调好发展的目的

把"坚持扩大国内需求特别是消费需求的方针，促进经济增长由主要依靠投资、出口拉动向依靠消费、投资、出口协调拉动转变"，即把处理好内需和外需、消费和投资这类总需求关系，作为加快转变经济发展方式的首要任务，说明我们的发展目的（生产目的）存在着较大的问题：投资规模过大、增速过快，反映了我们的生产是为了政府的财政收入；净出口过大，直接反映了我们的生产由外贸企业所左右，间接反映了我们是为发达国家的消费而生产；消费率不断创历史新低、创世界新低，说明发展的目的偏离了本国人民的消费需求。

从世界历史来看，后起的追赶型国家，在发展目标或处理消费问题时容易出现两种倾向：一种是"要大炮不要黄油"，导致国强民弱、国富民贫，如德国俾斯麦及纳粹时期、二战前的日本、沙俄及苏联等，这些民族勤劳守纪，却略嫌呆板，崇尚国家主义，国家至上。后起的国家有强烈的不安全感可以理解，却容易产生军国主义倾向。另一种是"要黄油不要大炮"，导致民富国穷、民强国弱，如一些欧洲的所谓"笨猪"国家等，这些民族热情奔放，却耽于享乐，崇尚物质主义，消费至上。民众生活虽然不错，但这些国家在国际社会中的地位不高。东亚模式中的一些经济体亦可归入此类，有美国保护，他们可以不要或少要"大炮"，大量的贸易顺差和高额美元储备，可以视同交了"保护费"。看来，富有和强大还不完全是一回事。

相对来说，美国的发展目标处理得较好。如果说 19 世纪英国教会世界如何生产，那么 20 世纪美国教会世界如何消费。美国又岂止善于消费，还善于富国、强军，故能够实现"民富、国强"的统一。消费者拼命消费，生产者拼命生产，政府既可从消费者那里拿到消费税，又可从生产者那里拿到所得税，结果民富国强（至于美国的发展手段乃至整个发展模式是否值得肯定则另当别论，这是另一个话题需要讨论的内容。人们都知道，如果世界各国都模仿美国的消费模式和生产模式，几个地球都不够用）。正如一些人士所判断的那样，美国正处于衰落期，英国的今天就是美国的明天，意大利的今天就是美国的后天，希腊的今天就是美国的大后天。这些欧洲国家在历史上都曾经辉煌过，但无一例外都衰落了。总之，欧洲的今天就是美国的未来。不过这一过程将十分缓慢，恐怕会持续百年以上。

以上情况表明，消费虽然是生产的最终目的，但生产还有其他目的，如富国强军等。消费和投资的关系，就我国而言，本质上是民富和国强的关系，有民权和国权（政权）的关系，也有民生和民族（国家安全）的关系。作为一个世界性的大国，民不富，强国战略难以持续；国不强，国家安全受威胁，民富难保。因此，投资往往是政府的事，而消费则更多是民众的事，政府影响力有限。

## （二）目的决定手段，手段影响发展成效

新中国希望在短期内迎头赶上世界强国，前 30 年"要大炮不要黄油"，改革开放后一度"要黄油不要大炮"，进入 21 世纪则"要黄油又要大炮"。我们"要黄油"，消费增速世界第一，但消费比重下降，说明"要大炮"的心情更为迫切，这就只能超高速了。如前所述，维持高速度，投入时只能依赖高投资，产品实现时只能依赖高出口（高净出口），这就改变了总需求结构。而只有工业品才能满足出口要求，只有工业投资、房地产投资才能大规模圈地并推高房价，保证卖地的高收入，从而满足投资的资金来源。因此，"要黄油又要大炮"的高速发展，又决定了供给结构、产业结构中低附加值工业的比重长期居高不下。高速度还会让我们情不自禁地选择全面压低要素价格这类扭曲市场关系的方式，导致技术创新乏力，企业管理粗放。

此外，经济增长速度过快还会使政府无暇顾及社会、甚至牺牲社会，加剧日益严重的社会矛盾。目前群体性事件不断，突出反映了底层社会的不满。当我们初步摆脱了生存型消费阶段，逐步进入发展型、享受型消费阶段时，却又"后院起火"，陷入另一类生存型消费危机：空气污染，水不洁净，食品安全问题越来越严重。一些先富起来的人们开始大规模举家逃离，文化精英、政治"精英"（裸官、贪腐官员）也早已或正准备大规模离开中国。我们

多少以放纵的方式让一部分人先富起来，但富人们并不"领情"，选择了用脚投票。穷人、富人对我们的发展方式都不认可，中间阶层既发育不足又不稳定，这样的发展方式，对我们全面实现小康社会的目标构成了实实在在的冲击（包括政治冲击、经济冲击，也包括基本信念和价值观上的冲击），又岂能持续？相反，速度稳一些，有利于缓解两极分化、缓和社会矛盾，有利于中间阶层的壮大。

由此可见，目的决定手段，而目的和手段必然影响动力的改善，影响发展的成效。显然，我们的目标追求不能过于实用主义，手段方法不能没有底线意识，动力来源不能全交给拜金主义。

### （三）要保持适度的经济增长速度

前车之鉴使我们不可能再选择"要大炮不要黄油"，与西方不同的意识形态和价值观决定了我们不可能选择"要黄油不要大炮"。因此，只能在速度与"黄油"、速度与"大炮"之间保持一定的张力。这个速度，在目前生产技术条件下就是 GDP 年均增长 7.5% 左右。所谓科学发展，此其谓也。这仍然是一个较快的速度，一个赶超的速度，而绝不是一个低速度，更不是不发展的速度。

为什么是 7.5%？因为消费与国民总收入即 GDP 具有稳定的函数关系，这就是消费对 GDP 的弹性系数，这是由目前的经济技术条件所决定的。从近十几年我国的情况看，当 GDP 增速为 8%（当年价，可比价约为 7.5%）时，消费的弹性系数为 1；而当 GDP 增速超过 8%，消费弹性系数就会下降，每一个百分点的经济增长所带动的消费增长就会小于 1。如 GDP 增速达到 10%，消费只会增长 9%，消费弹性系数为 0.9（= 9% ÷ 10%）；当 GDP 增速达到 14%，消费仅会增长 11.2%，消费弹性系数则下降为 0.8（= 11.2% ÷ 14%）。投资和净出口的弹性系数则刚好相反，随经济增速上升而上升（见 1-1 图）。[①]

由此可知，速度决定结构，这和发达国家通常只是把增长与就业、通胀、国际收支等短期经济变量相联系的宏观分析框架不同，我们的增长速度直接影响经济结构这些长期变量。前些年当我们为"又快又好"（这里的"好"指低通胀）欢欣鼓舞的时候，是因为忽视了过快的速度会对长期经济变量产生重大影响。经济增长超过 7.5%，消费增速虽然还可继续提高，但需要投资和净出

---

[①] 具体数据分析详见俞建国、王蕴等：《"十二五"时期扩大消费需求的思路和对策研究》，中国计划出版社2012年版，第26~34页。

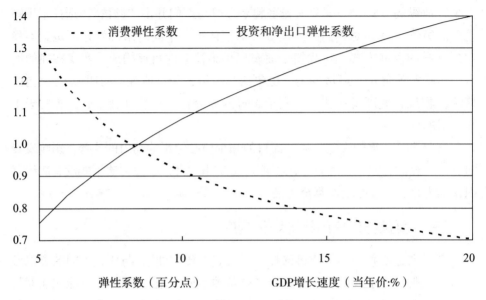

图 1-1：经济增长速度与消费弹性系数、投资和净出口弹性系数之间的关系

口有更快的增长。这样，消费对经济增长的贡献反而会下降，投资和净出口的贡献则会上升。经济增长速度与扩大消费率、提高居民收入份额和提高消费倾向具有明显反比关系，速度越快，结构调整的难度越大，越难见效。这就是在现阶段经济技术条件下，我国这些重大宏观经济变量之间的不以人的意志为转移的关系。这是科学发展的基本前提。

7.5%，也仅仅是维持结构不变、不致使现行经济发展方式进一步恶化的速度，不过，却也是转变经济发展方式的起点。在此基础上，我们才有能力调整总需求结构这一短期变量，为总供给结构、收入分配结构这类中期变量调整留出空间，并为改善要素投入结构这类长期变量创造条件，否则便很容易落入空谈。从这一意义上看，7.5% 可以说是转变经济发展方式的一个重要基点。

当然，7.5% 的增速不过是就全国平均而言的。如果说为缩小地区差距，中西部地区在环境可持续的前提下增长快一些是合理的话，那么，沿海发达地区就必须适应 6% 甚至更低一些的速度，以便为欠发达地区留出发展空间。

**参考资料：**

胡锦涛：《在中国共产党第十七次全国代表大会上的报告》，人民出版社 2007 年版。

胡锦涛：《在中国共产党第十八次全国代表大会上的报告》，人民出版社 2012 年版。

沈士诚等：《东西方国民经济核算体系》，南京大学出版社 1989 年版。

俞建国、王蕴等：《"十二五"时期扩大消费需求的思路和对策研究》，中国计划出版社 2012 年版。

马克思：《〈政治经济学批判〉导言》，《马克思恩格斯选集》第二卷，人民出版社 1972 年版。

2013 年《中国统计年鉴》，中国统计出版社 2013 年版。

《中共中央关于制定国民经济和社会发展第十二个五年规划的建议》，人民出版社 2010 年版。

# 分报告二：我国经济发展方式的成因

党的"十七大"报告提出需要转变的那种经济发展方式，应该是指表现为总需求结构、总供给结构以及要素投入结构三方面均出现失衡的那样一种经济发展状态。这种经济发展方式大体上形成于21世纪初，持续至今，在今后若干年内，或因难以为继而被迫终止，或因主动调整而转变为新的经济发展方式。同时，转变经济发展方式这一方针的提出，也是对1995年"九五建议""推进经济增长方式转变"方针所做出的重大调整。

## 一、我国经济发展方式形成的阶段性原因

### （一）转变经济增长方式：从美英的市场经济到前苏联的计划经济

我们知道，"九五建议"关于转变经济增长方式这一概念出自于前苏联。[1]所谓转变经济增长方式，是指从粗放经营走向集约经营，这既受经济发展阶段影响，也受经济体制影响。早在十九世纪六十年代，当农业在辽阔的北美新大陆仍致力于粗放经营之时，马克思既已观察到英国存在着两种不同的增长方式：在土地所有权确立后，由于土地和劳动变得稀缺，英国农业已经开始出现用资本替代土地或劳动的现象，这便构成级差地租Ⅱ的来源。在市场经济条件下，随着工业化的推进和社会财富的积累，各种生产要素的价格会发生变动。当资本相对于土地和劳动力变得更便宜时，增加资本投入的集约式经营便会逐

---

[1] 为了扭转经济增长率下滑，提高经济效益，1971年苏共二十四大正式提出要转变经济增长方式，向以集约化为主的发展道路过渡。经济增长方式可分成两类，一是粗放型经济，一是集约型经济。粗放型经济增长方式是指主要依靠增加资金、劳动力和资源投入来增加产品的数量，推动经济增长。集约型经济增长方式则主要依靠科技进步和提高劳动者的素质来增加产品的数量和提高产品的质量，推动经济增长。

步替代粗放经营。由此可见，经济增长方式转变是内生于市场经济的一种自发的变化过程，并不需要政府的干预。

但对于前苏联这样的计划经济国家而言，情况就完全不同了。由于没有价格机制，没有竞争机制，各生产要素之间既难以比较，也缺乏可替代的理论根据；在宏微观高度一体化的计划经济体制下，"企业"不过是国家的一个棋子，既缺乏改善经营的动力，也丧失了自我进化的能力。当计划当局意识到劳动力即将枯竭、生产资料浪费严重时，便由国家出面，试图从宏观层面推动增长方式的转变。例如，大幅度增加科研经费，加强对科技干部和经济管理干部的培训；调整传统的投资政策，加大国民经济的技术更新和改造；优先发展机器制造等技术密集型部门，大力发展各种节能行业；扩大地方和企业的自主权等等。但直到苏联解体，他们的这些努力成效甚微，最终输给了用市场方式配置资源的经济体。至于后来的"休克疗法"，更是属于皈依市场经济心切的"粗放"之举，给整个国家带来了深重的灾难。

1995 年我国制定"九五建议"，正值计划经济向市场经济转变这样一个大的背景。虽然早在二十世纪八十年代初制定"六五"计划时，我们就已经提出"把经济发展模式转变到以提高经济效益为中心的轨道上来"，但片面追求产值和速度的倾向一直存在，粗放型增长方式始终占主导地位，国民生产总值的增加主要依靠大规模的要素投入即自然资源、资本和劳动力来支撑。这种局面直到九十年代中期仍然没有实质性改变。针对这种情况，"九五建议"提出积极推进经济增长方式转变，把提高经济效益作为经济工作的中心。换句话说，这仍然是我们在缺乏市场机制、企业缺乏集约经营动力的情况下不得不采取的一项从"外部"来推动增长方式转变的办法。但此后不久，我们便遇到了有利于经济快速增长的客观环境。

## （二）二十一世纪我国经济发展进入新阶段

进入二十一世纪，我国经济进入了一个高速增长期。从国际方面看，美国为摆脱"9.11"事件的阴影，启动了刺激房地产的政策，从而推动全球经济回暖并迅速驰入增长快车道，自 2003 开始连续五年经济增速在 5% 左右的高位上运行[①]，出现了 30 年来少有的增长势头。世界经济的快速增长带动了世界贸易大幅上升，2004 年增速甚至一度高达 21.6%，为历史所罕见。从国内方面

---

① 2014年《中国统计摘要》第173页。

看，自 1993 年后为实现软着陆和预防通货膨胀，我国采取了较长时间偏紧的金融政策，需求约束特别是消费需求的约束逐步增强，90 年代中后期开始出现消费品的"买方市场"，反映了我国经济体制初步实现了向市场经济的转型。1997 年亚洲金融危机爆发后，我国连续几年通过大规模国债投资，加强了基础设施和基础工业的建设，大大增强了供给方面的能力。同时，经过 20 年的改革开放，我国国际竞争力不断提高，基本稳定的汇率也增强了我国的出口能力。而二十一世纪初又恰逢我国加入世贸组织，为自己赢得了较为宽松的国际环境，这就为扩大出口提供了难得的机遇。

正是在国内外这样一种新形势下，我国经济从 2003 年开始连续五年出现两位数的高增长。推动高增长的首先是投资，固定资产投资增长速度连续 5 年在平均 25.8% 的高位上运行，大大超过同期国内生产总值 17.2% 的增长速度（现价），投资率即资本形成占 GDP 的份额则从 35% 提高到 40% 以上。面对高速增长，我们不仅未能及时、适度的降温，反而认为物价既然不算高（CPI 不到 4%），那一定是"又好又快"了，这就直接把经济推上了超高速增长的轨道，在国际金融危机爆发前的 2007 年甚至达到了 14.2% 的创纪录水平。

与国内经济高速运转相伴的是，从 2002 年开始，我国出口也出现了"井喷"现象，连续 6 年增速在 20% 以上，2003、2004 年两年甚至达到 35% 的超高速水平，其中以资源密集型产品为主的我国一般贸易出口也连续五年平均增速达到 30%，以至于出口了大量"三高"（高物耗、高能耗、高污染）产品。净出口率（净出口占 GDP 的份额）则从 2003 年的 2.2% 一直攀升到 2007 年的 8.8%，从而推动外汇储备大幅增长，2006 年突破万亿美元大关，成为世界第一大外汇储备国，2007 年又进一步增加到 1.5 万亿美元，以至于外汇成为烫手的山芋。

在过去短缺经济条件下，经济高速增长、投资增长过快通常会引起国内物资短缺和通货膨胀，并导致进口猛增、出口增速下滑和外汇供应紧张，最终会迫使经济降温。而新世纪伴随经济高速增长的不仅是进口猛增，出口也猛增，甚至出口增速超过了进口，表现为"供需两旺"，且物价增幅不高。这种反常现象既掩盖了经济过热本身，也掩盖了我国经济体制转型后所出现的"产能过剩"具有普遍性的特点——加入世贸组织后，我国已开始形成在海外市场释放过剩产能这一新的生产循环体系。2005 ~ 2007 年，我国工业最终产品用于出口的已达 50%，其余 50% 才用于国内的投资和消费，① 这表明我国工业生产体系有一半是为世界市场服务的。

# 二、现行经济发展方式的三大弊端

二十一世纪初出现的这些新情况和新变化，对国民经济一系列重大结构产生了重要的影响。

## （一）过快的经济增长使总需求结构失衡，异化了发展目的

根据经济学界的一般估计，发达国家的经济增长主要依靠全要素生产率②，其对增长的贡献超过 2/3，而发展中国家全要素生产率对经济增长的贡献则不到 1/3。中国作为发展中国家，经济增长主要也不是靠全要素生产率，而是靠劳动、资本和土地等要素的投入。我国劳动力仍处于无限供给阶段，对增长还不构成大的制约。由于缺少原创技术，即使全要素生产率，大部分也是以进口和仿制设备为载体，即通过资本投入实现的。这就决定了在相当一段时间内，我国的经济增长主要还不得不依靠资本和土地等要素的投入。

因此，我国经济高速增长只能依靠高强度的投资，而高投资所形成的生产能力，短期内是无法通过消费来消化的，只能通过国外市场释放，这就必然导致消费率下降的结局。2000 ~ 2007 年，消费、投资和净出口三者的比例从 62.3：35.3：2.4 变为 49.6：41.6：8.8，消费率下降 12.7 个百分点，而投资率和净出口率分别上升 6.3 个和 6.4 个百分点，两者对消费率下降的影响大约各占一半；③ 前四年主要是投资的影响，后三年则主要是净出口的影响。也就是说，前四年由于大规模投资形成了生产能力，这就为后几年出口的迅速增长奠定了基础，而出口大幅上升又为继之而来的更大规模的投资提供了依据。这样，投资便不需要与消费协调发展，而是越来越依赖出口消化"过剩"的生产能力，最终形成内部失衡（即国内储蓄大于国内投资，亦即总供给大于国内总需求）与外部失衡（国际收支失衡、外汇储备猛增）交相叠印、相互推动的局面。

---

① 历年《中国统计年鉴》2005年和2007年"投入产出基本流量表（最终使用部分）"。
② 全要素生产率又称"索罗余值"，最早由美国经济学家罗伯特·索罗提出，指产出增长率超过劳动、资本和土地等要素投入增长率的部分。全要素生产率的来源包括技术进步、组织创新、专业化生产、劳动者素质提高以及经济结构变化和制度变迁等因素。
③ 2013年《中国统计年鉴》第62页。

## （二）总需求结构失衡妨碍了产业结构优化升级，致使发展手段停滞

经济增长偏快和总需求结构失衡即高投资率和过高的出口依赖度，会导致供给结构失衡，并妨碍产业结构的优化升级。因为投资和出口拉动的主要是二产而不是三产。我国每百元固定资产投资使用二产的产品达 92 元，其中购置工业设备不过 32 元，用于建筑业方面的支出则高达 60 元，且主要是钢筋、水泥等建材类高耗能、低附加值产品，而用于服务业的仅为 6 元（反之 100 元消费用于服务业的可达 54 元）。[①] 出口对我国产业结构的影响与投资相类似，带动的主要也是二产，出口中工业品占百分之八十以上，服务业只占百分之十几。可见，以"钢筋加水泥模式"为基础的投资，加上以劳动密集型产业为主的加工贸易出口和以资源密集型产业为主的一般贸易出口，增长过快必然会抑制服务业的发展。

2003 ～ 2007 年是我国投资增长较快的五年，固定资产投资年均增长25.8%，拉动 GDP 年均增长 11.6%。与之相应，主要投资品的年均增长速度，钢材为 24.1%，玻璃 18.1%，水泥 13.4%，原煤 11.7%，发电 14.7%，能耗 11.8%，几乎都是以三五年翻一番的惊人速度增长。对中国经济略知一二的人都清楚，这种靠投资拉动的高速增长是不可持续的。而同期出口增长速度更是达到年均 30.2%（按美元当年价计算），这同样会导致二产比重上升、服务业比重下降。其结果，便是产业结构升级困难。其实，我国的服务业发展速度并不慢，进入新世纪后的 2001 ～ 2007 年，按可比价平均每年增长 11.8%。但由于二产也仍然保持了 11.8% 的高速度，且价格涨幅较高，所以二产比重从45.2% 上升到 47.3%，而净出口率则从 2.1% 上升到 8.8%，致使服务业比重多年在 40% 上下徘徊。[②]

可见，如果我国投资率和净出口率一直保持在高位上，不但消费率会继续下降，而且还会形成过度依赖低附加值制造业、抑制高附加值制造业的机制，五年规划中提高服务业比重、结构优化升级的任务也就不容易落实。事实上，持续高速增长的投资和出口所形成的结构失衡——产业结构与需求结构的失

---

① 根据2000年、2002年、2005年、2007年"投入产出基本流量表（最终使用部分）"计算，见历年《中国统计年鉴》。
② 2013年《中国统计年鉴》第45、48页。

衡，已对速度形成了倒逼机制。也就是说，我们的生产结构原是为投资和出口准备的，一旦投资下降、出口受阻而导致经济下滑，产能将大量过剩。因为无论怎样刺激消费，也不可能消化掉数亿吨钢材、十几亿吨水泥以及近一亿建筑大军的生产能力，这"全套人马"原本就是为投资和出口所准备的，岂是消费所能消化得了的！这样的结构必然使宏观调控左右为难。

### （三）高投资率和高出口率改变了收入分配结构，扭曲了发展动力

收入结构虽有一定刚性，但在经济快速增长情况下，迅速做大的"蛋糕"为改变这种刚性提供了条件。首先，高强度的投资通过对生产结构的影响，会直接改变收入分配结构。我国二三产业增加值中劳动者报酬所占的比重，服务业较高（46%）而工业较低（36%，均为多年平均值）。投资所带动的又主要是冶金、建材等重化工业，属资本密集型产业[①]，劳动报酬占增加值的比重更低。在高投资所带动的工业和建筑业份额大大高于服务业、重工业增速快于轻工业的情况下，必然会使劳动报酬份额下降，相应提高企业的收入份额。

其次，高强度的投资增强了资本在要素分配中的地位。在走向市场经济的制度变迁过程中，如果没有特殊的社会政策，以低成本方式取得的资本，会形成对无限供给的劳动力的"强势"地位，这在经济快速增长时期又特别容易变成现实。2000～2007年，劳动报酬所占份额下降十分迅速，除农业外，其他各产业部门的劳动者报酬占增加值的比重均在下降：工业从40%下降到32%，下降8个百分点；建筑业从66%下降到51%，下降15个百分点；整个第二产业则从43%下降到34%，下降9个百分点。服务业劳动者报酬的比重下降也十分迅速，从55%下降到36%，下降19个百分点。这样，全部劳动者报酬占国内生产总值的比重，从54%下降为41%，7年下降13个百分点。[②]应该说，这种下降速度是十分迅速的。与此同时，代表资本要素收入的企业收入（营业盈余加固定资产折旧）则迅速上升，从31%上升到44%，上升了13个百分点。

由于出口带动的主要也是二产，出口对我国产业结构和收入分配结构的影响与投资相类似。因此，出口快速增长也会导致工业比重上升、服务业比重下

---

① 以2008年为例，原材料行业人均固定资产为35.0万元，而机电行业仅为16.3万元，不足前者的一半。据2009年《中国统计年鉴》第489~491页数据计算。

② 根据2000年、2002年、2005年、2007年"投入产出基本流量表（中间使用部分）"计算，见历年《中国统计年鉴》。

降，同样会增强资本在要素分配中的地位，进而引起收入分配结构类似于高强度投资所带来的变化——劳动报酬份额下降，企业收入份额上升。

我们知道，劳动者报酬占居民收入的绝大部分（约占83%～85%），劳动者报酬占 GDP 比重的下降，也就预示着居民收入占 GDP 比重的下降，这也构成了消费率下降的重要原因。反过来说，居民消费率下降实际上已经从一个侧面反映了居民消费能力即居民收入相对下降了。而企业是只有投资而没有消费的市场主体，企业收入份额增加既是高投资率、高出口率的必然结果，又为高投资率、高出口率提供了资金来源。可见，收入分配结构的这种变化，反过来又会进一步推动总需求结构更加失衡：消费率持续下降，投资率和净出口率持续上升。虽然这种变化直接影响了消费的能力，却不影响产品的实现（可出口），这充分反映了以投资为主、外需为主的经济发展方式的目的异化。

这样，在二十一世纪初的头七年，我国原有经济增长方式的弊端不但未能得到有效克服，甚至可以说变得更加严重，不但原来的粗放式经营依旧，而且还表现在总需求方面的投资强度越来越大、越来越依赖外需而消费率连年下降，表现在总供给方面的产能过剩、产业结构优化升级困难，表现在收入分配结构方面的劳动报酬份额迅速下降、企业收入份额迅速上升，以及外汇储备持续大幅提高等内外严重失衡的局面。加之国土开发强度过大、生态环境持续恶化以及对农村剩余劳动力挥霍性利用[①]所造成的局部性"用工荒"等现象，种种迹象表明，这样的发展无论如何都难以持续下去。如果继续延用"转变经济增长方式"这一作为长期任务的概念，不仅难以准确概括新时期出现的新情况和新问题，而且明显缺乏针对性，不能解决总需求、总供给和收入分配方面所面临的紧迫问题，故需要有一个能够准确刻画和破解新的发展阶段突出问题的清晰的表达方式——这应该是2007年党的"十七大"报告提出转变经济发展方式的主要缘由。

## 三、我国经济发展方式形成的体制原因

自 2007 年党的"十七大"报告提出转变经济发展方式的任务以来，五年

---

① 多年来，许多企业只招收35岁以下的劳动者，一些企业把刚满35岁或40岁的农民工辞退，换上一批20岁左右的更年轻的农民工。而一些农民工仅工作几年便由于各种职业病而失去劳动能力被辞退。

过去了，总的来看转变的步伐比较缓慢，某些方面还可以说是止步不前，而生态环境形势则更趋严峻。主要表现，一是投资率进一步攀升。受2008年国际金融危机影响，我们采取了大规模投资的老办法，五年来投资率从41.6%迅速攀升至47.8%，而消费率则变化不大，净出口率虽逐年下降，却不是我们主动调整的结果，而是这次危机的副产品。二是低附加值产业进一步扩张。"钢筋加水泥"的发展模式在应对这次危机中又显示出强大的扩张能量，2009～2011年连续三年钢铁和水泥的产量双双年均增长14%，大大超过同期GDP9.7%的增长速度。2012年，当GDP增速回落到比较正常的7.7%时，一些主要行业的产能过剩立刻变得十分突出。可见，主要原因仍然是过去五年（主要是前四年）经济增长速度偏快，前四年GDP年均增长9.6%，不得不让投资继续充当总需求三驾马车的主角（投资贡献超过消费贡献10个百分点），结果便是二产继续充当总供给的主角（二产贡献超过三产贡献也是近10个百分点）。三是劳动报酬比重虽然提高不少，但受2008年经济普查等统计因素影响，这种提高并不完全具有可比性（见表2-1）。

表 2-1   2007~2012 年主要经济结构的变化   单位：%

| 年　份 | 总需求结构 | | | 产业结构 | | | 要素分配结构 | | |
|---|---|---|---|---|---|---|---|---|---|
| | 消费率 | 投资率 | 净出口率 | 第一产业 | 第二产业 | 第三产业 | 劳动者报酬 | 企业收入 | 生产税净额 |
| 2000 | 62.3 | 35.3 | 2.4 | 15.1 | 45.9 | 39.0 | 48.7 | 36.0 | 15.3 |
| 2007 | 49.6 | 41.6 | 8.8 | 10.8 | 47.3 | 41.9 | 39.7 | 45.5 | 14.8 |
| 2008 | 48.6 | 43.8 | 7.7 | 10.7 | 47.4 | 41.8 | — | — | — |
| 2009 | 48.5 | 47.2 | 4.3 | 10.3 | 46.2 | 43.4 | 46.6 | 38.2 | 15.2 |
| 2010 | 48.2 | 48.1 | 3.7 | 10.1 | 46.7 | 43.2 | 45.0 | 39.7 | 15.2 |
| 2011 | 49.1 | 48.3 | 2.6 | 10.0 | 46.6 | 43.4 | 44.9 | 39.5 | 15.6 |
| 2012 | 49.5 | 47.8 | 2.7 | 10.1 | 45.3 | 44.6 | 45.6 | 38.5 | 15.9 |
| | 平均贡献率 | | | 平均贡献率 | | | | | |
| 08~11 年 | 48.4 | 58.8 | -7.2 | 4.7 | 52.4 | 42.9 | | | |

资料来源：2013 年《中国统计年鉴》。
注：企业收入包括营业盈余和固定资产折旧；2008 产业要素分配数字缺。

可见，经济增长速度偏快的体制机制不改变，就很难实现经济发展方式的转变。因此，有必要深入探讨目前经济发展方式形成的体制原因。

## （一）地方政府从利益主体转变为市场主体

1978 年，党的十一届三中全会否定了持续二十多年的以阶级斗争为纲的基本路线，停止了一波接一波的政治运动，确定了全党全国以经济工作为中心的方针。工作重心的这种转移是非常及时果断的，也是非常正确的，赢得了全国人民的拥护。在当时政企合一、全民所有制经济占绝对统治地位的体制背景下，发展经济必须搞活企业，而搞活企业首先要放权于各级地方政府，因为当时所有的企业几乎都隶属于各级政府。因此，自那时开始的"分灶吃饭"财政体制，调动了地方的积极性，使地方政府成为一个强大的利益主体，真正做到了"以经济建设为中心"，从而推动整个社会出现了蓬蓬勃勃的经济建设高潮，并取得了举世瞩目的成就。

政府以经济建设为中心，本质上就是调集全部行政资源，试图在短期内实现"跨越式、超常规"发展。问题是，1992 年我们既已确立了市场经济的改革方向，整个经济体制也开始逐步转变，至 2000 年，市场经济体制框架已初步形成。但是，原来"以经济建设为中心"的地方政府却顺势将自己从"利益主体"转变为"市场主体"。我们看到，肩负着奔小康任务的我国数万个政府行为主体（包括三十一个省区市，三百余个地市，近三千个区县市和四万多个乡镇，或许还应该加上数目相近的"条条"），非常自觉地依据各自的发展目标，充分利用市场方式来直接配置资源。但如此一来，真正按照市场规则配置资源就很难实现了。

## （二）政府成为市场主体的内在矛盾

首先，地方政府的个别理性不等于全国的集体理性。我国县及县以上各级政府每隔五年就会变质一份经济和社会发展规划（计划），由同级人民代表大会通过，政府部门负责执行。就这些规划的大部分而言，人们很难责备它们脱离了本地实际，有违中央要求。问题是，各级政府是如何组织规划实施的呢？一种是，政府做规划旨在确保企业生产经营和项目投资建设不违背规划，除基础设施外，并不负责具体实施，规划只具指导性。另一种则是，政府既做规划又负责组织实施。后者是我们目前的主要做法。尽管常常会出现"规划规划，墙上挂挂"的情况，但政府以经济建设为中心却是要落在工作实处的，当然有理由根据情况的变化随时修订规划。我们看到，当成千上万个这样的主体"合理"行为汇集时，却常常导致集体的非理性，不是下级的规划颠覆了上级的规划，就是上级的规划消解了下级的规划。这就像数学中的"有限"和"无限"的概念一样，在"有限"中得出的正确结论放在"无限"中常常是不确定的甚至是错误的。例如，目前各地区都要求加快实现小康、提前实现小康，这从道理上讲无可厚非，先富总比后富好，故大家都要抢抓"战略机遇"：内地要"弯道超车"赶沿海，沿海则要"超常规"追四小龙，10% 的速度几乎成了大部分地区发展规划的底线，而 15% 或 20% 的速度也不过是常规目标。发展能够快一点儿，有什么理由要阻止呢？但大家都快起来，全国的经济增速必然会超过可承受的限度。我们的资源可以确保几十个地市、几百个区县每年增长 15% 或 20%，却根本不可能让三百个地市、三千个区县同时维持如此高的速度。又如，某个产业从全国来看应确定为支柱产业或战略性新兴产业，但从个别地区看，该产业上不上马则存在很大的弹性和不确定性，往往一时难以判定，因而各地区"积极响应"国家的产业政策也就无可厚非，"没有条件创造条件也要上"的精神不但没有理由否定，甚至值得鼓励。但如此一来，许多产业就很容易出现"一哄而上"的现象，随之而来的便是全国性的产能过剩。这样的"过热"和"过滥"现象在我国反复出现，最后只能以"宏观调控"收场。留给后任的，只能是大片的烂尾工程和大量的呆坏账。

那么，是不是可以换一种组织方式，各级规划部门多通气、多协调，增加些"集体理性"呢？但这样一来，下级规划就必须报上级批准，这又会成为典型的计划经济方式，需要政府从上到下去配置资源，而且是全面配置资源。例如，从全国来看，如果年均增长 8% 是合理的，而要落实到各个地区，无论是匀速增长或是有差别的增长，只能通过增长速度的指令分配，以及银行信贷额度的指令分配，否则根本就不可能确保全国合理的增长速度。

其次，政府作为市场主体难以承担市场责任。在市场经济条件下，"投资有风险，入市须谨慎"，无论是"一夜暴富"还是"倾家荡产"，企业或个人最终要为自己的行为负责。我们看到，在市场经济国家，企业开业第一年的破产率高达 60% ~ 80%，五年后的破产率也会有 20%。正是小企业的大量创办和大量消亡，成为市场经济国家经济结构调整和升级的主旋律，构成经济生活中充满活力的一道靓丽而又悲壮的风景线。但政府作为市场主体，其投资的失误率虽然很难说一定就会比企业或个人的高，问题是这些失误所造成的损失如何清偿呢？下级政府的失误只能由上级政府承担，全国的失误只能由通货膨胀或增加税收来解决，最终还是要由纳税人"买单"。因为政府毕竟是公法人，是难以破产的，我们尽可以赋予它市场主体的权力，却无法让其承担市场主体的责任。故市场经济国家政府的投资行为是被牢牢地关在笼子里的，只能在市场失灵的范围内发挥一些有限的作用，如必要的基础设施建设等。如果我国各级政府都肩负带领辖区内人民奔小康的使命，负有"经营城市、招商引资"的任务，并直接组织实施发展规划的话，那么，这样的政府实际上担负了无限责任，也就无"笼子"可言了。这与我们要实现的市场经济改革目标显然是南辕北辙的。

最后，政府将长期纠结于越位、缺位和错位之中。2002年党的"十六大"报告就已明确提出要"完善政府的经济调节、市场监管、社会管理和公共服务的职能"，但十年来这些职能落实得并不理想，而经济建设职能却扩张很快，这在最近这次国际金融危机中表现得淋漓尽致。目前各级地方政府的职能，半是经济建设，半是公共服务，但有虚实主次之分：前者实之，后者虚之；前者为主，后者为辅；前者成为政府的"强势部门"，后者则是政府的"弱势部门"。以至于在一些地方以经济建设为中心已经演变为以经营城市为中心，以招商引资为中心，以土地财政为中心，以拆迁为中心。这与人们心目中政府在市场经济中应该当好裁判员的定位相距甚远，与上述中央确定的职能更是风马牛不相及。地方政府伴随市场经济改革的"潇洒转身"，不经意间成为市场主体，从依靠计划方式配置资源转变成利用市场方式配置资源，虽然对推动经济增长十分有效，比较容易找到"抓手"，但却也为敷衍、推诿、搪塞应尽的基本公共服务职责找到了口实；经济增长的质量越来越难以保障，大量的政绩工程、形象工程、豆腐渣工程造成了巨大的浪费和损失，严重损害了政府的形象和信用。更为严重的是，这种"转身"直接干扰甚至破坏了最基本的市场秩序。因为当各级政府成为公司、准公司，成为名副其实的市场主体时，就会更直接地去配置资源，如招商引资"零地价"，"五免五减"、甚至"十免十减"（即企业所得税免征若干年，减半征收若干年），更热衷于铺摊子、上项目；就会像垄断企业一样，很容易实行地区封锁，实现地方保护。这样一来，公平竞争、优胜劣汰的市场规则将很难发挥作用。同时，这也为公权力的泛滥、异化直至寻租腐败敞开了大门。这样下去，经济社会失序的局面将很难扭转。

## （三）政府作为市场主体是现行经济发展方式的体制基础

从收支角度看，我国财政体制是世界上最为分散的，各级政府"分灶吃饭"，多收多支，地方财政支出严重依赖于当地的财政收入。这种体制，本质上与农村的"包产到户"、城市的"企业承包"并无大的区别，无非是用经济手段调动各方面积极性的一种延伸，但这一次却延伸到了政府内部，一定程度上把上下级之间的行政关系转变成商业关系，科层关系变成市场关系，公共管理变成工商管理，公共服务变成市场营销。这就使我国地方政府成为拥有行政权的市场主体，能够按照不同的行政层级来配置经济资源，层级越高，掌握的财政、投资、用地资源和机会就越多，其行为大体符合经济人假设，故"利益最大化"的逐利特征使其具有超乎寻常的经济主动性。由此带来的一系列问题不但在发达国家中几乎是不存在的，就是在其他金砖国家或新兴国家也是少见的。例如，宏观调控成了中央调控地方，而不是政府调节市场；拖欠农民工工资的竟主要是我们的政府部门，而置起码的社会公信于不顾（因为我们的官员常常"新官不理旧账"，前任借的款后任不负责还）；我们的发展，明显显露出急功近利、寅吃卯粮、杀鸡取卵、竭泽而渔的特点，"前任建后任拆、前任挖后任填"，信誓旦旦地要"拆出一个新中国"；在强制拆迁中竟有政府官员命令推土机从拆迁户身上开过去的恶性事件发生，酿成数起命案，令世人惊骇；与之相应，一些地方提拔了一批为人强势、嚣张跋扈、胆大妄为、投机钻营的干部来实现这些目标，后来倒下去的，多半也是这类干部；以至于国家最高领导人多次告诫我们的高级官员"你们要讲真话"，说明讲假话已经到了多么严重的程度；与GDP增速世界第一相伴的，是出逃贪腐官员数量也是世界第一，等等。

近五年来的情况表明，这些问题非但没有收敛，却有愈演愈烈的迹象。例如，为应对国际金融危机，地方政府融资平台爆发性崛起。又如，2013年因经济"下滑"，一些地方政府不甘过"紧日子"，主要职能部门纷纷成立了自己的企业。① 面对地方政府发展经济的愿望强烈而又冲动，其他问题则被忽略、搁置的表现；面对地方政府如此这般高调介入市场、充当市场主体，把自己等同于企业以至凌驾于企业之上的做法，人们深感困惑：这是我们所要的市场经济吗？这还有市场规则、市场规律可循吗？究竟是人们对政府"当好裁判员"的认识过于肤浅、迂腐呢，抑或是我们的一些行为已经自觉不自觉地违背了市场经济的基本原则？

因此，无论我们科学发展的愿望多么强烈、多么正确而又美好，如果不断然采取措施，这些问题无疑将延续至"十二五"末甚至"十三五"末。我们担

---

① 据《半月谈》2013年10月16日报道，当前武汉市一些政府部门纷纷成立自己独资或控股的企业，如水利部门有水利投资公司，交通部门有交通投资公司，农业部门有农业投资公司，旅游部门有旅游投资公司，科技部门有科技投资公司，环保部门有环境投资公司，就连城管都有环卫投资公司。

心的倒不是这些问题的存在，而是这些问题如果得不到遏制而继续发酵恶化，就会落入苏联计划经济的"资源枯竭陷阱"，而一旦集中爆发，就又可能落入南美的"中等收入陷阱"，严重影响"两个百年"目标的实现。

可见，决定目前我国经济发展方式的体制基础，主要是各级政府已经成为市场主体却又难以承担市场之责，这是三十年前财政"分灶吃饭"、推动地方政府"以经济建设为中心"，加上二十年前开始的整个经济体制全面转向市场经济而未能调整政府职能的自然结果。就我国自身而言，这种经济发展方式不大可能出现在二十世纪，因为那时我们的市场体系还没有完全形成，供给能力还十分有限，出口通道也还不那么顺畅；也不大可能延续至 2020 年之后，因为至少上面提到的那两个"陷阱"也不会给它如此长的生命力。因此，从这些因素判断，这种经济发展方式确有其阶段性特征。但从全球范围来看，世界上与我国处于相同发展阶段的国家不少，却很难找到类似的经济发展方式，这又说明它与发展阶段并无必然联系。由此方能理解，为什么我们的发展目的会发生如此明显的异化，以至于投资率接近 50%、早已成为世界第一，却对继续推高投资仍然乐此不疲；居民消费率已跌至 35%、成为又一个全球第一，却仍不嫌其低。由此才能够理解，为什么我们的发展手段会出现如此明显的停滞，二产比重长期居高不下，以至于钢材产能超过 10 亿吨、水泥产能超过 30 亿吨，却还在继续扩大产能。因为只要经济增速一提，这些产能顷刻间就会得到释放，甚至还会供不应求。由此才能够理解，为什么我们的发展动力出现如此明显的扭曲，劳动者报酬比重持续下跌，资本报酬比重不断上升，却仍然心安理得，处之泰然。这不仅是因为发展速度是没有止境的，地方政府在这场大比拼中"守土有责"，理所当然地具有合法性，而且在政治上和道德上也无懈可击，因为提前实现小康的正义性是无人能够指摘的。

**参考资料：**

葛霖生：《论苏联经济增长方式转变问题》，《东欧中亚研究》1997 年第 4 期。

景维民、郎梦圆：《苏联、俄罗斯经济增长方式的转变及其对中国的启示》，《俄罗斯学刊》2011 年第 6 期。

俞建国、王蕴等：《"十二五"时期扩大消费需求的思路和对策研究》，中国计划出版社2012 年版。

马克思：《资本论》第三卷，人民出版社 1975 年版。

历年《中国统计年鉴》，中国统计出版社。

# 分报告三:转变经济发展方式与深化
# 政府改革研究

　　我国已进入改革发展的关键时期，随着经济社会全面转型的加速推进，围绕转变经济发展方式的主线，一系列战略性、系统性、全局性的变革必将对政府改革提出新的要求和挑战。2013 年的《国务院机构改革与职能转变方案》明确以行政审批制度为抓手，切实推动政府改革的重大任务。十八届三中全会进一步提出要加快转变政府职能，深化行政体制改革，创新行政管理方式，建设法治政府和服务型政府。通过何种路径使得政府职能转变取得实质性进展，将关系到我国经济发展方式转变的成败，关系到未来经济可持续发展的前景，需要高度重视，深入研究。

## 一、相关概念和研究框架

### （一）政府职能转变的内涵与外延

　　政府职能转变是指国家行政机关在一定时期内，根据经济社会发展需要，对职责和功能的范围、结构、内容与方式进行调整。在我国制度背景下，研究政府职能转变要有破有立，"破"是指破除"全能政府"的权力运行模式，这是思考我国政府改革的逻辑起点，"立"是指按照市场经济一般规律重新构建现代政府的职能体系。

　　重塑现代政府职能包括三个方面内容：其一是调整政府职能总量，通过理顺政府与市场、社会和企业多重关系而确定职能界限与范围；其二是优化政府职能结构，不仅包括横向的政治、经济、社会等职能领域之间的调整，而且包括纵向的中央与地方政府间事权界限的动态调整；其三是选择政府职能实现方式，确定采取直接干预还是间接调控，采用行政手段、经济手段还是法律手段，坚持传统行政管理模式还是推行扁平化、虚拟化的电子政务模式。

根据世界银行对政府职能的分类（表 3-1），最低层次的政府职能包括制定法律、维持秩序、灾难救助；中间层次职能包括公共教育、社会福利等公共产品提供；高层次的积极职能包括鼓励创新、资产再分配等。随着现代政府管理体系的建立与完善，政府能够承担的职能应当不断升级。

表 3-1 世界银行对政府职能层次的分类

| 职能分类 | 应对市场失灵 | | | 提高公平 |
|---|---|---|---|---|
| 最低职能 | 提供纯粹的公共物品、国防、法律和秩序<br>产权、宏观经济管理、公共医疗 | | | 保护贫困人群<br>反贫困计划<br>灾难救助 |
| 中间职能 | 应对外部性<br>基础教育环境 | 垄断行业规制<br>反垄断政策 | 克服信息不对称<br>保险（健康、生命、养老金）<br>金融规制、消费者保护 | 提供社会保险<br>再分配养老金<br>家庭津贴、失业保险 |
| 积极职能 | 协调私人活动、培育市场<br>鼓励创新 | | | 收入再分配<br>资产再分配 |

资料来源：《1997 年世界银行发展报告：变革世界中的政府》，中国财政经济出版社 1997 年版，第 27 页。

## （二）行政审批与市场监管的内涵与外延

政府职能转变要求将前置审批转变为事中事后监管，行政审批权下放能否取得预期效果，与政府市场监管职能体系的建设与完善密切相关。李克强总理指出，"政府转变职能，放和管是两个轮子，只有两个轮子都做圆了，车才能跑起来"。其中"放"指的是取消或下放行政审批权，"管"指的是加强政府监管。

### 1. 行政审批的内涵、外延及执行依据

行政审批又称行政许可或行政认可，表现为政府部门通过盖公章或红头文件的形式，对企业或个人行为的合法性与真实性表示认可，并通过向企业或个人发放许可证、牌照、资质证明等给予某种法律资格或实施某种行为的权利。政府依据《行政许可法》，由法律法规和国务院的决定和意见确定的称为"行政许可行为"，包括审批、核准、审核、备案四类；不属于《行政许可法》调整范围的行政审批统称为"非行政许可审批"，包括行政机关内部审批（人事、

财务、外事）、政府行使产权人对有关资产管理的审批、政府财政优惠待遇（政府性基金、税费减免、土地出让优惠）等审批。

**2. 市场监管的内涵、外延及执行依据**

党的"十六大"政府机构改革首次明确将市场监管作为四项重要职能提出，10多年来市场监管职能的内涵与外延随着市场体系完善和法治进程的加快而不断充实丰富。从规制经济学的角度，市场监管是指政府或法律授权的公共机构依据规则对市场主体相关行为进行的限制，目的是平衡产业发展利益与社会公共福利，促进市场公平竞争。只有在出现严重的市场失灵且涉及重大公共利益的领域，才有必要进行市场监管。

市场监管属于政府机构的微观治理行为（与宏观调控职能的差别见表3-2）。按照监管目标和依据可分为两类：经济性监管是指对市场主体进入、投资、定价、服务质量等经济行为的限制，社会性监管是指对市场主体影响公众健康和公共安全行为的限制（见表3-3）。社会性监管依据《食品药品安全法》、《安全生产法》、《环境保护法》等规定的标准，对相关产品、服务和环境是否达标或超标进行执法检查。经济性监管主要包括垄断行业监管、竞争性领域的反垄断与反不正当竞争。垄断行业监管针对自然垄断行业或具有管网特征的市政公用设施网络，对企业进入、退出、投资、价格、收费等经济性行为进行限制。反垄断与反不正当竞争主要针对竞争性领域的市场主体行为，目标是维护市场竞争秩序，减少对其他合法经营者权益的侵害，进而保护竞争者和消费者权益。前者的执法依据是《反垄断法》规定的相关市场、市场集中度等标准及构成滥用市场支配地位、经营者集中、价格垄断协议的行为要件界定，后者依据的是《反不正当竞争法》规定的若干妨碍市场公平竞争秩序的行为要件界定。

**表 3-2　市场监管与宏观调控职能的比较**

| | 目　标 | 指标体系 | 对　象 | 工具手段 |
|---|---|---|---|---|
| 宏观调控 | 经济整体稳定性 | 通胀率、经济增长率等总量指标 | 所有经济主体 | 货币、财政政策 |
| 市场监管 | 平衡买卖双方利益；促进环境保护和公民健康、安全 | 成本、利润、资产等微观指标；事故数量和伤亡人数等安全性指标 | 针对微观行业或企业 | 规则设计与执行，监管与被监管者是平等关系 |

资料来源：刘树杰：《现代监管理念与我国监管现代化》，《经济纵横》2011年第6期，第2页。

表 3-3　市场监管的分类比较

| 目　标 | 监管领域 | 被监管对象 | 对应我国的监管主体 | 理论依据 |
|---|---|---|---|---|
| 经济性 | 垄断行业反垄断监管 | 自然垄断（公用事业）电力、铁路、电信等 | 发展改革委（能源局）、工信部、交通部 | 成本劣加性 |
| | | 金融行业 | 人民银行、银监会、证监会、保监会 | 信息不对称系统性风险 |
| | 竞争性领域反垄断监管 | 市场主体滥用支配力的各类不正当行为 | 发改委、工商总局、商务部、质检总局等 | 信息不对称 |
| 社会性 | 涉及安全、健康、环保的行业领域 | 食品药品安全 | 食药监总局、农业部、卫生计生委等 | 信息不对称外部性内部性 |
| | | 环境保护和生态安全 | 环保部、发改委、国土部 | |
| | | 安全生产 | 安监总局 | |

资料来源：作者整理。

## （三）中央与地方政府关系的相关概念

中央与地方政府关系经常涉及四个概念，即事权与支出责任、财权与财力，一般认为事权与支出责任相适应，才能促进财权（或财力）与事权相匹配，从而促进政府机构高效运转。事权指的是一级政府在公共事务中应承担的职责与任务，支出责任是政府履行本级事权、提供相关公共服务对应的支出义务。明确事权首先要区分的是政府与市场的权力边界，凡是市场或企业能够自主决定的事宜，应由企业自主经营、自负盈亏，政府不应介入微观经营事务，中央与地方事权范围和支出责任应由宪法或其他法律法规确定。财权指的是某级政府为满足特定公共产品和服务需要，向区域内居民征税、收费或举债，并对本级财政收入进行合理支配使用的权力，包括收税权、收费权和发债权等。财力指的是可供某级政府自由支配的财政收入，包括本级自有财力和从上级获得的财力，政府拥有财权一般会获得相应的财力，但拥有财力的政府不一定拥有财权。

## （四）主要思路及研究框架

政府职能转变的关键路径有两条：一条是逐步减少行政审批，加强市场监管，由政府向市场放权；另一条是合理界定中央和地方的主要职能，调整中央与地方关系，建立事权和支出责任相适应的制度体系。

根据这一思路，本研究在明确政府职能转变、行政审批与市场监管、中央与地方关系调整等概念的基础上，通过对改革开放以来政府改革主要历程的回顾与思考，提出当前政府改革面临的问题、挑战和根源，进一步明确深化政府改革的必要性。在总结提炼国外政府改革的趋势、经验及启示的基础上，从宏观管理、微观治理、央地关系调整和改革保障措施等方面，提出思路和建议（图 3-1）。

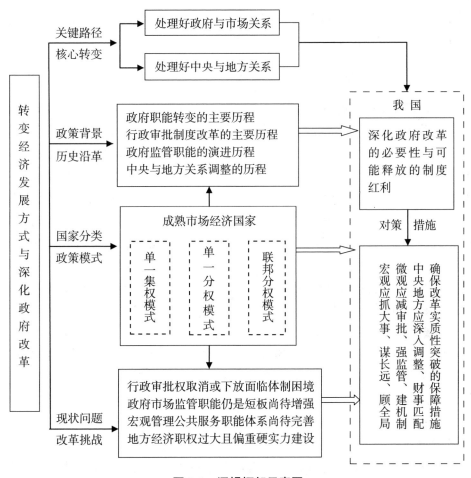

**图 3-1　逻辑框架示意图**

# 二、对我国政府改革历程的回顾及思考

我国正处在全面深化改革、加快转变经济发展方式的关键时期，显而易见、容易的改革都已经推进了，剩下的都是涉及复杂利益关系的"硬骨头"。改革开放以来，我国政府改革尤其是推动政府职能转变的脚步一直未停歇，取得了一些进展。但是，近 10 年来，政府职能转变未能进一步取得根本性突破，未能及时打破的诸多体制机制壁垒产生了一系列负面影响，已成为阻碍进一步深化经济发展方式转变的瓶颈。

## （一）我国政府改革的主要历程

### 1. 政府职能转变的主要历程

改革开放以来，我国政府对转变职能的探索从未停止过，不同阶段的政策目标和路径均有所差别。党的十一届三中全会明确了政府职能重心从阶级斗争转向经济建设，1982 年以精简机构为主的机构改革，明确了企事业单位和行政机构的界限。1987 年党的"十三大"报告指出转变政府职能是机构改革的关键，首次将政府职能转变列入中央文件。1988 年的机构改革明确提出转变政府职能的改革目标，即推动简政放权、政企分开，提高政府宏观调控能力。1992 年党的"十四大"提出了建立社会主义市场经济的目标，为经济改革和政府职能转变提供了明确依据。1993 年的机构改革大幅撤并职能交叉机构，将部分专业化主管部门转制为企业或协会，为 1994 年推行的财税、金融、计划、外贸、流通体制改革提供了基础条件。按照党的"十五大"政策精神，1998 年机构改革在转变政府职能方面进一步加大力度，切实推进政企分开，要求政府机关与下属企业和各类经济实体全面脱钩，大规模精简机构和人员。2002 年党的"十六大"明确界定政府职能是经济调节、市场监管、社会管理和公共服务，并将政府职能转变作为深化行政体制改革的核心。2003 年的机构改革聚焦国有资产管理、宏观调控、金融监管、流通管理、食品安全和安全生产等方面的体制改革。为贯彻党的"十七大"政策精神，2008 年机构改革的重点是加强和改善宏观调控，保障和改善民生，加强社会管理与公共服务，并积极探索大部门制。为贯彻党的"十八大"政策精神，2013 年的《国务院机构改革与职能转变方案》明确以行政审批制度为抓手，切实推动政府改革的重大任务。

**2.行政审批制度改革的主要历程**

20 世纪 90 年代初，我国开始改革行政审批制度，21 世纪初以来加快改革步伐。从 2001 年开始集中清理和规范行政审批项目，2004 年颁布实施《行政许可法》，明确规定"凡公民、法人或其他组织能够自主决定，市场竞争机制能够有效调节，行业组织或者中介机构能够自律管理的事项，政府都要退出。凡是可以采用事后监管和间接管理方式的事项，一律不设前置审批"。但是，在一段时期内，《行政许可法》的立法意图并未真正得到贯彻，出现了较多以部门规章或红头文件规避行政许可法约束的行为。为了区别政府内部管理事项和行政许可行为，2004 年国办下发《关于保留部分非行政许可审批项目的通知》，以非行政许可名义保留了 211 项审批权。此后，非行政许可审批数量膨胀速度超过新设行政许可的速度，部分审批项目被以登记、备案、认定、审定等多种名目变相保留下来，曾经出现放虚不放实、放责不放权等一系列乱象。2013 年经过摸底核实，各部门正在实施的审批事项为 1526 项，其中包括 600 项左右的非行政许可审批。2013 年开始新一轮行政审批体制改革，分 4 批取消下放行政审批事项 291 项，2014 年分 3 批取消和下放 246 项。

**3.政府市场监管职能的演进历程**

改革开放以前，我国对所有工业实行国家垄断经营的计划管理体制，由全能型政府包办一切，基本上不存在自由市场和市场失灵问题，因此也没有搞市场监管的必要。改革开放以来，以建立现代企业制度为方向的国企改革初见成效，不仅在竞争性行业，就连基础设施行业也在逐步完善现代企业制度，在非自然垄断环节引入了竞争机制。目前，除自然垄断行业和少数重要领域外，市场机制在经济运行中的作用越来越广泛。20 世纪 80 年代末以来，为适应国内市场体系建设的需求，我国先后组建一系列经济性或社会性市场监管机构，包括 1988 年设立的技术监督局，1992 年设立的证监会，1998 年设立的保监会和药监局等。21 世纪以来，为了与 WTO 规则体系接轨，又相继成立了若干监管机构，包括 2002 年设立的电监会，2003 年设立的银监会和国家食品药品监督管理局等。2008 年国务院机构改革中，食药监局改由卫生部管理，明确由卫生部牵头建立食品安全综合协调机制。与此同时，为了加强反垄断与反不正当竞争执法，成立了国家反垄断委员会，明确其制定、发布反垄断指南及协调反垄断行政执法工作等职能。2011 年，国务院发文要求工商、质检、安监等部门从省以下垂直体制改为属地分级管理体制，但目前进展较为缓慢。2013 年国务院机构改革中，裁撤电力监管委员会，将其职能并入国家能源局，同时将国家食品药品监督管理局提级为总局，独立行使食品药品领域的安全监管职责。

**4. 中央与地方关系调整的主要历程**

20世纪80年代中期，中央单列企业的数目进一步缩减到全民所有制企业的1%，政府指令性调节生产与流通的范围不断缩小，逐步放开由市场调节价格，1992年政府定价部分已经缩减至5%。在财政关系方面，按照包干制的思路，地方财政收入占全国财政总收入的比重不断提高，从80年代中期到90年代中期，大体提高了20%左右。在这一时期，地方政府的财权、审批权和外贸权不断扩大，中央和地方关系发生明显变化。客观来看，当时在较短时间内、较大规模推进放权与分权的确出现了一系列负面影响，包括地区封锁和资源争夺，在不同程度上妨碍国内统一市场的形成，同时也导致中央权威与动员力下降等问题。1992年是中央和地方关系调整的一个重要转折点，党的十四届三中全会提出建立产权明晰、责权分明、自主经营、自负盈亏的现代企业制度，明确政企分开的改革方向，叫停地方政府介入企业微观经营活动的各种行为。1994年开始实行的分税制，通过理顺中央与地方财政分配关系，为明确划分中央和地方（主要是省级）事权创造了一定条件。此后，顺应经济社会发展需要，中央陆续下放更多经济社会管理权限到地方，逐步规范和理顺中央与地方关系。

## （二）政府改革面临的问题、挑战及根源

21世纪初以来，政府改革进入深水区，在深化体制改革方面踯躅了10多年，未能取得实质性进展。主要表现在，地方政府的经济职能依旧过大、过于微观，过于偏重硬实力建设，而从中央到地方政府在宏观管理、市场监管、公共服务等方面的软实力建设依旧"缺位"。在微观领域，市场监管职能缺位，非但未能给审批权下放创造条件，反而成为阻碍政府职能转变的内在约束。

**1. 行政审批权取消或下放面临的体制困境**

长期以来，对社会投资项目的前置审批、对企业或个人资质资格的认定，事实上提高了市场主体的准入门槛，增加了不合理的市场交易成本，抑制了市场主体参与创新和市场竞争的活力。10多年间先后进行的几轮行政审批体制改革都未能取得实质性进展，审批权下放后一度出现明显的"反弹"。

部门既得利益和地方保护是审批体制改革面临的最大阻力。改革红利的释放是"润物细无声"的过程，对于经济转型升级的积极影响可能在某些官员的任期内无法看到，并且有可能无法确认是本部门的贡献，但是改革成本会在当

期发生，直接"成本"要由本部门承担。因此，在政府部门及其他公权力机构利益普遍受损的情况下，如何激励或刺激政府部门或地方政府广泛参与改革，成为改革者无法回避的现实问题。具体包括以下几个方面：首先，由于历史和体制原因，行业主管部门与行业内的企业仍有千丝万缕的利益联系，政企分开、政事分开、政社分开尚未改革到位，制约权力取消或下放的实际效果。例如，各部门分管的资质资格认定业务经常委托下属事业单位或官办协会，围绕资质认定、培训考证已经形成巨大的利益链条，甚至成为利润丰厚的隐形"产业"，改革面临较大的阻力。其次，行政审批权力在政府部门之间的横向转移可能有违行政审批体制改革的初衷。例如，作为综合经济管理部门的发展改革委，其主管的政府定价和投资审批权是此轮权力取消或下放的重点，推动这些权力下放的动因不乏其他部门或地方的本位利益。事实上，综合经济管理部门将审批权转给或"放给"其他部门，属于权力的横向转移，前置审批的性质并没有发生改变。再次，项目分段审批、部门审批项目互为前置条件，对行政审批体制改革的系统性有较高要求，实际推进过程中明显存在改革不同步、不匹配的问题。对市场主体而言，虽然某些投资审批权下放或取消了，但是相关的用地、规划、环境评价、供水供电扩容许可等权力并未同步取消，从而出现名义上有自主投资权，但因其他指标不匹配仍然被束缚手脚的现象。

从事前审批向事后监管体制转换不顺。经济领域审批是"管企业、管社会"，监管是平衡买卖双方利益、维护公众福利，"搞审批"与"搞监管"两套权力运行机制、考核体系截然不同。政府部门"不愿"下放审批权的确是有"苦衷"。首先，政府机关在行政审批方面轻车熟路，但对于监管业务则较为生疏，加之机构、人员编制、职责范围都未变化，不搞审批不知该干什么。相对于审批方式而言，监管规则体系建设较为滞后，财力有限、办法不多、经验不足。其次，审批是"给予"、监管是罚没，市场主体的配合程度完全不一样。审批是直接干预的行政手段，可以要求企业提供证据，有一票否决的作用，对市场的干预可谓立竿见影。而前置审批改为事后监管后，不但不会直接给予企业任何利益，相反要对违法违规行为进行处罚，监管机构需要花费大量时间和精力搜集证据，而且经常面临罚款不到位、难以按时收缴等现实问题。再次，审批是权力，监管是服务，手握行政审批权的官员自由裁量权很大，不忍或不愿放权。批不批、批多久、批给谁、批多少，能体现官员地位优越感和"自身价值"，有一定寻租空间。下放前置审批权、转向承担事中事后监管职能以后，此类权力空间将明显缩小。

### 2. 政府市场监管职能仍是短板函待补齐

市场监管是此轮政府改革需要着力加强的重要方面，整体上看，我国政府职能在这些方面的分散、弱化、空白情况仍未改观，属于历史"欠账"较多的领域，这非但未能给审批权下放创造条件，反而成为阻碍政府职能转变的内在约束。

现阶段，经济性监管存在规则不清、程序含糊、方法陈旧等问题，导致公共服务领域的垄断环节出现"两高两低"问题，即垄断行业职工高收入、高福利而公共服务质量低、效率低，由此加剧了社会不公。此外，在市政公用事业民营化改造过程中，出现了民营化进程过快、监管体系建设滞后的问题。西方可竞争理论指导下的特许经营模式是"民有民营＋默许垄断"，而在我国获得市政设施特许经营权的多数企业是"国有国营"单位，此类国企同样具有逐利本性，因而需要对其进行比"民有民营"企业更严格的监管，但在监管实践中存在较大困难。例如，中石油集团下属企业获得了数十个地级市城市燃气供应的特许经营权，但地方政府市政管理部门很难对央企集团下属企业的成本、价格、质量、设施安全实施有效监管。

目前，社会性监管领域职能配置不尽合理，监管空白与多头监管并存，导致公共安全领域问题频发，群众满意度较低。近年来，在各类食品添加剂、饲料添加剂、毒针剂、毒胶囊等食品药品安全风波中，几十道部门监管防线形同虚设，说明市场监管能力不足已经从根本上妨碍了公共安全与公平竞争。实践中，政府机构对微观市场主体的直接干预经常被误认为是应当加强的市场监管，执法机构协同不力、手段落后、程序繁琐，无法对市场交易行为进行全过程高效监管，结果导致局部市场秩序混乱、竞争规则缺失、信用体系不健全，削弱了市场主体参与市场竞争的积极性。大气污染、水污染、土壤污染等环境问题、各地各类"矿难"问题面临的监管难题与食品药品安全面临的问题十分类似，监管体系缺失与监管能力孱弱引发的矛盾也较为突出。

从近10年来社会性监管机构与职能的调整路径来看，环保、安监、食药监、质检、工商等监管机构，陆续从省以下垂直管理体制转变为属地分级管理体制。机构职能调整的目标是让地方政府对社会性监管担负主要责任，一旦在环保、食品药品、安全生产等领域发生重大社会问题，需要问责当地主政官员。事实上，属地分级管理体制确立以后，执法办案经费主要由各地财政负担，发达地区和欠发达地区能够用于社会性监管的财力参差不齐，个别省份缺口较大，导致执法效果存在明显差距。

此外，我国《反垄断法》的实施细则、执法指南和司法解释等配套法律法规体系尚不完善，妨碍了执法针对性、震慑力与透明度的提高。由于我国反垄断的立法与执法实践起步较晚，很多执法指标较为含糊，更多依靠的是执法者主观评价，尤其是对相关市场、市场集中度等核心概念没有精准的、一致性较强的量化标准。就组织体系而言，我国反垄断执法采用"三驾马车"的组织形式，商务部负责审查经营者集中问题，工商总局负责除价格垄断以外的垄断协议、滥用市场支配地位和滥用行政权力排除竞争等方面的执法，发展改革委主要负责查处价格垄断行为，客观上造成执法权相对分散，监管越位与失位并存的局面。此外，在立法与执法过程中也缺少法律、经济领域的复合型人才，对法律经济学领域的专家意见重视不够，公众参与明显不足。

**3. 政府宏观管理和公共服务职能体系尚待完善**

目前，我国政府在经济发展方面的职能发挥作用较多，而在宏观管理与公共服务方面的职能相对滞后，导致我国中长期经济战略职能缺位，经济领域体制改革顶层设计与协调机制尚未落实，社会治理能力较为薄弱，公共服务质量尚待全面提升。

近年来，各级政府制定了很多面向2020年、2030年，甚至是面向2050年的中长期发展战略，但是对于中长期发展战略如何落实而言，尚待统筹谋划并建立有助于切实推进的政策体系。目前，与深化经济发展方式转变相适应的宏观调控体系尚未完全定型，政策手段尚未实现机制化。经济调节过于倚重短期的宏观调控，宏观调控不乏价格干预、限购等行政手段。与国外成熟市场经济国家相比，我国宏观调控的工具范围更广，对微观领域管得过宽过细，事实上有违宏观调控的初衷。政府经常以行政干预方式进行经济调节，在干预时机、力度、周期和退出机制等方面缺乏明确规定和有效监督，影响了市场和公众的预期。结果导致经济调节职能对熨平经济周期效果乏力，有时反而成为加剧内外失衡的原因。

在我国，解决特定部门或区域内部的微观事务相对容易，但有关落实扩大内需的长效机制、绿色发展与新型城镇化战略、理顺收入分配等涉及众多部门协调配合的问题，要么耗时多年未果，要么出台的改革政策妥协较多，要么因"不切实际"（触犯既得利益）而被束之高阁。政府"条条块块"之间的职能错位在社会管理和公共服务领域显得尤为突出，某些公共服务在地方没有垂直机构负责执行，需要依靠地方政府综合部门推进，行业主管机构与地方综合部门在职责方面存在一定交叉和重叠。结果导致公共服务供给总量不足、结构失衡、分布不均，城乡和区域间存在较大差距。

近年来，社会维稳成本逐年攀升，各级政府疲于解决各种具体的社会矛盾和冲突，社会自治能力的缺失放任了公共权力在社会领域的大肆扩张。政府部门以主管、指导方式干预协会、社团、自治组织的内部运作，使其长期处于附属地位，导致非政府组织（NGO）等社会力量发展相当迟缓。同时，政府机构缺乏处理社会问题的系统性和全局性战略，缺乏专业化的人才队伍，对于发轫于社会矛盾的群体性事件缺乏必要的防范措施和应急处置能力。

此外，政府提供公共服务的质量也尚待全面提高。近10年来，国内主要地区硬件设施建设掀起一轮又一轮高潮，国内大城市基础设施与世界知名城市相比并不逊色。当前城镇建设规模扩张极快，但新城新区软环境建设明显滞后，缺乏产业链支撑，缺少医疗、教育等生活配套服务，市场容量较小、消费能力较弱，人口密度较低。圈地扩城引致的发展泡沫，正是深刻制约我国新型城镇化进程的明显"短板"。近年来，各地用于教育、就业、公共卫生、社会保障等方面的财政支出逐年增加，力争实现基本公共服务的"广覆盖"，但服务质量没有明显提高。主要依靠资金投入的新城建设，必然会挤占教育、医疗、社保等民生领域的资金投入。有关部门下拨的民生专项转移支付，到了市县一级更多用于硬件配套与改造，而非真正惠及民众个体。

**4. 地方政府经济职权过大且偏重硬实力建设**

政府直接干预市场的方式，在市场经济发育不充分的情况下，对推动经济起飞、扩大经济总量发挥过一定的积极作用，但在深化经济发展方式转变的新形势下，弊端越来越多。

我国中央政府与地方政府之间事权关系模糊不清，地方政府经济职权过大的问题一直没有得到有效解决。由于改革的渐进性和其他体制性因素影响，政企分开在中央一级较为彻底，而地方政府职能转变不足，企业自主权难以真正落实，政企分开难以真正实现。部分地方政府仍习惯于"越俎代庖"，替企业决策人事、财务、投资，习惯于管束或庇护国有企业，妨碍了企业法人治理结构的完善，过多参与本应由市场机制解决的私人产品生产与供给。近年来，各级地方政府牵头制定的规划太多、太滥，很多过于微观细琐，甚至直接安排项目和调配资金。部分市县级政府往往将"批规划"视为"批项目"，项目以规划名义打捆上报，实际上成为一种变相的审批。

在以经济建设为中心的政府职能体系下，靠加快招商引资拉动 GDP 增长，具有明显的路径依赖和制度惯性。招商引资的速度和质量是牵动地方政府的敏感神经，大搞"造城运动"，加快建设高架桥、中心广场、大剧场、城市综合体等，都是服从于招商引资的硬实力建设需要。在加快硬实力建设过程中，各级政府主要通过审批等行政手段干预资源配置，在投资、信贷、价格、准入、土地出让等方面的经济职能更加微观化、具体化，一些地区对可能违背中央调控政策的行为采取默许和放任态度。地方融资平台设立的初衷，是将资金用于民生、城镇化、就业及市政公用设施等社会投资主体认为无利可图的领域，而事实上这些融资平台却成为各地政府主动介入市场微观事务的载体。地方土地出让金更多用于推动开发区、产业园、大学城和会展中心等项目建设，客观上起到了炒热地皮、炒高地价的效果，有助于加快招商引资进程。

### （三）深化政府改革的必要性及政策红利

从历史演进的视角看，从最初的政企分开、放权让利，到党的"十八大"提出的政企分开、政资分开、政事分开、政社分开，有关政府职能转变的思想与政策实践都取得了明显进展。与市场经济体系同步建设的政府职能体系，对推动我国快速增长发挥了重要作用，当前转变经济发展方式同样需要从政府职能转变破题。新一轮国务院政府机构改革与职能转变方案，突出强调职能转变的地位与作用，拿出切实措施推进职能转变。当前和未来一段时间转变政府职能的主攻方向，是要加强宏观管理，下放行政审批权，严格事后监管，改进管理方式，解决国务院部门"抓大事、抓全局、抓长远不够"的问题。

从理论上讲，我国与其他政府主导型国家一样，面临经济发展和体制改革的二元转型困境。发展型政府包揽了过多的微观事务，侧重硬实力建设而忽视软实力建设，市场主体、社会组织行政化倾向较为严重，自治能力较弱，作用发挥不够充分，无能力也无意愿承接政府下放的公权力。因此，政府在还权、放权的同时，要培养市场主体与社会组织的自觉意识与自治能力，营造国家与社会良性互动的改革氛围，使政府改革与经济发展相得益彰，从而有助于经济发展方式转变。

新一轮国务院机构改革与职能转变方案，坚持市场化取向，明确了最大限度减少对生产经营活动和产品物品的许可，最大限度缩小投资项目审批、核准、备案范围，最大可能减少对各类机构及其活动的认定等非许可审批的改革思路。此次放权改革遵循的三个"最大限度"如果能够落实，将有助于降低企业的市场进入门槛与交易成本，促进各类人才跨区域自由流动，加快要素投入结构优化升级。有利于激发社会投资主体广泛参与国内外市场竞争的积极性与主动性，提高社会投资质量与效益，进而为优化需求结构提供支撑。有助于更好地激发企业家精神，发挥市场主体自律意识，提高识别防范风险的能力和意识，由此为产业结构升级提供更加坚实的微观动力。

# 三、政府改革的国际经验及启示

纵观世界一些国家在经济发展过程中推进的政府改革，尽管因政治（政体、国体）、经济（经济发展水平、产业结构与地区结构等）、历史（创建国家、战争、地理位置）等多种因素的差异，政府与市场的边界、央地政府之间的事权划分与财政体制，没有统一固定的模式。但是，透过这些具体差异，我们依然能够概括出许多带有普遍性、规律性的经验和做法，为我国政府职能转变、理顺央地关系提供一些可借鉴的启示。

## （一）单一集权的体制模式：法国

西方国家政体可以分为单一制与联邦制，中央与地方权限可分为集权制与分权制，结合两种维度可将中央与地方关系划分为单一集权、单一分权和联邦分权三种模式。法国是欧洲大陆现代市场经济国家当中典型的中央集权国家[①]，其中央与地方的关系延续了法国大革命时代以来的政治传统。宪法规定法国是单一制国家，主权由中央政府独享，中央与地方政府不存在主权分享关系，地方政府权力由立法机关以普遍形式授予。20世纪80年代初，密特朗政府上台后，法国开展了地方分权改革运动，1992年通过《第五共和国地方行政法》，地方分权运动之后，大区、省和市镇都由选举产生的行政机构进行自我管理，实行相对有限的地方自治，中央政府通过行政与司法监督的方式对地方代议机关、行政长官进行控制。

法国中央事权包括四个方面：一是提供国防、外交，确保中央政府机构正常运转；二是提供旨在确保社会公平分配的社会福利补贴等；三是投资或补贴投资重大项目或公益项目，支持区域经济和基础设施发展；四是掌管货币、财政政策，全国性税收、海关及公共统计事务。大区政府的事权主要体现在统筹当地经济发展与就业培训等事务。省一级政府的事权保障初中教育、省级公路

---

[①] 集权国家，还包括中央计划经济体制的前社会主义国家（包括前苏联和东欧国家），"休克疗法"之前中央政府控制所有财政收入来源，地方所有支出全部依靠中央财政的转移支付。本报告主要研究现代市场国家，此类国家并非研究重点。

及辖区内居民福利。市镇政府的事权是安排居民日常生活，包括供水、供电、有线电视等公用事业，小学教育、社区文体设施及福利养老机构等。

单一集权模式下中央政府在财政收入与支出领域的管理控制比较集中。法国实行管理权限较为集中的分税制，中央预算收入占较大比重，在 70% 左右，大区及以下地方预算收入占 30% 左右，中央转移支付约占大区及以下地方政府总收入的 1/4 左右。法国曾经实行了地方分权运动，在此之前地方财政预算收支全部由中央政府决定，地方分权之后，中央预算与地方预算分离，大区及以下地方政府拥有独立预算和一定程度的自主性。

## （二）单一分权的体制模式：英国、日本和韩国

现代英国与战后日本、韩国是典型的单一分权模式的国家。单一分权模式下中央政府对收入来源的控制程度较高，地方政府只拥有一些分散的财源，但是地方政府所负担的支出责任相对较多，而中央政府直接支出占总支出的比例相对较小。

英国与法国同样是欧洲典型的单一制国家，但就中央与地方关系而言，两国分别代表西方单一制国家两种不同类型的央地关系。在单一制国家当中，英国地方政府素来被认为是富有自治传统的，地方自治的基础在于拥有较广泛的职权，包括立法、司法、行政权力（含财政权），以及维护本地区公共安全、改良公共设施、发展社会福利、从事准商业活动、受托执行部分全国性事务的权力。与法国地方政府从属于中央的情况不同，英国中央与地方政府是相互独立、相互牵制的，更多时候是一种讨价还价、博弈协商的关系。现代以来，英国央地关系的改革方向与法国相反，法国趋向"地方分权"，而英国是上收地方权力。1985 年，英国颁布新的《地方政府法》，实行一级制政府结构，撤销城市郡的议会，保留城市区的议会，原来由城市郡议会行使的职权交由城市区议会行使，被认为是在一定程度上加强了中央集权，收回了部分地方事权。

现代英国经历几轮央地关系调整之后，中央政府提高了财政集中度，通过加强财政控制等手段提高集权程度。英国地方财政的主要来源是中央拨款、地方税、私人贷款及地方公共事业收费等，20 世纪 80 年代之后，中央财政集中率超过了 70%，与此相关，地方政府对中央拨款的依赖性越来越强。

在亚洲，日本、韩国战后都受到由美国主导制定的"和平宪法"的影响，在处理中央与地方关系（尤其是财政关系）方面融入了联邦制特点。与欧美国家相比，日本、韩国在更短时间内完成了工业化、城镇化，在这一过程中

区域发展不平衡、阶层与城乡差距较大，中央政府选择将更多事权交由地方政府自治。

日本各级政府之间的事权按照有效性与受益范围划分，战后新宪法鼓励地方按照自身意图与实际情况提供更高层次的社会福利并积极发展当地基础设施。中央政府独立承担的事务包括立法、司法、外交、国防、货币发行、国际收支、物价稳定与产业布局等，而基本教育、社会福利、医疗保健、治安等事务主要由地方政府承担。战后颁布和修订的《地方自治法》《地方财政法》有效扩充了地方政府职能，尤其是部分经济管理职能。与日本有相似之处，韩国依据宪法和政府组织法，明确划分中央与地方政府权限范围和相应的支出责任。中央事权包括国防、外交、经济开发费、中央政府行政费及地方财政交付金（中央向地方的转移支付资金）；地方政府事权包括地方政府行政经费、区域社会福利与科教文卫费用、区域产业发展费用、民防费等。

在日本，对应三级政府有三级财政，财权（财力）高度集中于中央，许多事务则由地方负责执行。这种明显有别于欧美国家央地财政关系的体制，被称为"大地方"型财政体制，通过转移支付，地方财政支出占全国总支出的比重超过70%。这与战后日本地方（主要是省级）拥有较多经济管理权限有关，土地开发收入可以用于优化投资环境与当地基础设施和居民社会福利改善。韩国央地财政关系与日本有一定相似性，财权（财力）分配倾向于中央集权，分税制改革后中央政府控制了全国财政收入的80%，通过规范中央对地方的财政转移支付，地方实际支配财力大约占全国财力的四成，中央转移支付主要用于优化产业结构和生产力布局等。

### （三）联邦分权的体制模式：美国、德国

从全球范围来看，联邦制国家居多，美国、德国、澳大利亚、瑞士等都很典型。联邦制不可能存在财政集权模式，在联邦分权模式下各国州政府在收入与支出方面拥有相当大的自主权，联邦财政对州财政的影响相对较弱。

联邦制国家在宪法中明确列举联邦政府的权力范围，列举之外的权力一概属于州政府。美国宪法规定，货币金融政策、财政税收政策、外贸管理与关税征缴、州际商务和跨地区的证券期货市场监管等都属于联邦事权。德国《基本法》规定，联邦政府负责货币制造和管理、海关、联邦公路、铁路、航道、高速公路、社会保险、农业政策及州际经济平衡与稳定发展措施等。澳大利亚宪法规定对外贸易和经济合作、发行货币、银行保险业务以及经济调

节与仲裁职能、促进经济稳定化和收入分配公平合理化的政策属于联邦政府事权。

联邦政府与州政府关系逐渐由分离、对抗走向依赖、协作。州政府享有较大的自治权，拥有立法、行政和司法主体权力，以及较大的州经济立法（州税法、公司法和商法）与州内经济调控权力。联邦制国家宪法明示的一般原则是州内经济事务均由州政府负责，联邦不得干涉州内事务，同时州拥有决定州以下地方机构职责的权力，地方机构权力则由州宪法及立法机构授予。一般而言，教育、公路建设、公共福利、医疗卫生、市政公用事业、城市维护与建设等大体上属于州或地方机构预算开支范围。

---

**专栏 3-1 联邦制国家州及地方政府的事权范围**

美国州政府事权包括管理州内工商业与劳工、中小企业发展事宜，兴办大型医疗健保、文化教育事业，修建骨干公路与交通枢纽设施等，州以下地方政府主要负责管理地方教育、卫生、安全及公共设施等。美国各州根据州立法，可以依据州法律登记注册州银行或信用机构，并实施监管。美国还拥有数量庞大的地方自治共同体，负责区域内或跨区提供某项或某几项公共服务。美国公民对于州和地方政府是"用手投票"，但对于旨在提供区域性公共事业服务的自治共同体则是"用脚投票"。

德国各州不仅执行州的法律，也执行联邦法，除少数联邦机构（海关、军队管理等），联邦法律的执行都掌握在州的各个部门，联邦政府只起监督作用。

澳大利亚州政府事权包括地区和城市规划、开展州工商业、信用和银行业务，组织建设并运营州内能源、交通和市政基础设施。

---

在实行地方财政分权管理的联邦制国家当中，美国、德国、加拿大、澳大利亚等国联邦财政集中率均在 50% 左右，联邦政府转移支付占总财政支出的比重并不高，尤其是美国和加拿大不足 20%。1980 年，联邦财政集中度提高到 60% 左右，同时转移支付占总支出的比重也提高到 30% 以上。集中联邦财力在重新定位中央与地方关系方面发挥了重要作用。

从财权看，联邦制主要税种在三级政府之间进行合理分配，联邦、州、地方三级政府都拥有独立的税收立法权与征收管理权、发行的债权，基本拥有各自稳定可靠的自由收入来源，为履行各自事权奠定了基础。伴随分税制改革的推进，联邦预算收入在三级预算总收入中所占的比重不断上升，同时联邦对州和地方政府的财政补贴支出不断增长。在德国，税收立法权基本由联邦政府控制，各州立法规定地方专享税，但多是小税种，各州自有收入来源与规模相对有限①。与此相比，加拿大各省（相当于其他联邦制国家的州）拥有的财权（税源较多、的债权）自主性相对较大。

从财政支出结构看，联邦制国家的联邦、州和地方政府各自拥有相对独立的支出决策权和预算管理权限，联邦支出主要用于国防、社会、医疗和失业保险以及支付国债利息等方面，以及部分交通、通讯、文教、能源、农业、环保、城建等领域。各州（或省）财政支出的重点是改善居民生活的基础设施、文教、治安、健保等方面。联邦制国家走向合作主义之后，联邦、州财政要承担一定的共同支出项目，主要依靠联邦政府给予州政府的补助或资助。联邦制国家的州或省政府普遍拥有一定数量的国有公营企业，在邮政、通讯、供水、供电、垃圾、污水处理等公用事业领域提供公共服务。因为北美和澳洲的联邦制国家拥有的财权相对较大，州或省可以发债解决地方基础设施建设并运营相应的公共机构。德国的州拥有的财权相对较小，《基本法》（1969年修订）规定联邦与州共同承担优化区域经济结构的任务，以消除区域发展差距。

## （四）对我国的几点启示

二战以后，先行工业化国家的政府体系臻于完善，中央（联邦）政府对于财政收入资源的控制不断加强，同时州及地方政府的财政支出责任不断增加，中央（联邦）政府对州及地方政府的转移支付制度的影响不断扩大。在这些方面，无论是单一集中、单一分权还是联邦分权模式下的各国政府改革均呈现出了一些相似特征，对我国未来推进政府改革，尤其是调整中央与地方的关系而言，具有积极的启示和借鉴意义。

### 1. 政府与市场的边界合理

在现代市场国家，政府与市场、与社会、与企业之间存在明确的边界，宪法或宪法派生出的有关法律，都明确界定政府权力可以涉足的事务范围，对于政府权力而言，宪法或法律"非明示则禁止"。政府职能范围集中于明显存在市场失灵，且普遍涉及公共利益的领域，如国防、外交、宏观经济管理、法律和组织制度等，政府必须提供的社会管理与公共服务包括教育、卫生、养老、运输、公共事业、环境保护、安全监管、技术开发与推广等。除了这些领域，

---

① 德国拥有极为发达的市民社会，大量社会公共事务甚至包括社会性基础设施，是由社会公法团组织筹资兴建并运营的。德国的公租房体系便是例证。在德国，提供大量廉租房的主体并非地方政府，而是住房公团，住房公团负责筹资、租赁和监管。

经济运行、资源配置方面，如果政府凭借公权力介入过多，往往会造成干预的代价（行政成本甚至是寻租成本）明显超过收益，且对私域权利（如私人产权）会有较大伤害，故会受到明确的限制。

**2. 中央与地方的事权界定清晰**

现代市场国家，在明确界定政府与市场权力边界的基础上，一般运用宪法或法律明确界定中央（联邦）政府与地方政府的事权范围（权责边界）。尽管每一国家事权划分都有差异，但从总体上看，中央（联邦）、省（邦、州、日本的县）、县（市镇等地方）各自的事权范围都较为清晰，而且对特定事权的内涵、外延、履行程序都有明确规范，特别是当各级政府之间存在共有事权时，一般都会有专门的法律法规对其权责进行明确界定。一般而言，中央（联邦）与地方（州）政府的事权范围有不同的侧重，中央（联邦）政府侧重于宏观调控、社会管理、全国性公共服务供给与国民收入再分配，地方（州）政府则侧重于地方性公共产品供给。

**3. 中央与地方的财事匹配**

鉴于区域性基础设施或公共事务受益范围集中在区域，所以更多事权和财政支出由州或地方机构履行的中央（联邦）政府履行更为有效。在国家总的财力分配格局中，20 世纪 80 年代以后中央集中的财力比重一般在 60% 以上（表3-4），州或地方政府财力不足部分由纵向转移支付予以支持。在处理中央与地方财政关系中，确保中央财权财力上的一定优势是当今世界大多数国家的通行做法。

表 3-4 不同国家中央财力在总的财力分配格局中的比重（1980 年左右）

| 国　家 | 中央集中度 | 国　家 | 中央集中度 | 国　家 | 中央集中度 |
|---|---|---|---|---|---|
| 西班牙 | 90.2% | 德　国 | 64.2% | 以色列 | 97.7% |
| 卢森堡 | 88.9% | 澳大利亚 | 61.3% | 巴拉圭 | 95.4% |
| 新西兰 | 86.9% | 美　国 | 60.1% | 伊　朗 | 94.7% |
| 比利时 | 86.4% | 日　本 | 59.1% | 哥斯达黎加 | 95.8% |
| 法　国 | 84.0% | 印　度 | 53.8% | 智　利 | 91.9% |
| 英　国 | 69.9% | 韩　国 | 66.7% | 泰　国 | 90.6% |
| 奥地利 | 67.6% | 巴基斯坦 | 72.1% | 阿根廷 | 83.5% |
| 意大利 | 65.5% | 马来西亚 | 82.4% | 巴　西 | 76.3% |

资料来源：作者整理。

**4. 加强中央管理和放权地方同步进行**

无论是单一制还是联邦制国家，从 20 个世纪 80 年代开始纷纷开展对地方政府的"放权"行动。单一制国家更多下放的是具体执行责任，而决策和支出责任仍在中央政府；联邦制国家拓展了联邦与州政府共同事权的范围，将很多原属联邦事权的具体执行事务交由州或地方政府执行，同时联邦通过补助、补贴等方式予以支持。无论是哪种"放权"行为都未影响中央财政的集中化趋势，未能削弱中央对地方的监控能力。相反，中央（联邦）政府更多通过经济杠杆而非行政方式介入地方事务，某种意义上讲这是中央（联邦）政府能力增强的表现。由于依据宪法和有关法律明确划分了中央与地方事权范围与支出责任，建立了规范的分级财政与分级预算体制，各级政府依据预算各司其职，通过规范化的分税制与转移支付制度，在保证中央政府财政汲取力和控制力的同时，提高了地方财权（财力）与事权的匹配程度。

# 四、促进政府职能转变取得突破的对策建议

党的"十八大"报告明确了我国经济体制改革的核心是处理好政府与市场的关系，提出了"更加尊重市场规律，更好发挥市场作用"的改革方向。十八届三中全会在此基础上进一步明确提出，要"使市场在资源配置中起决定性作用及更好的发挥政府的作用"。现阶段，随着经济发展方式转变与政府改革的不断深化，政府与市场的权责边界正处于动态调整过程中。应明确凡属于经济系统内在的、市场主体可以自发内部化的外部性问题，应最大限度的交由市场主体完成；凡属于广泛波及民众利益、市场主体无法自觉也没能力内部化的外部性问题，政府应承担起责任，强化其正外部性、抑制其负外部性。就政府职能而言，要逐步取消或下放行政审批权，同时强化市场监管。为达此目的，须调整中央与地方关系，建立事权和支出责任相适应的体制。

## （一）宏观管理应抓大事、谋长远、顾全局

宏观管理涉及整体经济发展趋势判断、中长期战略发展规划、全国统一市场、跨省区公共服务以及全局性体制改革等问题。这些管理职能并非单个部门或省市地方政府能够履行的，需要建立或完善高层次统筹协调机制。通过职能调整把政府掌握的资源集中于重点领域和关键环节，从而提高科学性与权威性。

**1. 加强中央政府战略规划和宏观调控职能**

深化转变经济发展方式是我国中长期发展的核心战略。针对未来 10~20 年可能加剧的老龄化问题以及可能出现的水资源和能源枯竭等问题，应结合我国自身比较优势的变化情况，制定面向 2030 甚至是 2050 的老龄化社会发展战略、资源能源安全战略、科技革命与创新服务战略、服务型政府转型战略等。在中长期战略指引下，切实提高政府五年规划的科学性和指导性，整合部门规划制定职能，提高规划落实的统筹层次，集中清理以"批规划"、"批改革试验区"之名行"批项目"之实的问题，为行政审批权下放及成效巩固提供保障。

我国宏观调控职能体系远比西方成熟市场经济国家复杂，在解决总量问题的同时，需兼顾体制改革进程和相关结构性问题。宏观调控目标应由稳增长、控物价的双重目标体系，过渡到稳增长、控物价、促就业、保持国际收支平衡等多重目标体系，既要调节总供求平衡，又要关注产业结构和需求结构优化问题。近年来，我国低成本劳动力等比较优势逐步消失，已步入减速换挡期，经济发展过程中成本推动型通胀压力如影随形，兼顾保增长和稳物价的双重目标已较为困难，调控平衡更多目标的难度可想而知。在宏观调控政策手段中，应剔除价格限制冻结、要素指标控制等过于微观的直接干预手段，进一步加强货币、财政、产业政策等工具之间的分工协调。近年来，我国总供求矛盾发生明显变化，地方政府投资与补贴推动型产能过剩成为掣肘经济结构转型的顽疾，应在抑制各类产能扩张与扩大消费需求方面"双管齐下"，探索建立针对产能的窗口指导业务，并探索将其纳入宏观审慎监管范畴进而成为广义宏观调控工具的可能性。

**2. 调整投资消费领域政府市场关系**

当前背景下，靠增加政策投资等刺激政策拉动经济的空间越来越小，相比之下，民间投资还有相当大的潜力。当务之急是继续对投资领域的微观职能"做减法"，最大限度减少投资审批、核准、备案项目数量、简化程序。一方面，应削减政府投资，提高投资的集中度、指向性，政府投资只用于市场手段无法配置的领域，遏制盲目扩大城市规模的"造城运动"和脱离实际的基础设施扩建。另一方面，对于社会民间投资降低门槛、减少管制，对于必须要管的项目，如外部性很强（高能耗或可能引发环境污染）的投资项目，要建立规范的制度，完善对环评、规划、土地、安全生产、清洁生产等的管理，并落实监督考核机制。对政府投资管理职能"做减法"，有助于从根本上解决民间投资无处投、进不去、稳不住的体制痼疾，切实提高投资质量与效益，合理优化总需求结构，增强经济发展的内生动力。

在消费领域，政府直接干预市场微观运行的行为明显少于投资领域和生产环节，在职能转变过程有必要"做加法"。职能重心调整应侧重增强收入分配调节与社会保障统筹职能，以避免市场自发调节对中低收入阶层利益的损害。调整收入分配格局应着力增加居民可支配收入，职能应侧重完善各类产权制度，落实国民作为国有资产保值增值受益主体的地位。社保统筹职能的落实应体现在，降低中低收入阶层自付比例与实际支出，全面提高保障水平与质量。这两方面的职能落实，有助于解决民众消费的后顾之忧，提高主动消费意识与实际消费能力。同样，在消费领域政府职能也需要削减。近年来，政府引导消费方向、调节消费结构时陆续出台各类"限购令"，此类政策对于确因过度投机而导致的市场过热有一定效果，但对于因供给不足或供求结构失衡导致的问题基本没有作用。而后一类问题是当前我国消费领域的常见问题，政府职能重心应从"堵"向"疏"转变，在没有确切证据表明是由过度投机引发市场非理性抢购时，不宜直接采取行政手段限制消费。

### 3. 理顺产业和区域方面的政府与市场关系

在产业发展领域，政府职能调整的方向是，削弱引导、扶持具体行业甚至是某项技术或产品的职能，转向营造公平竞争的市场环境、与国际接轨的知识产权保护体系，全面放权让市场优胜劣汰机制充分发挥作用。政府应取消所有制歧视、企业规模歧视、不再通过行政指令采取"拉郎配"方式组建企业集团。行业主管部门应加强自律，主动切断与企业的微观利益纽带，彻底脱钩并清查其享有的各类隐性特权，这是破除行政垄断的根本。

在科技创新方面，政府机构应鼓励各类创新型企业加入公共基础研发平台，职能从主导转变为配套服务，不再垄断基础研发工具或成果，不再"越俎代庖"替企业选择产品、供应商和流通渠道。减少科研成果政府评奖活动，削减工程技术基地、实验室与技术中心等新增认证、授牌数量，各类产业园区不再考核企业专利与标准年度申请数量，切实降低企业自主创新的门槛。针对我国高智力劳动密集的新比较优势日渐形成的情况，应对创新服务业这类服务于创新全过程、有利于经济结构转型的新兴业态进行规划布局，引导高学历高智人力资源进入创新服务业。

在协调区域发展方面，应削减政府有关部门直接跨区域调度、调配资源要素，直接设立并运作产业转移项目的职能，转变为支持不同区域之间以企业为主体、基于互惠共赢原则自发展开合作。既要选择性鼓励现代服务业及其他新兴业态在东部沿海地区加速发展，又要协调解决中西部地区引智引资过程中碰到的体制机制问题。减少国务院各部委为区域性产业基地、产业集群新增挂牌的数量，更多依靠市场分工协作机制孕育贴近市场真实需求的产业集群，将产业集群竞争优势的评价权力交还给市场。政府职能应由直接牵头建设产业基地和特色产业集群，转变为搭建公共技术信息交流平台，推进公用事业设施和公共服务配套体系建设。

在改革价格机制方面，在具有竞争潜质的资源市场领域，应引入竞争机制，让价格在市场竞争中形成。不适于或者不具备条件引入竞争机制的领域，必须加强和改进政府价格管理。同时，建立资源环境有偿开发和使用机制，确立相应的资源价值补偿机制。进一步完善资源产权所有制度，尤以自然资源（土地、矿产等）的还权、确权最为重要。推动资源税费制度改革，实现资源初始价格和附加价格的税收政策调整。为加速"两高一资"行业去产能、调整优化产业结构、平衡内外需求以及实现经济社会可持续发展等战略实施提供体制保障。

**4.优化公共服务与社会管理领域的政府与市场关系**

推进官办组织政社分开，为职能下放创造有利条件。官办社会组织应在机构、财务和人员等方面与政府部门彻底脱钩。政府部门应减少对社会组织的具体干预，让社会组织管理团队自理业务活动和财务收支。充分发挥社会组织在就业服务、技能培训、资质认定、信用评估、环境保护、社会救助、法律援助等方面的积极作用，为政府相应行政审批权或其他微观管理职能下放创造社会承接主体。

拓展多元化公共服务供给方式，完善社会治理体系。政府应及时向社会还权授权，给予社会组织更多活动空间，并为社会组织自治能力增长创造良好的经济社会环境。可考虑采用合同外包、特许经营、发放公共服务凭证以及补贴私营部门投资公共项目等市场化方式，提高基本公共服务供给数量与质量，而将优质的非基本公共服务更多交由市场提供。应进一步整合基层资源，强化城乡社区服务体系，健全新型社区管理与服务体制。

## （二）微观管理应减审批、强监管、建机制

就政府微观管理职能的实现方式而言，下放行政审批权和加强市场监管是"一枚硬币的两面"，连接两方面职能转变的纽带是健全规则体系。减审批，就是要破除阻碍经济发展方式转变的壁垒；强监管，就是要保障经济发展方式转

变的微观基础。当前行政审批权下放是落实此轮政府职能转变的重要抓手，取消和下放审批权不是为了放而放，而是要以此推动政府改革，降低制度交易成本，将改革红利释放出来。

**1. 明确强化市场监管职能的重点领域**

经济性职能应当逐步削减，明确应保留的也应更多采取市场化的方式。例如，充分发挥行业协会、消费者权利保障机构等非政府组织的作用，辅助市政公用事业监管机构加强对各类所有制企业的柔性监管。某些市政公用事业产品和服务的市场区域基本固定，消费群体相对集中，存在消费者直接监管的条件，可以适时扩大消费者代表委员会直接参与经济性监管的试点。

**2. 完善公共服务和市场监管的规则体系**

规则体系的完善是确保行政审批权下放到位、监管职能落实到位的重要保障。包括两个层面，面对市场主体，建立公正、客观、透明的国家标准管理体系与市场主体行动指南，针对政府内部机构，建立统一、规范、有效的综合绩效考核评体系。一方面，建立完善基本公共服务均等化的国家标准，对义务教育、公共卫生与基本医疗、基本社会保障、住房保障、公共就业等基本公共服务制定全国性最低标准，确定基本公共服务差距控制的约束性指标。把公共服务数量和质量指标纳入政府绩效考评体系中，并且逐年提高其权重。将综合公共服务绩效评估与各级干部选拔、任用和内部激励结合起来，建立严格的公共服务问责和监督机制。另一方面，要完善竞争政策相关法律规则体系，一是构建完善《反垄断法》体系，包括配套的行政法规、规章、指南、司法解释以及实施细则等，从根本上缓解由于制度规则供给不足导致的执法困境。二是推动食品药品安全、安全生产、环境保护领域社会性监管标准的全国统一并与国际接轨，以消除多重标准与市场歧视，切实提高标准执行的权威性、独立性与专业性。

**3. 建立职能完备、分工合理的组织体系**

协调解决综合经济管理部门、行业主管部门、独立监管部门之间管理职能交叉重叠的问题，监管层级和职能分工设计应以行业技术经济特性及财政责任为主要依据。完善公共服务绩效监管体系，落实监管规则、监管内容、监管程序和监管标准，加强对财政资金和公共资源使用的全过程监管。整合业务相同或相近的标准检验、检测、认证机构，推进检验、检测、认证服务社会化、市场化，取消其与所属部门的隶属关系，落实事业单位分类改革要求，促进第三方技术型服务机构公平竞争。

## （三）完善事权和支出责任相适应的中央与地方关系

明确各级政府职能转变的侧重点，合理划分中央与地方的公共服务职责，构建统一高效的公共服务体系。我国地区之间经济社会发展不平衡，地方政府熟悉本地情况，应该通过合理而适当的放权激励地方政府和相关机构承担更多关乎本地民生的管理服务。

**1. 适当集中经济社会发展规划制定权力**

中央应更多承担中长期规划决策职能，而各级地方政府应承担更多执行职能。应以制定国家"十三五"经济社会发展规划为契机，解决地方规划与中央规划脱节甚至中央规划被架空的体制机制问题，省以下行政主体（不含省）尤其是经济规模较小的县市不宜再搞区域发展综合规划，职能重点应转向落实省级规划涉及的地区项目和事务。

**2. 适当增加公共服务领域中央事权与支出责任**

要按照中央、省、县（市）三级框架划分各级政府事权。中央政府应完善公共卫生、社会安全等突发事件应急管理与问责体系，通过制定法律法规、方针政策和国家标准，监督全国性基本公共服务供给数量和质量，协调跨省区的基本公共服务供给（专栏3-2、表3-5）。

鉴于目前实际情况，应当适当上移义务教育、公共卫生、社会保障等基本公共服务的支出责任，5年内争取到省级层面、10年内争取到全国层面实现统一的均等化标准。中央政府有责任对省级政府落实基本公共服务均等化效果进行监督检查，并作为考核省级政府业绩的重要指标。省级政府不仅需要平衡本级财政收支，还需确保辖区内县（市）基本公共服务均等化的财力平衡。省级政府有责任对县和市辖区政府落实基本公共服务均等化进行监督检查并进行绩

---

**专栏3-2　全国性、区域性、地方性公共服务**

中央政府提供全国性公共服务：国家安全、海关；铁路、民航、国道、航运、邮政、电信、电网；全国广播电视和气象、国家级公共设施（如国家公园）、国家级科研（如航空航天）；社保代码全国通用、养老金全国统筹等。中央和地方政府的共同职责是提供跨区域性公共服务：公共教育、卫生医疗、社会保障、环境保护、扶贫开发；跨省区的道路、交通、基础设施、资源保护、灾害救助等。地方政府提供地方性公共服务：地方性的道路、交通、治安、文体设施、住房保障；供水供电供气等公用事业；城市规划建设、环境卫生、垃圾处理等。

表 3-5　政府经济职能在中央与地方之间的划分

| | 中央政府 | 地方政府（省及以下政府） |
|---|---|---|
| 全国性基本公共服务 | 国防、外交、全国安保；全国经济社会中长期发展战略、规划，基本公共卫生、义务教育、基本住房保障、基本社会保障与社会福利的标准体系与出资决策；全国铁路、民航、公路交通、邮政、通讯等公用事业设施网架建设；自然资源和能源基地保护与利用 | 省及以下政府执行中央经济社会发展规划，省以下执行、落实省级规划；基本公共卫生政策、义务教育政策、基本住房保障政策、基本社保政策等的属地执行；经授权保护与合理开发利用国有土地、森林、矿产、油气田资源 |
| 跨区域性基本公共服务 | 涉及多省区的雾霾、流域、土壤污染问题；跨省区基础设施如长距离输电、输油、输气以及省际交通联络线建设 | 配合中央治理跨区域空气、江河、土壤污染 |
| 区域性基本公共服务 | | 辖区内供水、供气、供电、供热、公共交通、排污、垃圾无害处理等公用事业基础设施建设、运营与维护；辖区内治安、消防；辖区内土地、水域污染防治 |

资料来源：作者整理。

效考核。县（市）政府无权确定或修改基本公共服务标准，只负责经授权执行辖区内基本公共服务。县（市）政府应整合所有能够提供公共服务的机构，建设面向居民或农民的统一公共服务平台，并结合本地实际情况着力拓宽公共服务供给渠道，更多委托市场或社会组织承担，以提高供给效率。

**3. 完善中央与地方的监管职能体系**

对具有明显跨区域特征的经营活动，监管责任应明确由中央政府承担、各地政府参与协同执法。针对具有地域特征的经营活动，可授权地方政府开展监管执法，必要时也可将监管执法权下放给地方。应给予各级监管机构足够的正向改革激励，并加强内部监督，避免监管机构被垄断企业俘获。亟待通过规范听证会制度，提高各地执法过程的透明度，减少监管机构与公众之间的信息不对称。

在中央层面加强公共服务监管议事协调职能，提高教育、医疗、就业、社保、环保等覆盖全民的公共服务以及外部性波及全国的重点领域的监管职能统筹层次，对全国基本公共服务供给的最终效果负监管责任，将社会性监管指标全部纳入各级政府考核体系，必要时实行"一票否决制"。在地方层面，逐步将金融、工商登记、税收、社保、收费、交通违章等信用信息纳入统一的信用信息平台，为加强社会性监管基层执法创造基础条件。

规范整合地方公用事业监管职能，地方政府负有管理辖区内供水、供气、供电、供热、公共交通、排污、垃圾无害处理等公用事业基础设施建设、运营与维护的职责。应明确政府是签署公用事业领域特许合同的责任主体，对确已存在民营化过度的领域进行及时纠正。探索设立区域性或地方性公用事业综合监管机构（委员会），统一对口中央各领域经济性监管任务，综合承担水、电、气、热、公交等公用事业领域的准入、投资、成本、价格、标准、质量等监管执法职责，以便因地制宜更好地开展工作。地方应结合实际情况，建立多层次、多元化的公用事业监管体系，充分发挥行业协会、消费者权益保障组织的自律与监督作用。

## （四）完善推进改革的保障措施

调整政府与市场、中央与地方关系，深化政府改革的方向已较为清晰，但要想在政府职能转变方面取得实质性突破，应完善推进改革的相关保障措施。

首先，完善改革领导协调机构，优化顶层机制设计。进一步突出"全面深化改革领导小组"统筹改革总体设计、整体推进、督促落实的职责定位，持续深化各领域的体制改革提供有力保障。在改革方案决策及执行过程中，应引入专家审议与相关利益方协商机制，并建立常态化的工作机制，避免运动式放权或收权，增强改革决策科学性与有效性。

其次，建立相关考核约束机制，防止审批权反弹。集中清理非行政许可审批，梳理违背《行政许可法》的政府部门规章条例，统一各类行政许可事项名称。要明确行政许可的实施程序与条件，加强行政许可的信息公开、电子政务及过程监督，全面落实行政许可听证制度、问责制度。明确行政审批权下放的部门首长负责制，完善审批责任追究制度，确保审批权力与责任挂钩、与利益脱钩。优化改革效果考核评价机制设计，将行政审批改革效果的评价权力交给市场，探索更加具有针对性和可操作性的奖勤罚懒手段。

**参考资料：**

曹海军：《国家能力建设的理论内涵与制度变迁》，《中共福建省委党校学报》2007年第4期。

迟福林等：《推进以公共服务为中心的政府转型——转变经济发展方式背景下政府职能转变的目标与任务》，中国海南发展研究院内部研究报告，2012年9月。

何鹏举：《论政府职能转变与服务型政府职能的重构》，《理论前沿》2007年第20期。

胡鞍钢：《第二次转型：国家制度建设》，清华大学出版社 2003 年版。

厉以宁：《计划经济体制与中国经济体制改革》，《中国发展观察》2008 年第 8 期。

林仲豪：《政府作用、国家能力及政府行政规制失灵的原因分析》，《广东社会科学》2008 年第 4 期。

王绍光、胡鞍钢：《中国国家能力报告》，辽宁人民出版社 1993 年版。

吴敬琏：《让历史照亮未来的道路：论中国改革对市场经济方向》，《经济社会体制比较》2009 年第 5 期。

张卓元：《深化政府改革是转变经济增长方式的关键》，《经济纵横》2006 年第 9 期。

周志忍：《政府绩效评估中的公民参与：我国的实践历程与前景》，《中国行政管理》2008 年第 1 期。

青木昌彦等：《政府在东亚经济发展中的作用》，中国经济出版社 1998 年版。

默里•L•韦登鲍姆：《全球市场中的企业与政府》，上海三联出版社 2002 年版。

乔•沃立斯等：《政府失灵、社会资本以及新西兰公共部门改革模式对发展中国家的适用性》，《上海行政学院学报》2004 年第 1 期。

世界银行主编：《1997 年发展报告：变革世界中的政府》，中国财政经济出版社 1997 年版。

# 分报告四:转变经济发展方式与中央和地方财政关系研究

财政职能是政府经济职能在财政领域中的体现,中央与地方各级政府之间的财政关系,既受制于各级政府之间的职能划分,又会对政府职能带来重大影响。政府职能划分不清,财政支出责任区分不明,中央政府职能与地方政府职能"同质同构",会固化各级政府对现行经济发展方式的路径依赖。党的"十八大"对构建新时期新型的中央与地方财政关系提出了新的更高的要求。因此,应按照建立健全社会主义市场经济体制的总体框架设计,科学界定各级政府职能分工,划分好各级政府财政支出责任,并逐步建立与之相匹配的一套体系,为正确处理政府和市场关系、转变经济发展方式创造必要的体制条件。

## 一、政府职能划分不清是导致"转方式"艰难的关键症结

### (一)政府职能与财政职能

#### 1. 财政职能是政府经济活动的基础

研究财政与经济的关系,也就是研究政府在参与社会分配过程中对社会经济活动和政府经济责任的基本影响。通常认为,现代国家的政府具有三大经济职能,即资源配置、收入分配和经济稳定。政府职能往往借助于财政政策、货币政策或法令规章等行政手段加以实现。因此,政府的经济职能在财政政策领域也被称为财政的经济职能,或者财政职能,在财政范畴中一般通过预算、支出、税收、公债等政策工具,体现出政府干预经济的效率、公平和稳定三大基

本原则。

**2.对市场缺陷认识的深化使政府职能体现出不同的职能级别**

市场缺陷或者市场失灵是政府干预经济、担负重要经济责任、发挥政府经济职能的基本理论依据。政府干预经济活动，存在两个必要的基本前提：一是确定市场缺陷，鉴定某种需求因某种原因不能通过市场机制来满足；二是决定政府措施，确定政府为克服市场缺陷、满足人民需求所要采取的手段和工具。

人们对市场缺陷的认识经过了一个由浅入深、由片面到比较全面的不断深化的过程，从而政府在发挥其对经济的干预功能方面，在整体上也经历了一个从着重履行基本职能或者初级职能，到逐步履行中级职能和高级职能的过程，由于经济发展阶段、社会制度和文化传统等各有不同，世界各国对于不同级别的政府职能的侧重点也不完全一致。

为社会提供必要的公共品，通常被认为是政府最基本的经济职能，具体包括国防、外交、宏观经济管理、法治、公共卫生、扶贫等。中级政府职能，重点涉及解决外部效应、规范垄断行业、克服信息不对称以及保护弱势群体、提供社会保障等领域。高级政府职能，则要在协调市场活动、收入再分配、保持经济稳定等方面发挥更加积极的作用。

**表 4-1　市场缺陷与政府职能分级**

| 政府职能领域 | 政府作用依据：市场的缺陷 | | 政府的作用及职能分级 | |
| --- | --- | --- | --- | --- |
| 资源配置 | 市场不完全 | 信息不对称 | 克服信息不对称 | 中级职能 |
| | | 资源在部门之间转移受到限制 | 协调市场活动 | 高级职能 |
| | | 垄断因素扭曲商品与劳务的相对成本 | 规范垄断行业 | 中级职能 |
| | 外部效应 | | 解决外部效应 | |
| | 不能有效提供公共品 | 纯粹公共品 | 提供纯粹公共品 | 基本职能 |
| | | 准公共品 | 提供准公共品 | |
| 收入分配 | 对"无生产能力"者的漠视与无情 | | 保护弱势群体，提供社保 | 中级职能 |
| | 垄断与机会不平等 | | 规范垄断行业 | |
| | | | 促进市场发育和再分配 | 高级职能 |
| | 私有财产制 | | 保护弱势群体，提供社保 | 中级职能 |

续表

| 政府职能领域 | 政府作用依据：市场的缺陷 | 政府的作用及职能分级 | |
|---|---|---|---|
| 经济稳定 | 垄断使竞争不充分 | 充分就业 | 高级职能 |
| | 消费倾向、流动性偏好资本边际效用变动，使总供求水平不稳定 | 物价稳定 | |
| | | 有利的国际收支 | |
| | | 适当的经济增长 | |

资料来源：作者整理。

### 3. 各级政府能力不同决定其财政职能侧重点不同

由于公共品的受益范围存在重要差异，各级政府的管辖范围和经济干预能力也存在明显差别，因此，在多级政府的政权结构下，各个级别的政府职能在不同层级政府的事权安排方面也并非是平行配置，而是根据各级政府的职能特点，结合公共品的受益范围和矫正市场失灵的难易程度综合予以搭配，形成上下错落有致的事权结构。

对于受益范围越广、受益人越不容易区分、外部效应范围越大、越高级的经济干预职能，越需要更高级别的政府来履行相应的职能。譬如教育领域中的义务教育、医疗卫生领域的基本医疗，受益范围具有明显的外溢性，需要高级政府甚至中央政府来履行基本职能。全国范围内的纯粹公共品的提供，如国防、外交等，显然属于中央政府的责任。而比较容易确认的地方性公共品，如治安、地方公共卫生等，划为地方政府责任则更具效率。由于涉及财政政策、货币政策、国际贸易政策等的协调与搭配，将经济稳定职能划归为地方政府显然是不适当的（由于省级政府职能和责任在我国一般远大于地方政府中其他各级政府，为了强调省级政府在地方政府中的重要作用，本文在表述中有意将省级政府从地方政府中单列出来表述，除另加说明外，本文正文中的地方政府均指省以下各级地方政府，不包括省级政府），而选择省级政府配合下的中央政府职能责任制实属必然。

在单一制政府体制下，越高层级的政府担任的经济职能越广泛，这主要是由于从本质上说，低层级的政府事实上是高层级政府的代理机构，中央政府对地方政府的行为有最终"兜底"的责任。这一点与联邦制政府体制存在着重要区别。

作为中央政府的委托代理机构，并不意味着地方政府应当承担与中央政府完全相同的政府职能，也不意味着中央政府可以将其所有政府职能全部委托给地方政府来代为行使，地方政府的职能范围应当充分遵循"能力原则"，确立其基本的职能范围，最终形成中央政府、省级及省级以下各级地方政府职能相互配合、相互补充、相得益彰的政府职能框架体系。

表 4-2　财政职能在各级政府之间的划分

| 政府职能 | | 财政功能途径 | 发挥决策作用的政府层级 |
|---|---|---|---|
| 基本职能 | 国防 | 运用财政支出弥补其生产不足，通过税收为增加其供应而筹资 | 中央政府 |
| | 外交 | | |
| | 宏观经济管理 | | 中央、省 |
| | 治安 | | 地方政府 |
| | 公共卫生 | | |
| | 扶贫 | | 中央、省、地方 |
| 中级职能 | 解决外部效应 | 通过征税使外部负效用内在化，通过财税优惠对外部正效用减税或进行财政补贴 | 中央、省 |
| | 提供准公共品 | 财税转移支付制度：按支付能力原则征税，按受益能力原则转移支付；用累进所得税收入用于公共事业投资，对奢侈品征收高税，对日用品进行补贴 | 省、地方 |
| | 保护弱势群体提供社保 | | |
| | 规范垄断行业 | | |
| 高级职能 | 协调市场活动 | 财政在就业和物价方面具有自动稳定功能，财政稳定功能与国际收支相联系，财政稳定关系经济增长；改革税制、更改支出预算、财政政策与货币政策相互配合 | 中央、省 |
| | 促进市场发育 | | |
| | 再分配 | | 中央、省、地方 |
| | 充分就业 | | 中央、省 |
| | 物价稳定 | | |
| | 有利的国际收支 | | |
| | 适当的经济增长 | | |

资料来源：作者整理。

## （二）我国政府职能和各级财政支出责任不适应市场经济需要

### 1. 政府履行职能的"优先序"不符合市场经济规律

从财政对政府职能反作用的角度看，政府在履行经济社会职能时，基本职能和中级职能领域欠账太多，高级职能领域服务不足和干预过度同时并存。

除距离居民日常生活比较远、除非发生某些重特大事件而不容易准确判断其投入是否过多或者过少的国防、外交等纯粹公共产品外，宏观经济管理中的市场监管职能弱化、公共卫生中的基本医疗保障严重不足、治安环境恶化和扶贫脱贫治理水平不高等都说明各级政府在履行基本职能方面的责任和能力有待进一步提高。对基础教育等正外部性事务投入不足，对诚信缺失、侵犯知识产权等具有负外部性的事件打击惩戒不力，弱势群体生活困难、利益难以得到充分保障，垄断行业和垄断行为盛行等，都说明各级政府在履行中级职能方面有待进一步强化。

尽管我国政府在高级职能领域中的表现通常被认为要优于其在中级职能和初级职能中的表现，但是，从总体来看，高级职能领域中的服务不足和干预过度问题同样值得关注。土地要素市场垄断和过度市场化同时并存，劳动力要素市场化有余而对劳动者的利益保护不足，经济增长过度依赖外需；政府对再分配的调节力度严重不足，对劳动力的就业干预缺乏有效手段，对人才市场缺乏具有法制化、规范化的政府服务和干预系统等。

**2. 各级财政支出责任交叉重叠**

除外交、缉私警察、国防支出责任比较明确，几乎全部为中央政府支出责任，城乡社区事务基本属于省及地方政府支出责任外，我国其余财政支出基本属于中央和省及地方的共同责任，没有形成权利义务分明、责任错落有致的有序格局。

从各职能领域中央政府和省及地方政府的支出责任比例情况看，在科技、社保和就业、农林水事务、交通运输、金融监管、住房保障等领域，中央政府和省及地方政府的支出责任基本对半分配；武警、节能环保、粮油物资储备、国债付息支出等支出责任主要以中央为主，而公安、教育、文体与传媒、医疗卫生、资源勘探、电力信息、商业服务业、国土资源气象等事务中的支出责任则主要以省及地方为主。尤其是经济增长责任的不适当下移，使省及地方政府承担了较大比例的经济建设支出责任，从而导致省及地方政府职能与中央政府职能雷同有余而错落搭配不足。

表4-3　2012年全国财政决算中央政府支出占比　单位：%

| 项　目 | 中央支出 | 中央本级支出 |
|---|---|---|
| 一般公共服务 | 10.47 | 7.86 |
| 外交 | 99.57 | 99.57 |

| 项　目 | 中央支出 | 中央本级支出 |
|---|---|---|
| 国防 | 97.22 | 96.85 |
| 公共安全 | 26.44 | 16.64 |
| 教育 | 17.80 | 5.19 |
| 科学技术 | 51.46 | 49.64 |
| 文化体育与传媒 | 21.81 | 8.53 |
| 社会保障和就业 | 45.72 | 4.65 |
| 医疗卫生 | 28.27 | 1.03 |
| 节能环保 | 67.44 | 2.15 |
| 城乡社区事务 | 4.91 | 0.20 |
| 农林水事务 | 50.08 | 4.20 |
| 交通运输 | 48.44 | 10.54 |
| 资源勘探、电力信息等事务 | 21.72 | 10.73 |
| 商业、服务业等事务 | 34.32 | 1.46 |
| 金融监管等事务支出 | 55.82 | 45.63 |
| 国土资源、气象等事务 | 28.65 | 17.90 |
| 住房保障支出 | 58.08 | 9.17 |
| 粮油物资储备事务 | 71.96 | 46.88 |
| 国债付息支出 | 78.17 | 78.17 |
| 总　计 | 50.91 | 14.90 |

资料来源：中华人民共和国财政部《2012年全国公共财政支出决算表》，http://yss.mof.gov.cn/2012qhczjs/201307/t20130715-966210.html。

注：表中数值根据2012年财政决算计算得出。其中，按照现行财政统计口径，中央支出不仅包括中央本级支出，还包括中央补助省及地方支出，中央本级支出和中央补助省及地方支出两部分均统计在中央支出的范围之内。

## （三）政府职能划分不清最终导致转方式困难重重

**1. 政府职能交叉重叠导致出现的问题上下"同质同构"**

短期运行层面：总需求方面过度依赖投资和出口。经济建设职能过度下移，导致省及省以下地方各级政府工作重心往往过度集中于经济增长，以加快投资和促进出口增长等相对比较容易调控的工具和手段，一味追求比较表象化、简单化的经济增长速度，而经济增长的质量和效益、优质的社会管理和服务、基本公共服务的均等化和全覆盖等更为本质和更为贴近居民基本需要的政府职能，却难以得到重视和强化。

长期体制层面：要素投入方面忽视收入分配和鼓励创新不足。中央和省及地方各级政府的职能范围缺乏清晰界定，职责范围的交叉重叠，导致中央和省及地方各级政府自觉不自觉地履行比较简单的职能而有意或无意地回避比较复杂的政府职能。譬如在要素投入领域，中央和省及地方各级政府一般比较注重经济总量的增长，但是对劳动、知识、技术、管理、资本等生产要素之间的结构优化普遍关注不足，对要素之间形成比较合理的分配关系缺乏手段，对现行财政金融经济制度和其他有关经济体制形成路径依赖，对改革和创新意愿不高等。

中期产业层面：总供给方面干预市场过度和市场监管不足同时并存。中央和省及地方各级政府职责划分不清，导致政府在履行基本职能的过程中，往往会形成按照趋利原则对市场过度干预和必要监管不足同时并存的局面。譬如在总供给方面，为了促进经济增长，中央和省及地方各级政府往往将更多精力专注于如何促进产业发展、构建现代产业体系，但是对于如何建设资源节约型、环境友好型社会，如何促进城乡区域协调发展，如何统筹城乡发展一体化，如何在经济增长过程中建设生态文明等，往往关心不足、办法不多，效果也不佳。

**2. 财政支出责任不科学不规范导致经济社会发展不可持续**

社保与民生领域历史欠账较多。长期以来，我国社保制度和就业政策覆盖范围窄、保障水平低，不仅城乡存在严重的二元结构，即使城镇范围内部不同人群之间也存在巨大差异，历史欠账颇多。这种局面的产生，除受到经济发展水平还不够高的影响外，中央和省及地方财政支出责任划分不合理也是个重要原因。目前，社会保障和就业中的财政支出责任省及地方政府占54.28%，而医疗卫生和教育的财政支出责任省及地方政府更是占71.73%和82.2%，在省及地方政府财政自给率普遍较低的情况下，社保和民生领域过高的地方政府财政支出责任的配置，从根本上不利于改善民生。

城乡统筹、城乡一体化发展困难。在地方政府普遍缺乏直接的政府收入来源的情况下，城乡社区事务中省及地方政府所占95.1%的财政支出责任，不利于城乡统筹发展。而农林水事务中省及地方政府所占50%的财政支出责任，总体上也不利于城乡发展一体化。

资源枯竭、环境制约因素加重。省及地方各级政府过分执着于履行经济增长职能，最终导致资源不可持续、环境污染事件频发、环境质量急剧下降。同时，中央政府和省及地方政府资源环境领域中不适当的财政支出责任划分，更是加剧了事态的恶化。目前，节能环保领域中的财政支出责任，中央占67.44%，而省及地方仅占32.56%，总体不利于事态向好的方面转化。

**3. 分税制财政体制导致省及地方财政对现行发展方式路径依赖**

上级政府发挥主要财政职能并不必然要求上级政府具体生产公共品，上级政府的财政职能很多需要委托下级政府具体实施，相应的财政支出责任需要通过转移支付或者明确划分地方政府财权来解决。从中央财政支出和中央财政本级支出之间的区别看，目前我国中央财政对省及地方财政实行了比较大的财政转移支付。以2012年为例，我国中央财政对省及省以下各级财政的转移支付比例总体上达到了公共财政支出的36%，部分领域中央政府的对下转移支付比例则更高。其中，节能环保领域65%，住房保障领域49%，农林水事务46%，社会保障和就业领域41%，交通运输领域38%。相关领域的中央政府财政转移支付，除在一定意义上代表中央从上到下纵向的财政补助关系外，在绝大多数情况下并不一定代表中央政府职能对下级政府的委托代理关系。

中央和省及地方政府职能同构导致地方政府财政支出压力巨大，分税制所形成的财力不断上收局面，以及不透明、不规范、运行成本高、效率低下的财政转移支付制度，无疑加重了地方政府的财政困难。从中央政府和省及地方政府的财政收支关系对比情况看，中央政府收多支少、地方政府支多收少，地方政府缺乏收入主动权，且支出压力巨大，是导致现行经济发展方式难以根本转变的重要原因。以2012年为例，中央政府在公共财政收入中的占比为48%，中央本级在公共支出中的占比为15%，中央政府收入相当于其支出规模的三倍多；省及地方政府在公共财政收入中的占比为52%，但其在公共支出中的占比为85%，这相当于省及地方政府支出不足近40%，需要依靠中央政府的转移支付。虽然中央政府的转移支付最终能够满足地方政府的支出需要，但是来自于中央的这部分转移支付对于地方政府来说显然并不具有支出自主权。如果同时考虑到中央对地方的转移支付中，仍有很大比例需要地方政府从自有财政收入中对转下来的资金进行配套，那么，省及地方政府具有自主支配权的支出比例则会远低于52%（据笔者判断，至多只有30%左右，这一比例恰与具有收支自主权的"土地财政"在省及地方政府收入中的比例大体相当。因此说，中央与省及地方政府之间的博弈，其核心是"收支主动权"的争夺，而不是收支规模本身那么简单）。转移支付收入与税收收入、"土地财政"收入等对于地方政府来说意义完全不同。在严重缺乏法治化的税收收入来源的情况下，地方政府完全掌握收入主动权的"土地财政"应运而生，而且在规模方面大体相当于中央政府对省及地方政府的转移支付规模。"土地财政"的存在，进一步加剧了地方政府对现行经济发展方式的路径依赖，使"转方式"变得更加困难。

以间接税为主的税收制度，强化了地方政府着力从经济增长中获取财政收入、重视经济增长而忽视公共服务的利益倾向，发展方式存在路径依赖。2012年，我国增值税、消费税、营业税、关税等间接税收入占公共财政预算税收收入总额的近70%，说明在我国现行的税制结构下，间接税税种是我国的主要税收收入来源。由于间接税依托于纳税人的经济流水进行征收，随纳税人经济流水而涨落，而纳税人的经济流水决定了经济的总体规模和相应的经济增长速度，所以，为了获得更多的间接税收入，做大做强经济规模，提高其经济增长速度，就成为地方政府自然而然的利益倾向，长此以往形成路径依赖。

# 二、转变经济发展方式对构建新型中央 和地方财政关系的新要求

党的"十八大"报告指出，"深化改革是加快转变经济发展方式的关键"，并进一步确立了我国政府体制改革的目标，即：创造良好发展环境，提供优质公共服务，维护社会公平正义。这就为构建新时期的新型央地财政关系提出了新要求。

## （一）构建新型央地财政关系必须明确各级政府职能范围

"免费搭车"、外部性、信息不对称等市场缺陷决定了在市场体制下市场机制并不总是有效，政府作为市场的对立面存在和发挥作用有其必然性。在多级政府体制的框架下，尽管政体不同，各级政府职能重心会有较大差异，但是，清晰划分各级政府职能，保持政府职能之间的协调与配合，却是有效发挥政府职能的基本前提。

除国防、外交等必须在全国范围内行使的政府职能一定要由联邦或者中央政府统一行使外，对于其他的政府基本职能，如经济监管、治安、公共卫生、扶贫等，一般由较低级的地方政府来承担，或者中央与地方、地方上级政府与下级政府共同承担；对于促进充分就业、稳定物价、改善收入分配等政府高级职能，一般要求由中央政府或者较高级的地方政府来行使，主要原因是中央政

府拥有履行职能所需要的财政、货币等宏观经济管理手段；而对于克服外部性、提供准公共产品和社会保障、规范垄断行业等中级政府职能，一般要求中央政府和地方政府共同承担。

对于一些按照市场经济基本理论和相关法律规定本应由中央政府承担，但是出于破除信息限制、提高运行效率等多重考虑，中央政府也可以采取对下委托的方式，委托相应地方政府代为行使。

### （二）构建新型央地财政关系必须重新划分各级政府支出责任

理论上讲，各级政府的职能范围清晰划分以后，相应的与政府职能相匹配的财政支出责任也就比较容易确定下来。事实上，支出责任是政府职能在财政领域中的自然体现。一般讲，在比较严格的政府法律制度框架下，既不存在没有职能范围为依据的支出责任，也不存在没有支出责任做支撑的真正的政府职能。政府的支出责任与其职能范围应当基本一致。

当前，我国各级政府的支出责任与其政府职能不匹配的现象还比较普遍，主要表现是：中央对地方、上级政府对下级政府的委托职能很多并没有匹配相应的支出责任和财力配备，有些转移性财力配置与政府职能的委托代理之间缺乏清晰的对应关系，地方政府的基本职能以及与其相对应的财政支出责任缺乏必要的财力支撑等，我国政府间财政支出责任划分的科学性、规范性、稳定性均有待加强。

在法治化的现代化国家，财政支出责任重点和财政支出的优先序基本是法定的，政府自由裁量的余地一般不大，相比较而言，我国目前各级政府的财政支出责任重点和财政支出优先序中的灵活性要大得多，体现了在财政支出领域，我国财政治理的法制性、民主性、规范性和稳定性均有待于进一步强化。

### （三）构建新型央地财政关系必须着力构建地方税制体系

保障各级政府依法获得与其财政支出责任相匹配的财权和财力，是各级政府依法履行其职能的关键性和基础性制度配置。自1994年开始建设的我国现行分税制财政体制在规范中央与地方之间的财政分配关系方面仍然起着基础性作用，决定着我国中央与地方之间财权财力关系的基本格局。

伴随着近20年来经济的快速发展和分税制的不断调整，现阶段的我国央地财政关系，已经由当初的中央与省以下的分税制体制越来越演化成为一种各级政府之间的分成制财政体制，分税成分不断弱化，尤其是地方税制体系长期以来不仅未得到根本性健全，而且还一直遭受分成制的侵蚀，某种程度上已经瓦解了分税制的根基。按照 2012 年的财政决算，地方财政支出的 36% 需要依赖中央政府给予的转移支付，但这远不是问题的全部，必须看到，如果同时考虑中央政府利用转移支付对省及地方政府自有财力的配套性干预，那么，省及地方真正拥有主动权的自主财力支出占其总支出的比例至多只有 30% 左右，中央财政对省及地方财政的支配权实质上已经达到省及地方财政支出的 70%。这样，若将中央本级支出占比考虑在内，中央政府对国家财政直接和间接的支配权实质上已经达到国家财政总体支出的 75% 左右，省及地方政府直接拥有支配权的财政支出实质上不足国家财政支出总规模的 25%。这种在现行中央与省及地方财力配置的格局下，地方财力自主权的丧失，直接导致"土地财政"泛滥，后果极为严重。因此，改革现行分税制财政体制，着力构建地方税制体系，对于构建新型央地财政关系极为重要。

### （四）构建新型央地财政关系必须改革现行税收制度

政府对现行发展方式的路径依赖，基本原因至少包括两个方面：一是基于多重考虑而对经济增长本身的追求；二是基于现行税制体系而对财政收入的追求。前者多与行政领域中的人事权有关，而后者直接就是行政领域中的财权配置。现行以间接税为主的税制体系则在一定程度上强化了这种路径依赖。

改变现行间接税占税收收入总规模 70% 的税收收入结构，必须要对现行税制结构进行增减调整，在总体降低现行间接税税率的同时，通过增设遗产赠与税、社会保障税、环境保护税、扩大房产税等途径，提高直接税比重，从而改变各级政府对经济增长的过度依赖。

### （五）构建新型央地财政关系必须改革现行转移支付制度

转移支付制度是规范化的政府间分税制度的必要补充，有效的政府转移支付制度有利于强化和改善中央对地方的宏观调控，有利于实现政府间纵向和横向财政平衡、发挥外部效应和规模经济效应、实现中央政府的特定政策目的。

难以回避的基本事实是，我国现行转移支付制度所存在的弊端日益凸显：一是专项转移支付制度点多面广，财力分散，地方财政配套压力巨大；二是转移支付总体规模日益庞大，已经在很大程度上替代了正常的分税制度，大有"喧宾夺主"之势。必须改革现行转移支付制度，依据基本公共服务均等化原则，构建统一规范透明的财政转移支付制度，使之有能力根据国家长远发展战略、采取多种财政拨付方式进行特定项目的和特定项目的财力转移支付，最终达到平衡地区发展、实现共同富裕的目的。

# 三、改革财政体制，促进发展方式转变

科学处理政府与市场的关系，按照市场经济基本规则，调整政府职能，优化政府支出结构，着力解决政府职能的越位与缺位问题；科学界定各级政府职能分工，明确划分各级政府财政支出责任，逐步建立与政府职能相匹配、以转移支付为补充的支出责任制度体系；改革完善分税制度，将适当收入支出责任与明确地方财权财力相结合，建设分级分类财政管理体制；系统改革税收制度、优化税制结构，建立地方税制体系，为转变经济发展方式创造宏观制度环境；构建统一规范透明的转移支付制度，促进地区均衡发展。

## （一）按照市场规则调整政府职能，处理好政府与市场关系

政府与市场的关系是否合理，政府职能是否妥当，突出表现为政府的财政支出结构是否科学。科学处理政府与市场的基本关系，必须按照市场规则，调整优化财政支出结构；通过财政支出结构的调整，着力解决好政府职能的越位与缺位问题。

### 1. 优化支出结构的基本原则

支出结构调整过程中，应严格遵循以下原则。

大力缩减市场性支出。按照市场经济规则，减少政府竞争性市场行为，大幅度缩减政府市场性支出，将支出重点调整到维护市场公平竞争规则和依法监管上来。

重点强化非竞争性的为市场服务的支出。减少对市场主体和要素市场的不适当干预，将支出重点调整到为各类市场主体和各类市场依法提供服务上来。

依法强化部分具有宏观意义的非竞争性的项目支出。重点强化有利于创造良好发展环境、有利于提供优质公共服务、有利于维护社会公平正义的政府支出项目。

### 2. 有保有压调整现行财政支出结构

一般公共服务领域：对于统计、审计、海关、知识产权保护、食品和药品监督、质量技术监督与检验检疫、国土资源、海洋管理、测绘、地震、气象等经济社会发展的软环境事务相关支出应重点予以强化，而对于商贸事务等对市

场主体直接进行管理的相关支出应当予以适当压缩。

教育领域：对于义务教育、职业教育、特殊教育、教师进修教育等相关事业性支出应加大财政支出力度，而对于教育管理部门的支出应大力压缩，着力降低我国教育事业日益严重的行政化倾向。

科技领域：应进一步强化对基础研究、应用研究、技术研究与开发、科技条件与服务、社会科学、科技普及、科技交流与合作等的财政支持力度。

文体传媒领域：应进一步强化财政对文物保护和非物质文化遗产等纯粹消耗性文化支出力度，对于广播影视、新闻出版等市场性文体领域，应适当减少其财政支出，进一步引导市场加快发展。

民生领域：对于社会保障和就业、社会保险基金支出、医疗卫生等事关城乡居民基本生活的民生领域支出，财政应进一步加大投入力度，尽快和尽可能多地弥补该领域中的历史欠账。

环境保护领域：应进一步强化对环境监测与监察、污染防治、自然生态保护、天然林保护、退耕还林、风沙荒漠治理、退牧还草、已垦草原退耕还草等环保领域的财政支出力度，着力保护、修复和改善环境。

农林水和城乡社区事务：应进一步加大财政在农林水事务和城乡社区事务中的支出力度，巩固和强化农林水领域重大基础性项目和设施，加强城乡社会事务建设，努力固本强基。

交通运输领域：应进一步减少财政在交通运输领域中的直接投资，更多发挥财政资金的引导作用，重点启动市场力量，发挥市场主体作用。

工商金融领域：对于粮油事务、物资储备、安全生产、国有资产监管、中小企业事务、可再生能源、能源节约利用、烟草事务等涉及经济社会重要战略的相关支出应重点予以强化，而对于电力、信息产业、采掘业、制造业、建筑业、旅游业、涉外发展、商业流通事务、金融业等各类市场事务应进一步降低财政支出，重点发挥市场力量，促进市场做大做强。

表 4-4　我国政府支出结构调整思路

| 政府支出功能类别 | 需要重点强化的支出项目 | 需要适度调减的支出项目 |
|---|---|---|
| 一般公共服务 | 统计信息事务、审计事务、海关事务、知识产权事务、食品和药品监督管理事务、质量技术监督与检验检疫事务、国土资源事务、海洋管理事务、测绘事务、地震事务、气象事务 | 商贸事务 |

续表

| 政府支出功能类别 | 需要重点强化的支出项目 | 需要适度调减的支出项目 |
|---|---|---|
| 教育 | 义务教育、职业教育、特殊教育、教师进修教育等 | 教育管理事务 |
| 科学技术 | 基础研究、应用研究、技术研究与开发、科技条件与服务、社会科学、科学技术普及、科技交流与合作、其他科学技术 | |
| 文化体育与传媒 | 文物支出 | 广播影视 新闻出版 |
| 社会保障和就业 | 财政对社会保险基金的补助、补充全国社会保障基金、行政事业单位离退休、企业关闭破产补助、就业补助、抚恤、退役安置、社会福利、残疾人事业、城市居民最低生活保障、其他城镇社会救济、农村社会救济、自然灾害生活救助、红十字事业、其他社会保障和就业支出 | |
| 社会保险基金支出 | 城乡基本养老保险基金支出、失业保险基金支出、城乡基本医疗保险基金支出 | |
| 医疗卫生 | 医疗服务、社区卫生服务、医疗保障、疾病预防控制、卫生监督、妇幼保健、农村卫生、中医药、其他医疗卫生支出 | |
| 环境保护 | 环境监测与监察、污染防治、自然生态保护、天然林保护、退耕还林、风沙荒漠治理、退牧还草、已垦草原退耕还草、其他环境保护支出 | |
| 城乡社区事务 | 城乡社区管理事务、城乡社区规划与管理、城乡社区公共设施、城乡社区住宅、城乡社区环境卫生、建设市场管理与监督、政府住房基金支出、国有土地使用权出让金支出、城镇公用事业附加支出、其他城乡社区事务支出 | |
| 农林水事务 | 农业、林业、水利、南水北调、扶贫、农业综合开发、其他农林水事务支出 | |
| 交通运输 | | 公路水路 铁路运输 |
| 工商业金融事务 | 粮油事务、物资储备、安全生产、国有资产监管、中小企业事务、可再生能源、能源节约利用 | 电力信息采掘制造建筑旅游涉外商业流通金融烟草事务 |
| 转移性支出 | 财力性转移支付、专项转移支付、政府性基金转移支付、彩票公益金转移支付、预算外转移支出、预算单位间转移支出 | 返还性支出 |

## （二）科学界定各级政府职能分工，明确划分支出责任

### 1. 重新规划和调整各级政府基本职能

应推动形成中央、省和地方各级政府职能相互补充、相互协调的单一制多功能多级政府管理体制。要按照公共物品的基本属性、外部性大小即受益范围，以及信息的复杂程度，将政府对相关公共事项的政府职能在中央、省和地方各级政府之间进行合理划分。同时，应将政府对于公共事项的政府职能进一步分解成为决策权、支出责任、执行权与管理权、监督权等相关具体权能，根据相关权能的不同特点匹配到不同的政府层级。具体匹配过程中应当遵循"谁决策，谁承担支出责任；谁委托，谁支付代理费用"的基本原则。

中央独立决策、独立行使的公共事务：对于国防中的部队事务、宏观经济管理事务、产业政策等少数全国性公共物品，需要全国层面的统一管理，其决策权、支出责任、执行权与管理权、监督权应当统一集中到中央。

中央独立决策、委托省和地方代为行使的公共事务：对于外交与外援、计划生育、全国或跨区域水利设施、全国或跨区域交通设施、全国性文物及文化保护、反垄断与政府管制等相关全国性公共物品，决策权比较适合于中央政府集中统一行使，但其执行权与管理权可以根据不同情况分别采取中央直管或者中央直管与委托地方代管相结合的更加灵活多样的形式进行。

中央或省级政府决策、中央或省级政府独立行使的公共事务：对于收入分配等全国性准公共产品，比较适合于中央或者省级政府统一做出决策，中央或省级政府独立行使相应的管理权限。

中央或省级政府决策、中央直管和委托地方代为管理的公共事务：对于环境保护、粮食生产与供给稳定、江河防汛、基础研究、金融监管、消费者保护、养老医疗生育失业保险等全国性、地方性公共物品、准公共物品，根据公共物品属性和受益范围，比较适合于中央或者省级政府统一做出决策，在执行和管理方面，可根据实际情况灵活采用中央直管、中央直管和委托地方代为管理相结合，或者中央直管、委托地方代为管理、地方自行管理三者相结合的方式。

中央或省级政府决策、中央和地方分别行使的公共事务：对于武警、民兵、治安、公共卫生等全国性、地方性公共物品，根据其公共物品属性和受益范围，比较适合于中央或者省级政府统一做出决策，中央和地方分别行使相应的管理权限。

中央或省级政府决策、省级和市县级政府共同行使的公共事务：对于扶贫、义务教育、非义务教育等全国性地方性公共物品、准全国性公共物品，或者准全国性准公共物品，比较适合于中央或者省级政府统一做出决策，省级和市县级政府共同行使相应的管理权限。

中央或省级政府决策、市县级政府共同行使的公共事务：对于工伤保险、福利与社会救济等地方性公共物品，比较适合于中央或者省级政府统一做出决策，市县级政府行使相应的管理权限。

中央、省和地方分别决策、分别行使的公共事务：对于应用研究和技术开发、高等教育及职业教育等全国性或者地方性的准公共物品，根据其公共物品属性和受益范围，需要中央或者地方各级政府分别决策，中央和地方分别行使相应的管理权限。

**2.清晰划分各级政府财政支出责任**

应建立各级政府基本支出责任与其基本职能相匹配、上级转移支付和委托职能相适应的支出责任制度体系。根据支出责任匹配决策权的基本原则，对中央、省、市县各级政府的支出责任作如下划分。

中央政府支出责任：

——直接支出责任：国防费；外交和外援支出（含口岸管理、界河堤防建设）；全国性及跨省的区域性水利设施，全国性和跨省的交通设施（包括铁路、国道公路和高速公路）；地质勘探费；全国性文化活动以及保护文化遗产的支出；部委属大学经费补助，义务教育经费支出（中央财政分担部分）；公共卫生（三级医疗保健）、计划生育；基础研究、全国性的应用研究等科学技术研究与开发；全国统筹的社会保障；对消费者的价格补贴支出等。

——委托支出责任（转移支付）：口岸管理、界河堤防建设，边境公路，全国性和跨省区的水利设施、交通设施管理，国家级文化遗产保护，公共卫生、计划生育等。

省级政府支出责任：

省本级行政管理费、省级派出机构经费，省级及省以下公检法支出，全省性或跨市县的水利设施、交通设施建设（包括地方铁路、省道公路、高速公路）支出，全省性的应用研究等科学技术研究与开发，全省性的农业生产与农业技术推广，全省地方性的文化活动以及省级历史文化遗产保护，省属大学、职业技术学校及高中教育的经费补助，义务教育经费支出（省级财政分担部分），二级医疗保健（全省性的地方病防治，省级公立医院经费补助），省级统筹的社会保障，以及省级委托地方事务的管理经费等。

地市级及以下政府支出责任：

——市级政府支出责任：地级市行政管理费、水利设施、交通设施建设（包括公路、高速公路和机场建设）支出，公共交通、煤气、自来水等公用事业，城市基础设施维护和建设经费，应用研究等科学技术研究与开发，文化活动以及历史文化遗产保护，市属大学、职业技术学校及高中教育的经费补助，义务教育经费支出（市级财政分担部分），初级医疗保健（地方病防治，公立医院经费补助），市级统筹的社会保障支出，以及市级委托地方事务的管理经费等。

——县级政府支出责任：县乡行政管理费水利设施、交通设施建设（包括公路和高速公路）支出，公共交通、煤气、自来水等公用事业，城镇基础设施维护和建设经费，应用研究等科学技术研究与开发，文化活动以及历史文化遗产保护，县属职业技术学校及高中教育的经费补助，义务教育经费支出（县级财政分担部分），初级医疗保健（地方病防治，公立医院及乡镇卫生院经费补助），县级统筹的社会保障支出。

中央和地方的共同支出责任项目：

——以中央为主的支出责任：武警支出；粮食生产、供给稳定及粮食安全相关的补贴以及对粮食主产区的其他补贴；江河防汛等。

——以地方为主的支出责任：民兵事业费；森林防火等。

表 4-5　中央与地方各级政府支出责任划分思路

| 政府层级 | | 支出责任 |
|---|---|---|
| 中央<br>支出责任 | 直接<br>支出责任 | 国防费；外交和外援支出（含口岸管理、界河堤防建设）；全国性及跨省的区域性水利设施，全国性和跨省的交通设施（包括铁路、国道公路和高速公路）；地质勘探费；全国性文化活动以及保护文化遗产的支出；部委属大学经费补助，义务教育经费（中央财政分担部分）支出；公共卫生（三级医疗保健）、计划生育；基础研究、全国性的应用研究等等科学技术研究与开发；全国统筹的社会保障，对消费者的价格补贴支出等 |
| | 中央委托<br>地方事务 | 口岸管理、界河堤防建设，边境公路，全国性和跨省区的水利设施、交通设施管理，国家级文化遗产保护，公共卫生、计划生育等 |
| 省级支出责任 | | 省本级行政管理费、省级派出机构经费，省级及省以下公检法支出，全省性或跨市县的水利设施、交通设施建设（包括地方铁路、省道公路、高速公路）支出，全省性的应用研究等等科 |

| 政府层级 | | 支出责任 |
|---|---|---|
| 省级支出责任 | | 学技术研究与开发，全省性的农业生产与农业技术推广，全省地方性的文化活动以及省级历史文化遗产保护，省属大学、职业技术学校及高中教育的经费补助，义务教育经费（省级财政分担部分）支出，二级医疗保健（全省性的地方病防治，省级公立医院经费补助），省级统筹的社会保障，以及省级委托地方事务的管理经费等 |
| 地方支出责任 | 市级支出责任 | 地级市行政管理费，水利设施、交通设施建设（包括公路、高速公路和机场建设）支出，公共交通、煤气、自来水等公用事业，城市基础设施维护和建设经费，应用研究等科学技术研究与开发，文化活动以及历史文化遗产保护，市属大学、职业技术学校及高中教育的经费补助，义务教育经费（市级财政分担部分）支出，初级医疗保健（地方病防治，公立医院经费补助），市级统筹的社会保障支出，以及市级委托地方事务的管理经费等 |
| | 县级支出责任 | 县乡行政管理费，水利设施、交通设施建设（包括公路和高速公路）支出，公共交通、煤气、自来水等公用事业，城镇基础设施维护和建设经费，应用研究等科学技术研究与开发，文化活动以及历史文化遗产保护，县属职业技术学校及高中教育的经费补助，义务教育经费（县级财政分担部分）支出，初级医疗保健（地方病防治，公立医院及乡镇卫生院经费补助），县级统筹的社会保障支出等 |
| 共同责任 | 以中央为主的支出责任 | 武警经费、粮食生产、供给稳定及粮食安全相关的补贴以及对粮食主产区的其他补贴；江河防汛 |
| | 以地方为主的支出责任 | 民兵事业费；森林防火 |

## （三）改革完善分税制度，因地制宜建设分级分类财政管理体制

在结构性调整各级政府支出责任的基础上，将中央政府适当上收部分支出责任、明确地方财权财力，与较大幅度减少不必要的转移支付项目相结合，根据直辖城市管理和省县政府管理的不同特点，建立相应的分级分类财政管理体制；同时，要改革完善和全面贯彻落实省以下分税制财政体制，改革预算管理体制，减少预算层级，为分税制在各级政府之间的合理配置积极创造条件。

### 1. 建设省及省以下分级分类财政管理体制

根据省及省以下各级政府在辖区事务方面的不同特点，围绕事权和支出责任，建立直辖市和省相互区别、内部各级政府事权和支出责任各有侧重的分级

分类财政管理体制。

直辖市财政管理体制。上收街道办和区级政府部分事权。随着直辖市经济社会发展现代化水平以及市域范围内均等化水平的不断提高，一些基层政府原有的经济建设职能已无存在必要，为促使基层政府切实转变政府职能，将职能重心重点转向公共服务，建议将直辖市的街道办（社区）等县级政府的经济建设及经济管理职能上收至区级政府，尤其是涉及农林水事务、交通运输、工业商业金融等事务等绝大多数经济职能，以及教育、科学技术、文化体育与传媒等部分社会职能，改为由区级政府统一行使，甚至部分适合于在更大范围内统一配置的经济职能，比如部分农林水事务、交通运输、工业商业金融等事务等，也可统一上收至直辖市级，或者由区级和直辖市级共同行使。上海市结构性调整基层政府事权的相关探索值得肯定。

省财政管理体制。弱市强县与强市弱区强（乡）镇相结合。对于人口规模比较大、幅员比较广阔的设区的市，在事权划分和财力配置上要强化县级政府职能，弱化地市本级的政府职能，增强县级政府的治理能力；对于人口规模比较少、幅员比较小的设区的市，在事权划分和财力配置方面要强化市级政府和乡镇政府职能，弱化区县级政府职能，着力增强市级政府和乡镇政府的治理能力。

**2. 重构分税制**

总体设想是，按照有利于资源合理配置、有利于劳动力自由流动、有利于调节收入分配的原则，将现行税种在中央、省、县三级预算中重新配置，逐步建立起规范化、制度化的分税制财税体制。在税种配置过程中，应注重建立中央和地方独立的税种体系，着力扩大中央和地方专属税种，尽量减少共享税种。

改革后，中央政府的税收收入主要应以所得税类、资源税类、遗产税类、社保税类和特殊税类（资本市场税）为主，省级政府的税收收入主要应以商品税类、环保税类和社保税类为主，县级政府的税收收入则主要以商品税类、不动产税类、财产税类和行为税类为主。

中央、省、县固定收入划分：

中央政府固定收入：个人所得税、企业所得税、消费税、关税、资源税、城镇土地使用税、耕地占用税、遗产赠与税、证券交易税和证券交易印花税。

省级政府固定收入：燃油税。

县级政府固定收入：房产税、车船税、土地增值税、城市维护建设税、车辆购置税、固定资产投资方向调节税、印花税、契税、屠宰税、筵席税。

中央与省、省与县共享收入：

中央与省级政府的共享税：社会保障税、环境保护税。

省级政府与县级政府的共享税：增值税和营业税。

改革共享税的共享方式：

社会保障税可按照实际需要所确定的税率实行按税率分享，中央政府应占据收入的大头。增值税在省级预算和县级预算的划分实行按增值税税率划分的方法。粗略的划分是，按照省、县之间三七分成或者四六分成的方法将现行增值税基本税率17%拆分为省增值税税率5.1%，县增值税税率11.9%，且增值税税基不变；或者省增值税税率6.8%，县增值税税率10.2%，且增值税税基不变。在营业税真正融入增值税之前，也可按照这一思路将其在省级预算和县级预算之间进行合理划分。

**3. 财政体制扁平化**

按照"一级政权、一级事权、一级财权、一级税基、一级预算"的基本原则，将现行财政层级扁平化到中央、省、县三级左右，为在省以下实质性地推进和贯彻分税制积极创造条件。

其中，省到县之间采用"省直管县"的预算管理体制，不再沿用现行的地市一级作为中间连接渠道；县以下实行"乡财县管乡用"，乡级预算只作为县级预算下管的预算单位，不再单独作为一级预算来管理。在此基础上，为各级预算配置相应的税种，从而实质性地在省以下推进分税制。

## （四）系统改革税收制度，加快优化税制结构

### 1. 改革所得税制度，增强收入调节功能

加快推进综合申报与分类扣除相结合的个人所得税改革。要逐步废除工资、薪金所得综合扣除费用标准定额扣除法，加快建立并实施项目扣除，依据家庭人口、赡养、抚养、就业、教育、是否残疾等基本情况设立扣除项目；要改变现行只对工资薪金所得、个体工商户生产经营所得和对企事业单位承包经营所得实行累进税率，而对劳务报酬所得、特许权使用费所得、利息、股息、红利所得、财产租赁所得、财产转让所得以及其他所得等实行比例税率的做法，代之以全部实行综合累进税率。近期，要加快推行个人收入全面申报制度，健全个人收入信息监控系统，强化现金管理，加速税、库、银联网，为全面实施个人所得税综合改革积极创造条件。

　　研究实施社会保障"费改税"改革。要研究实施社会保障"费改税"改革，将提高社保水平、降低居民支出预期作为社会保障费改税的基本出发点。要推行有限保障，将保障项目限定在养老、医疗和失业保险三大传统项目，在全国范围内实现统筹，实行以政府管理为主体的社保管理体制，建立独立运转的社保基金预算。在社保资金筹集上要全面开征社会保障税。一方面要依据"居民"纳税原则确立纳税义务人，明确规定广大非城镇户口居民为纳税义务人，将广大非城镇居民纳入社会保障范围，逐步实现全面覆盖。当前，要加快将进城务工人员纳入社保体系，完善社保关系跨地区转移接续基本程序，积极推进社保资金省级统筹，以促进劳动力自由流动，加快城镇化建设步伐。另一方面要将机关、事业等非营利性单位及其职工全部纳入征收范围，分别依据"雇主"和"雇员"身份对其进行征税，以切实遵循社会保障的"受益"原则和"收入再分配"原则。

**2. 改革财产税制度，增强财富调节功能**

　　加速完善房产税，建立新型房产税制。要加快完善房产税纳税范围、税率结构、减免优惠等诸项规定，加强对房地产拥有环节的税收调节，突出其对社会财富的调节功能，增强地方政府提供公共服务的能力。首先，要尽快将房产税计税依据统一调整为按房产市场价值计征，并适当调高税率，实行幅度税率制度，对超豪华、超面积、多套数的房产可实行加成征收；其次，要加快完善房产税减免制度，进一步明确能够享受免税照顾的只能是"居住用"房产，以"家庭"为免税单位，且"一个家庭"只能享受"一套"房产的免税。要进一步明确将房产税免税定位在"普通居住用住房"，将"高档住宅"排除在免税范围之外。同时，要逐步将房产税征收范围扩展到农村，实施城乡统一的房产税减免政策。

　　加快立法进程，尽快开征遗产和赠与税。虽然从世界范围看，遗产与赠与税具有逐步弱化趋势，但是，从我国改革开放实践看，缺乏遗产和赠与税的税收制度既不利于小康社会建设，也不利于扩大消费需求。必须从速立法开征遗产和赠与税，有效辅助调节社会分配。考虑到税制结构目标、税收征管水平以及我国继承法等法律法规的实际情况，我国遗产税制适宜选择赠与税和总遗产税制相配合的遗产税制，而不宜实行单纯的"总遗产税制"。

**3. 改革流转税制度，促进税制结构优化**

　　大力推进"营改增"改革。要在全国范围内大力实施增值税的"围降率"改革，将交通运输业和部分现代服务业纳入增值税征收范围，并适当降低税率。一方面，要全面实施彻底的增值税转型改革，尽快在全国范围内实行允许存量固定资产进行增值税进项抵扣的彻底的消费型增值税改革。另一方面，要在全国范围内加快推广"营改增"改革，并较大幅度降低税率，进一步消除营业税"重复征税"问题，以促进服务业特别是现代服务业发展，加快产业结构升级。

继续深化消费税改革，切实增强调节功能。要依据"有增有减"、"有保有压"原则，继续对消费税税目和税率进行结构性调整，强化税收对消费的调节功能，鼓励合理消费、文明消费。要增强消费税对社会财富配置的税收调节功能，加大对高档消费行为的税收调节力度，包括纯粹服务性消费行为和非服务性消费行为，将高档住宅消费、第二套及以上普通住宅消费、高档轿车消费、豪华邮轮消费、个人包机旅行消费等各类高端服务纳入调节范围，并适当提高有害健康和影响环境等消费行为的消费税税率，对社会大众比较普遍的消费行为可考虑剔出征税范围或者给予适当减税，充分发挥消费税征税相对灵活的税种优势。要改革消费税征收环节，将消费税征收环节由生产地征收改为消费地征收，协调生产与消费之间的关系，增强调节收入分配功能。

**4. 建立健全资源环境税制度，大力促进发展方式转变**

要加快实施资源税费综合改革。一方面，要进一步扩大资源税征收范围，将土地资源、水资源、森林资源以及矿产品资源全部纳入资源税征收范围；将现行耕地占用税、城镇土地使用税、土地增值税和土地补偿费"三税一费"全部整合进资源税中的"土地"税目；整合并入现行矿产资源补偿费、矿区使用费、特别收益金等各种收费项目。另一方面，要大幅提高资源税税率，改革现行计征方式，将从量计征调整为从量与从价相结合的复合计征方式，并参考资源储量、回采率，实行差别化征收标准，促进资源开发利用率提高。

加快推进环保税制建设。要加快推进针对污染排放间接征收的环境保护税制建设，引导经济增长向低碳化转化。环境税制改革应实行绿化现行税种与单独设置环境税相结合的税制模式。一方面，要通过扩大征税范围、提高征税标准、改革计征办法等途径，调整现有消费税、车船税等有关税种的税负，将税收惩罚与税收优惠有机结合，大力提高现行税种绿化程度，积极引导消费行为。另一方面，要按照"污染者付费"原则，整合相关税费，开征独立的污染排放税，并根据企业生产过程中的污染物排放量实施差别化税率政策，强化生产企业的环境保护意识，引导经济向低碳化发展。

建立健全资源有偿使用制度和生态环境补偿机制。要大力改革现有资源环境相关税费制度，建立健全资源有偿使用制度和生态环境补偿机制。在资源开采环节统一征收"资源开采和补偿税"，将环境治理和生态恢复的责任由企业自担转变为政府与企业共担，并将其范围扩大到整个具有商品属性的自然资源开采中。在资源使用环节，要清理整合现行排污费、污水处理费，统一并入"污染排放税"，增强污染制造者的环境保护意识。

**5. 围绕法制化、规范化全面改革现行非税收入体系**

大力改革国家资本红利收入管理。要全面推行国有资本经营预算，进一步健全和规范国有企业经营利润上缴充实社保预算制度，保护国家作为国有资本出资人的权益，并为促进产业结构调整和提升产业竞争力提供财政资金支持。

分类规范各项收费制度。要继续清理行政事业性收费和政府性基金，加强规范化管理。要对现行收费进行分类改革，通过"取消"、"转化"、"规范"等多种方式，取消不符合公共财政要求的非税收入项目，转化部分具有税收性质的收费收入，进一步规范合理性的收费项目，促进收费制度的法制化、规范化，并将其全部纳入财政预算监督、管理的范畴，由财政统筹安排，更好地调节部门间、企业间收入分配差距，促进和谐社会建设。

## （五）构建统一规范透明的转移支付制度，促进地区均衡发展

**1. 建立动态调整的全国基本公共服务标准**

根据经济社会发展水平、城乡区域差别、公共服务成本差异等因素，制定并动态调整全国基本公共服务的范围和支出标准。由中央政府负责制定基本标准、规划目标、转移支付办法，由各级政府按权责分工组织实施。

**2. 建立统一规范透明的转移支付制度**

按照基本公共服务的范围和支出标准，建立符合国情的转移支付标准指标体系。加大清理、整合转移支付类型和项目的力度，逐步将涉及基本公共服务的项目并入一般性转移支付中，提高一般性转移支付比重，降低专项转移支付比重，建立起解决横向财政失衡的有效机制。适当增加体现主体功能区的因素，实现在统一的转移支付框架下，扩大对限制开发区和禁止开发区的转移支付规模，切实保障当地政府履行职能的基本财力需求。

**参考资料 :**

陈东琪、宋立等 :《新一轮财政税收体制改革思路》, 经济科学出版社 2009 年版。

许生 :《经济增长、贫富分化与财税改革——中国特色社会主义公共财政制度改革与设计》, 中国市场出版社 2008 年版。

许生、李世刚等 :《宏观税负论》, 中国市场出版社 2013 年版。

# 分报告五:转变经济发展方式视角下进一步完善发展规划研究

　　法国、日本等国家逐渐取消了综合性中长期规划,代之以专项规划,如日本不再编制中长期经济规划,但仍编制了两个信息化规划。我国坚持使用以五年规划为龙头的发展规划,并作为最具中国特色的宏观管理手段。一个重要理由就是作为市场自我调节之外或者超市场调节的重要补充,规划可以处理追赶发展中的重大战略问题。而且,世界经济论坛在研究全球各国的竞争力时,采取了两大类12个小类若干个指标(具体会有较大调整)。中国主要得分因素是宏观经济环境,在全球的排名一般位居前十,而综合竞争力则为30名左右。宏观经济环境主要得益于强有力的宏观管理。从宏观管理工具来看,主要包括以下几种:发展规划、产业政策、投资政策、财政政策和货币政策,产业政策是东亚国家和地区普遍采用的手段,财政货币政策对市场的干预直接而有效,但却是全球各国共有的政策,发展规划和投资政策是中国所特有的,投资政策以政府直接投入的方式干预经济运行,也是有效的。发展规划是中国特有的,是政府宏观管理的重要组成。

## 一、理论上发展规划是促进经济发展方式转变的有力工具

### (一)市场机制是转变发展方式的主导力量

　　经济发展方式的核心就是生产要素组合方式,转变经济发展方式就是要通过生产要素比例的调整实现组合方式的转变,其内在动力是由于生产要素禀赋变化带来的相对成本和收益变化,是市场自发驱动的结果。在经济由欠发达

状态进入快速发展阶段时，经济增长以资源和劳动力投入为主；在经济进入起飞阶段后，资本逐渐丰裕，相对成本下降，而劳动力成本上升，经济增长要素组合发生新变化；经济进入新阶段后，资本成本虽然下降，但收益也下降，技术、管理创新的成本和收益在上升，并在生产要素组合中居于主导地位。这在发达国家已有验证，无论是英美等市场经济国家，还是德国、日本等政府干预较多国家，经济发展方式自发转变，市场机制是驱动要素成本变化和经济发展方式转变的基础力量。

## （二）发展规划对发展方式转变具有促进作用

尽管市场机制是转变发展方式的基础性力量，也是主导力量，但这不意味着政府不能发挥任何作用，各类政策工具包括规划也会起到一定的促进作用。西方经济学并没有明确界定发展规划的功能，亚当·斯密把政府职能界定"守夜人"，主要是国防、社会公平、基础设施建设；凯恩斯只是从弥补需求不足的角度，强调政府应该发挥作用，主要工具是财政政策、货币政策以及公共服务等。纯正市场经济理论中，尽管存在着市场失灵，但所采取的手段主要是政策、投资，并没有规划计划。二战后，一些在战争中遭受重创的国家和发展中国家为了修复战争创伤、追求赶超发展和快速发展，采取发展规划处理发展中一些外部性问题和具有长期性、战略性的问题。一些战略性问题通过市场自发调节解决往往进展缓慢，甚至有所反复；通过规划明确长远目标，适度调整资源配置，可以加快实现战略性目标。

转变发展方式是具有较强综合性的战略问题。对于中国这类追赶型和政府干预调节较多的国家，往往会通过政府干预的方式加快其转变进程；在政府干预工具箱中，发展规划居于显著位置。我国发展规划的基本属性是宏观性、战略性、政策性，这与转变经济发展方式的特征具有内在契合。自"十五"计划起，规划更加突出地体现了"宏观性、战略性、政策性"。从弥补市场缺陷、发挥计划引导长期资源配置的优势出发，五年规划更加集中体现了战略性，以战略性统领宏观性、政策性。为了避免五年规划的战略性成为抽象的"战略空想"，其战略构想是建立在对发展阶段性特征和国内外环境的深入分析基础之上的，从全局和长期可持续发展的要求出发，确定战略方针、战略重点和总体部署，增强战略内容的针对性，并以重点专项规划方式增强可操作性，使得战略性的要求落到实处。由"规划纲要＋专题专项规划"组成的中长期规划系列，较好地解决了虚实结合问题。"十五"计划期间，除了综合性的计划外，还编制了 12 个重点专项规划，涵盖教育、科技、国际竞争力、信息化、生态环境保护、城镇化、西部开发、信息化、水利等领域。"十一五"期间，编制了 100 多个专项规划，"十二五"将编制 18 个重点专项规划。目前，我国中长期规划系列已经基本确立了以总体规划纲要为统领、以若干专项规划（尤其是重点专项规划）为支撑的体系结构。五年规划及规划体系特别适合处理着眼长远的经济发展问题，应该成为市场内生动力之外促进发展方式转变的新推动力。

## 二、我国发展规划未能推动发展方式加快转变的原因

随着五年规划主要指标的实现率越来越高（见图 5-1），西方一些发达国家和发展中国家纷纷学习我国五年规划，德国等正在研究采用，许多发展中国家也在效仿编制。但从促进发展方式转变来看，五年计划的效果并不理想。"九五"计划的主线是"经济增长方式和经济结构战略性调整"，其后"十五"计划、"十一五"规划以及"十二五"规划实质上都以转变经济发展（增长）方式为贯穿始终的主线，应该说，五年规划的内容安排在促进转变经济发展方式方面做出了最大努力。但连续三个五年计划后，转方式进展仍然缓慢。

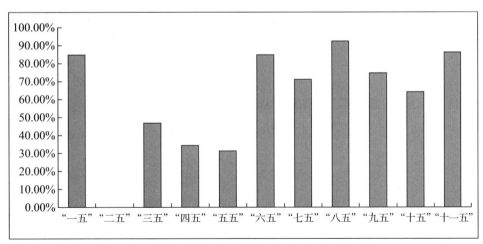

**图 5-1  中国五年规划主要目标的实现率**

资料来源：鄢一龙：《目标治理：看得见的五年规划之手》，中国人民大学出版社 2012 年版，第 294 页。

## （一）规划实施机制不健全，选择性实施情况比较明显

近年来，国家在强化规划实施方面做了许多努力。"十一五"时期起，规划纲要增加了约束性指标，"十二五"规划纲要坚持这一做法，并进一步增加了约束性指标，由"十一五"的 8 个增加到 12 个，由原先的比重 36.4% 提高到 50%，目的也是引导各方面把工作重点放到推动科学发展和加快转变经济发展方式。为了加强规划的落实，节能减排的责任分解到各个地区和地区，保障房建设经过反复协调后，确定各地区的任务，国家与地方签订责任书，确保规划实施，这与法国签订的规划合同类似，极大地促进了规划实施。

但规划实施机制还不健全，除了少数几个约束性指标的力度较强之外，五年规划并没有真正完整地付诸实施。当前有规划不依、随意修改规划的现象时有发生，"规划规划，纸上画画，墙上挂挂，比不上领导一句话"。国家仍然缺乏对地方完成真实情况的有效核查手段。国家发展改革委一份报告指出"河北、山西、辽宁、上海、山东、河南、湖南、广东、四川、甘肃等十个地区，1~5 月份规模以上工业能源消费量约占全国的一半左右。但这些地方单位工业增加值能耗同比均下降且降幅较大，与全国规模以上工业增加值增速减缓、能耗消费量上升的情况不吻合"。地方的节能减排数据与国家不衔接，导致了"地方形势大好、国家压力很大"这样一个奇特现象。

而且，基层政府考核指标与国家"十二五"规划不挂钩。尽管中央将节能环保列入了对各省市的政绩考核范畴，但在许多地方节能环保目标却没有进一步分解下去，这就使得节能压力难以有效传递到地方政府和企业，节能工作力度和重视程度普遍不高，必然影响规划实施进展。

## （二）地方规划架空国家规划，个体理性之和不等于集体理性

各级规划间关系实质上体现的是中央与地方政府间关系。在计划经济向市场经济转型的过程中，我国虽然保留了诸多规划计划，但直到 2005 年国发 33 号文才对其间的相互关系作了初步界定。2005 年国务院下发了《关于加强国民经济和社会发展规划编制工作的若干意见》（国发 [2005]33 号），明确了"三级三类"的规划体系，即国民经济和社会发展规划，按行政层级分为国家级规划、省（区、市）级规划、市县级规划；按对象和功能类别分为总体规划、专项规划、区域规划。该文件还规定专项规划和区域规划要落实总体规划，低层级规划要服从上层位规划。

从规划体系的角度，总体规划讲究战略性和纲领性，更需要地方规划和专项规划进行分解落实，尤其是地方规划。我国地域辽阔，各地情况复杂，发展阶段也存在很大的差别，各地不可能照搬照抄国家规划的内容，甚至一些重大战略也不完全一致，在这样的情况下，确保国家规划战略意图更好地落实至关重要。

但我国各级规划之间编制程序上自下而上，重点内容上协调不够，国家规划被架空。地方规划更多体现地方利益，较少顾及国家战略和整体利益，成为地方政府盲目扩张的有力武器，成为"高目标＋大项目＋空口号"的组合，内容相互间的关联性不强，都打着科学发展的旗，走跨越发展的路。地方规划之所以出现异化，主要在于基层政府不是一个中性的执行机构，而是一个几乎不受约束的逐利团体，主要由官员个人追求政绩和权力寻租驱动，从个人利益角度解读和利用中央政策，规划作为政府工作纲领，自然更多体现地方政府意志，而且地方规划属于地方政府的事权，中央对地方规划约束少，更助长了这种情况。地方规划与国家规划不衔接，实质上架空了国家规划。

根据笔者的实地调研，某地五年规划编制完成三个月后，就被"束之高阁、弃而不用"，漠视规划的作用。而且，由于规划缺乏较强的干预调节功能，一些地方政府往往只应对眼前困难、关注眼前利益，忽视解决长期性和战略性问题、忽视长远利益；转变经济发展方式、推动产业结构升级、深化体制改革等，这些经济社会发展的战略性问题，也是多个五年计划的重点，但进展却较为缓慢。与群众生活息息相关领域的实施进展缓慢，民生领域是各地"十一五"规划的重点，但由于监督措施和配套措施较少，地方政府对该方面的关注不够，解决问题的动力不足，也影响到该领域的建设进展；据笔者开展的问卷调查，云南 X 市 62% 的群众认为"十一五"期间当地社会保障等虽然有进步，但对生活影响并不大。

## （三）规划功能不完善，是更深层次的原因

经过不断调整，自"十五"计划起，我国五年规划的功能被确定为"主要阐明国家战略意图，明确政府工作重点，引导市场主体行为，是未来五年我国经济社会发展的宏伟蓝图，是全国各族人民共同的行动纲领，是政府履行经济调节、市场监管、社会管理和公共服务职责的重要依据。"应当说，这比较贴近社会主义市场经济体制对规划的定位，也比较客观的描述了其现状作用，在指令性计划向指导性计划转变过程中具有里程碑意义。

但相比快速发展的实践来看，尤其是政府职能不断调整，中央和地方博弈态势不断发生新变化，这一功能中的缺陷也越来越明显。这也造成了规划战略意图难以实现和各层级规划不协调。

导致规划战略意图难以实现的根本原因在于功能过多导致杂糅且约束性不强，给选择性实施提供了借口。可将目前的规划功能分为三类：第一类是凝聚社会共识，成为全社会的共同行动纲领；第二类是引导市场主体行为，第三类是政府调控经济社会运行的主要依据。规划内容涉及政府、企业和个人，但具体对应的实施主体却不明确，有的需要政府自己完成，有的需要政府引导企业完成，有的则需要市场自行完成，责任不清，多数没有明确主体的规划内容会被漠视，甚至被政府以各种理由拒绝实施。从政府角度来看，发展规划中主要包含两类工作，一类是"引导"，政府部门要创造良好的宏观环境、制度环境和市场环境，并适时调整宏观调控方向和力度，综合运用各种政策引导社会资源配置；另一类是"约束"，中央政府对地方政府和中央政府有关部门在公共服务和涉及公众利益领域提出的工作要求，通过合理配置公共资源和有效运用行政力量，确保实现目标，但这两类内容均没有可靠的实施机制。

就引导功能来看，引导功能实际上更多附着在规划调控功能上，如果调控功能较弱，这意味着规划所确定的目标和方向不能保证实现，也会引导市场主体走向其他方面。仅靠"凝聚发展共识"远不能达到引导的目的。现状是各类主体虽然意识到发展方向，但遵从规划方向的力度不够。

根据笔者在云南 X 市和广西 Y 县的问卷调查发现，五年规划对企业的作用，主要是规划中的相关扶持政策，可以清楚了解政府意图（即主要是政府未来的工作重点）和有利于发现商机（在规划中对产业发展的趋势进行前瞻性研究和公布）。五年规划中对企业发展作用较大的几个领域主要是：道路运输等基础设施、经济发展、加快城镇化、保护环境等。

企业作为最重要的市场主体，是"发展共识"的最重要实践者之一；根据笔者对云南 X 市和广西 Y 县的问卷调查显示，97 份企业问卷显示，对当地规划有了解以及很了解的企业已经占到了 90% 左右，但却有 83% 的企业觉得规划对自身发展的作用一般或较小，对于企业发展方向的影响不大，企业发展中也很少考虑规划的方向，"发展共识"难以转化成"行动共识"。严格意义上，总体规划难以引导市场主体的行为。市场主体主要是企业，政府通过规划明确未来的发展方向，但这种方向往往是粗线条的，不可能是细致的，因此，就企

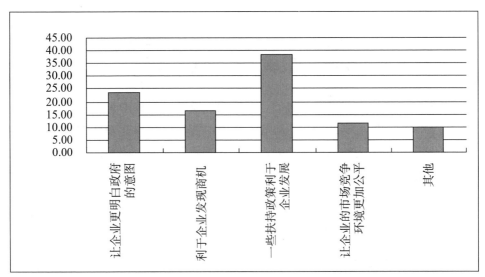

**图 5-2　X 市企业对"十一五"规划纲要作用评价（%）**

业本性而言，企业更为关注短期利益，更善于在快速变化的市场中发现机遇，长远利益服从短期利益往往是明智的选择，因此引导市场行为的作用其实并不明显。

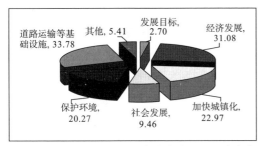 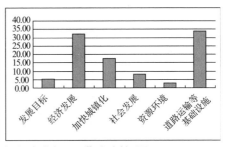

**图 5-3　X 市（左）、Y 县（右）企业对"十一五"规划纲要**
**影响作用强弱领域的判断**

各层级规划不衔接的根源在于规划的功能是明确政府工作重点，这意味着地方群众的发言权较小，更重要的是政府工作重点往往从政绩考核的角度、从短期工作的角度着手，而不是从长远利益和整体利益出发，由此，地方规划不仅是地方利益的代表，而且更集中在地方政府利益的代表，甚至是地方短期利益的代表，由此与注重长期利益的国家规划不协调。

# 三、在政府职能转变中强化发展规划对转变发展方式的促进作用

我国转变发展方式进展缓慢的主要原因，是政府行政干预过多甚至方向性错误，影响到市场机制的发挥。因此，政府职能转变是转变发展方式的真正推动力，政府职能转变的标尺在于为市场主导配置资源创造环境，政府的作用更多地向宏观调控和管理集中，行为准则是"宏观要稳、微观要活"，宏观稳的标尺就是发展规划的战略意图。

## （一）更加突出强调五年规划的统领功能

从某种意义上来说，中国的五年规划相当于欧美国施政纲领，表现形式不同而已。相比国外施政纲要，五年规划对社会共识的凝聚作用更强，也更系统完整，更加周全；相对于我国的党代会报告，五年规划更深入，更细化，其基本功能是阐述、落实总体战略，分解为具体的行动路径；相对于一些专项规划，五年规划阐述总体战略，刻画中国社会主义现代化路径的阶段目标和路径。

将总体规划的"凝聚、引导、调控"功能转向"凝聚、统领、引导"功能，这是因为总体规划的直接调控作用较少，更多通过统领计划、政策发挥作用。五年规划的独特之处在于将各种不连贯的、短暂的、行业性调节，变成战略性、系统的、结构性调节，后者则是"相机抉择"，作用是断续的、不连贯的。五年规划的功能核心就是阐明战略目标和战略路径，统领各种中长期政策举措，给社会以明确的预期。目前统领作用发挥不好，一个重要原因是部门会签制度，规划的核心是落实总体战略，依据总体战略提出各领域的政策方向，但由于采取的是部门会签制度，其标准往往是以往政策而不是总体战略，若有不同，部门则会要求规划编制部门修改，以维护其部门利益，这使得五年规划往往成为部门政策、项目的集合，自上而下的"统领"变成自下而上的"汇总"，影响了规划功能的发挥。

规划的统领作用体现在：一是提供了短期目标的基准。五年规划不再强调简单严格的供需均衡，其目标也更多成为趋势预测，目标的实现容忍一定的偏离度，但经过严格论证的目标可以作为确定各种短期目标的基准。使短期目标围绕着中长期规划的主线展开和实施，短期调控不能离开中长期只顾眼前，尤

其是经济增长速度的安排，约束性指标有年度分解，预期性指标尤其是关系宏观经济总量平衡的预期性指标应成为短期目标确定的基准线。如短期内无法严格按照中长期规划确定的目标，应在其后的调控中采取补救矫正措施。

二是明确各类政策的方向。转型发展、稳妥推进与跨越扩张的政策根本上是不同的，短期政策必须与中长期方向一致。一些调控政策多具有短期性，短期发展可能会偏离长期方向，因此调控政策可以与发展规划不衔接，从这一意义上来说，把五年规划作为政府施政依据并不完全妥当。中长期规划着重于长期资源配置方面，不应也不必阐述宏观调控政策取向，以避免因宏观经济形势变化而带来的五年规划调整，更着重于供给结构，但实际经济运行是供需双方都要考虑，市场经济条件下，短期看，经济周期的波动一般表现为总需求波动，受到随机因素的干扰，宏观调控不可避免带有相机决策的性质，而年度计划更能适应经济周期波动背景下短期宏观调控的需要。中长期规划的一些重要预期性指标也应成为年度计划的基准。年均经济增长率这一预期性指标是国家期望并需要引导实现的，该指标究竟视为中长期潜在增长率而作为确定年度计划经济增长预期指标的中心线，还是作为年度计划的底线？对此应予明确。如果是中心线，这意味着年度计划经济增长应围绕这一中心线上下波动。考虑到国家规划留有余地，假定是 1 个百分点的余地，这意味着"十二五"期间，年度计划的经济增速指标应围绕 8% 上下波动。如果是底线，一般情况下年度计划不应低于 7%，但也不应过分超过，如考虑不超过 2 个百分点（已超出目标值 30%）为宜，这意味着"十二五"期间，年度的实际经济增速应控制在 7%~9% 的区间。

三是确定地区发展的总体方向。尽管我国各地区情差异很大，发展阶段也相差较多，明确各地发展战略的地方规划不可能与国家规划完全一致，但这并不能成为地方不遵循国家规划战略的理由。国家规划提出了国家总体方向和发展目标，各地区应结合地方实际进行深化落实。从转方式来看，国家从供给、需求、要素投入的角度提出了转变的目标和方向，尤其对于要素投入结构转变，东部地区的规划应重点从建立创新驱动型增长方式入手谋划发展方向，中西部地区也要尽快由资源加工型向劳动密集型、技能密集型转变，通过这种双转变，国家也会相应变化，如果仅仅东部地区努力转型，中西部地区仍然抱着原有模式不变，资源投入和环境消耗严重的局面也不会得到根本改变。尤其是从全国而言，大多数地区应该要服从国家规划方向，如果超过 1/3 甚至一半的规划都不能完全符合国家规划，国家规划就没有起到应有作用，各地规划汇总后也不能保证实现国家目标。但这存在一个难题，如果地方规划还作为地方政府的行政纲领，而现行的中央地方关系下，追求高增长是各地普遍的追求，既有政绩的需求，也有维持地方财政收入的需要，因此地方规划很可能都会打科学发展的旗、走跨越发展的路，要避免这种情况，在地方规划审批之前，提请国家有关部门进行审批，加强规划协调是必要的。

## （二）加强各级规划的协调

坚持实行国家、省、市县三级的规划体系，但要加强不同层级间规划的协调。基本原则是，下级规划对上层级规划贯彻落实，各级规划内容要与本级政府职权、事权范围相一致；层级越高，规划内容的战略性和指导性越强，下级规划贯彻落实上层级规划的主要思路和发展战略，分解发展指标，并在本级政府事权范围内积极配合涉及本区域的规划任务和工程项目建设。

上下级规划间的衔接协调不仅包括发展目标、工程项目等具体内容的衔接，还包括战略性内容的协调。判断发展目标衔接的标准是该目标是否符合地区或部门发展实际，各地区各部门目标累计后能否实现总体规划的目标，而不是简单的数字一致。判断工程项目协调的标准不在于重复列出同样的项目，而是如何在本级政府的权限范围内配合好项目建设。战略性内容的协调更为关键和重要，更需要各级规划不断分解落实、协调配合。各级各类规划必须对国家和上层位规划提出的发展思路和方向吃透、摸准，并结合地区和部门发展实际，落到实处，才能实现协调配合。下层级规划在审批之前，必须送上级规划编制和管理部门进行充分论证。区域规划应送相关地区进行衔接，尤其是邻近地区、生态上下游地区以及重大基础设施连接的地区。

逐步设立负责规划协调的专门机构。近期可由国家发展改革委负责部际规划衔接协调，负责国家级区域规划的衔接协调。远期成立国家规划协调委员会。委员会由各部委、地方政府以及专家组成，设立分领域专业委员会。在委员会内建立科学合理的工作机制，确保国家级规划的内容"不打架"；总体规划的战略意图在专项规划、地方规划中得到体现落实，专项规划能够在各自领域内细化和深化总体规划，地方规划能够承担国家规划所赋予的主体功能。

开发规划协调信息系统。在"金宏工程"基础上，开发规划协调信息系统，建设各类规划信息共享、交流、协调的基础平台。主要通过数据对比、模型运算、空间分析等，对发展目标、工程项目进行分析，判断规划间是否协调；并为战略性内容是否协调提供基础判断。

**参考资料：**

杨伟民等：《发展规划的理论和实践》，清华大学出版社 2010 年版。

鄢一龙：《目标治理：看得见的五年规划之手》，中国人民大学出版社 2012 年版。

刘瑞、武少俊：《中长期发展规划的基础理论和方法》，中国人民大学出版社 2006 年版。

贠杰、杨诚虎：《公共政策评估：理论与方法》，中国社会科学出版社 2006 年版。

相伟：《中外经济社会发展规划比较研究》，《经济纵横》2009 年第 1 期。

相伟：《我国发展规划评估的理论与实践》，经济科学出版社 2012 年版。

# 分报告六:转变经济发展方式与塑造新型市场主体研究

企业是经济发展的微观主体,构建科学合理的政企关系是推动我国经济发展方式根本性转变的重要前提之一。长期以来,政府通过行政管理、产业政策、财税政策等手段以及金融市场来直接或间接干预市场主体的经营行为,导致了我国需求结构、供给结构和要素投入结构的扭曲,严重阻碍了经济发展方式转变。面向未来,要本着"市场导向、政府引导、企业主体"的原则,进一步理顺政府和企业的关系,加快国有企业和国有资产管理体制改革,使包括国有、民营和外资在内的各类市场主体协调、平等、有序发展,促进我国经济发展方式的根本转变。

## 一、政府干预企业行为的动机和表现

政府和企业都是资源配置和使用的组织方式,政企关系合理与否,直接影响到资源配置和使用的效率。企业通过与政府建立良好的关系,可以影响政策制定,并据此得到政府支持,获取优惠政策和获得稀缺资源。而政府与企业建立起良好的关系,可以更好地管理社会事务,争取企业及群众对政府工作的理解,塑造良好的公众形象。长期以来,我国实行经济分权与政治垂直管理相结合的特殊体制,政府治理行为在促进地方经济发展的同时,形成了较为扭曲的政企关系。

### (一)政府干预企业经营行为的动机

长期以来,我国实行的是经济分权与政治垂直管理相结合的特殊政治经济体制。与之伴随的政府治理行为在促进地方经济发展的同时,也形成了较为扭曲的政企关系。地方财政收入和官员升迁成为地方政府干预市场主体的两大激励因素。在垂直的政治管理体制下，地方政府主要官员的考核、晋升几乎完全由上级政府决定，但由于上级政府（包括中央政府）主要依赖一些可测度的经济指标如就业、地区生产总值及其增长率等来衡量地方政府官员的政绩，从而强化了地方官员注重经济增长的动力。于是，在地方政府间形成了一种基于上级政府评价的"自上而下"的标尺竞争，导致地方政府不断扩大税基、增加财政收入，力求为获得升迁机会而追求任期内"政绩最大化"。甚至有些地方官员为了克服本地区资源禀赋的有限性，把区域外流动性要素作为竞争对象，通过提供引资优惠政策、加强基础设施建设等方式展开激烈竞争，以此吸引大量投资，最大程度促进地方经济快速增长，从而获得晋升机会。

基于政绩考核下的政府竞争，造成了地方政府财政支出结构中"重基本建设支出，轻社会公共服务领域支出"的扭曲。由于不同类型的政府支出对推动地区经济增长以及增加税收收入的作用各异，于是追求政绩最大化的地方政府官员就会把较大比重的财政支出投入到其任期内能较快带来经济效益以及增大招商引资成效和吸引力的高速公路、产业园区等基础设施建设上，而忽视了对民生类基本公共品的投入。

## （二）政府干预企业经营行为的主要表现

现阶段，各级政府通常会利用行政管理、产业政策、财税政策等手段以及金融市场来直接或间接干预企业的经营行为。以至于在我国的很多产业领域，政府干预的色彩依然非常浓厚。例如，政府在光伏产业项目审批、用地、信贷、税收、上网电价补贴以及上市等方面出台一系列的倾斜性优惠政策，造成了一种扭曲的市场激励信号，致使大量企业盲目跟风，低水平重复建设，进而形成了目前的光伏产业困境。[1] 从理论上讲，对于朝阳产业或是战略性新兴产业，政府给予政策支持是非常必要的，这也是国外通常做法。但前提是，政府要支持的产业确实拥有较高的核心技术和良好的市场前景。对于政府在产业发展中的干预环节、方法和力度，必须认真进行考量。

**1. 利用行政管理和产业政策干预企业行为**

自 20 世纪 80 年代末以来，我国政府通过行政管理和产业政策等手段对产

---

[1] 林永生：《光伏产业困境留下惨痛教训》，《环球时报》2013年3月22日。

业发展进行了广泛干预。行政管理包括行政审批或备案、检查、强制关闭企业和对那些从事所谓不当产业活动的企业的其他限制。产业政策比行政管理更为正式，而且两者之间往往有密切联系。这些政策措施的主要目标是对民营或外资企业进入多种经济活动或扩大经营规模的直接或间接限制，要求企业使用某种专门产品或服务以及实现对非本地企业和产品的歧视性待遇。其特点主要表现为：一是通常以规模为导向，把重点放在大企业的发展上，不利于中小企业的发展；二是被用来控制政府认为存在过剩产能的行业；三是被用来整合那些被视为过于分散的产业；四是鼓励技术创新，如要求使用某种特定的技术；五是通过直接行政干预来将资源引向重点产业；六是各级政府在贯彻执行这些产业政策时，常常会出现目标之间相互矛盾的现象。总体上看，中央制定的产业政策本身往往无可厚非，但受地方抵制或盲目响应，从而造成政策效果的扭曲。例如，中央政府的产业指导目录意图在全国范围内抑制或整合某个行业，但有些省份却想把这个行业作为本省经济的支柱产业，再加上很多省及以下的市、县政府也积极介入产业发展，因此某个具体产业最终应是得到重点发展还是被限制发展就难以辨清。

产业政策通过多种途径影响企业的行为。第一，由于产业政策对不同规模、不同所有制的企业进行区别对待，从而影响了资源有效配置。产业政策对规模的重视使得大企业从中获益。国企所处"产业制高点"的重要地位使得对大企业的偏好成为对国企的偏好，其结果就是使大量资源流向大型国有企业，而同时抑制了民营中小企业发展。而且，产业政策的规模导向也会鼓励企业为了得到政策支持而进行扩张。第二，直接行政干预的频繁使用使得不受政策优待的企业面临很大不确定性。着眼于长期发展的产业需要一个良好的、可预见的政策环境，以便进行产业创新、技术升级和扩大再生产。如果企业担心政府会施加直接管制，可能被迫或被"鼓励"兼并甚至关闭，那么它们就不愿意进行长期投资。第三，各级政府、不同部门之间的不同产业政策目标使企业的经营环境更加复杂。再加上它们各自又拥有各种正式或非正式、直接或间接的干预手段，因此，会由于职能重叠而造成政策混乱，不同政策导致产业往不同方向发展。

**2. 通过金融市场干预企业行为**

我国政府通常会干预金融市场来广泛影响企业的经营行为。首先，在银行信贷方面，和大多数转型经济体一样，政府会对金融进行管制，尤其是控制大型国有银行的信贷投放水平。地方政府有通过干预银行的信贷决策给企业提供贷款支持的强烈动机。一般情况下，企业所在地的市场化程度越高，长期借款占总借款的比重越低，这种差异主要归因于地方政府对企业干预程度的不同。在市场化程度较低的地区，由于企业与政府的密切关系可以为企业长期贷款提供"隐性担保"，降低了这些企业的履约成本，从而长期借款占总借款的比重较高。其次，政府同样通过资本市场来影响企业的经济活动。有研究表明，不论是国有企业还是民营企业，与政府关系较好的公司都拥有更高的发行价格，较少的折价，以及更少的发行费用。[①] 另外，与政府关系更紧密的公司更少在海外市场发行证券融资，因为与政府有着良好联系的企业可以在本国方便地获得融资，从而不需要依赖海外资本市场。

**3. 通过财税政策干预企业经营行为**

政府通过财税政策影响企业的经营行为主要表现在两方面：一是通过财政补贴干预企业经营。地方政府拥有很强的经济自主权和财政支出支配权，因此在决定向企业提供财政补贴时具有较大的自由裁量权，地方政府可以利用这类自由裁量权来干预企业经营。大量研究发现，与地方政府建立政治联系的企业或者经营行为符合政府要求的企业能够获得更多的财政补贴。二是利用税收优惠干预企业经营。中央和地方政府均制定了各种形式的税收优惠政策，这些政策的实施既有弹性空间，又需要个案处理，因此政府官员有较大的自由裁量权来决定具体的税收优惠政策。研究表明，在企业税外负担较重的省市，与政府关系较好企业的税收负担都要显著低于其他企业。并且，所在省市的企业税外负担越重，政府关系背景带来的实惠也越多。[②]

# 二、政企关系不顺对经济发展方式的影响

政府和企业的关系不理顺，对我国的需求结构、供给结构以及要素投入结构都会产生不良影响，导致经济结构调整难以到位，经济发展方式转变步履维艰。

## （一）政企关系不顺导致需求结构扭曲

我国需求主体由政府主导的投资者、消费者，以及发达国家的投资者、

---

① 陈斌：《我国民营上市公司发展实证研究》，《证券市场导报》2008年4月。
② 世界银行、国务院发展研究中心联合课题组《2030年的中国：建设现代、和谐、有创造力的社会》，中国财政经济出版社2013年版。

消费者构成。各需求主体所消费的产品具有不同的内容和特点，政府主导的投资者主要消费投资品。投资品的特点是品种少（典型代表是钢筋和水泥）、批量大，便于大规模生产。消费者主体是居民，消费内容是一些具有品种多、批量小、难以形成规模效应等特点的普通商品。发达国家投资者和消费者主要消费我国的出口品，其主要是以劳动密集型产品为主的加工贸易出口品和以资源密集型产品为主的一般贸易出口品。投资品主要由国有企业生产，相对于民营企业，技术和装备水平高，组织能力强，能够配合政府"大手笔"的投资活动，也容易获得银行贷款。消费品主要由私营企业、外资企业中的港台中小企业生产，经济实力较弱，技术和装备水平低，人员素质较差，而且从银行不易获得贷款，政府对民营企业也扶持不够。由于投资过剩造成的产能过剩产品都可出口，所以出口产品的生产主体各类企业都有。目前，政府对市场干预太多、介入市场太深，直接影响我国需求结构的调整，导致发展目的异化。

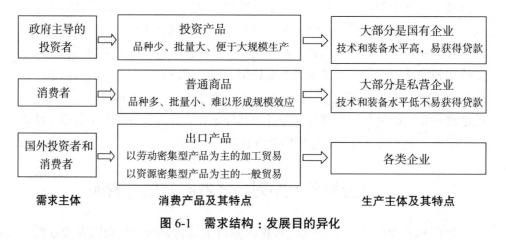

图 6-1　需求结构：发展目的异化

### 1. 政府干预企业投资行为导致需求结构扭曲

党的"十七大"报告、"十二五"规划对转变需求结构提出了明确要求，即促进经济增长由主要依靠投资、出口拉动向依靠消费、投资、出口协调拉动转变。但时至今日，我国需求结构调整仍然缓慢，甚至停滞不前。2007~2012年，我国投资率不降反而持续上升，从 2007 年的 41.6% 逐年上升到 2012 年的 47.8%。[①]"投资饥渴"的状态仍然存在。政府主导下的投资是我国最大的需求，

---

① 数据来源：《中国统计年鉴（2013）》，中国统计出版社2013年版。

政府往往通过干预企业尤其是国有企业的投资行为影响需求结构。

政府干预企业投资行为的原因分析。干预企业的投资行为是地方政府实现自身政绩目标或社会目标，另外也是实现自己个人对企业寻租行为的一个重要途径。地方政府一方面是"经济参与者"，希望所管辖区的经济总量、财政税收、就业率等指标越高越好；另一方面，地方政府又是"政治参与者"，他们更关注政治收益，其中最重要的是仕途的晋升。不同地区的地方官员不仅在经济上为 GDP 和利税进行竞争，同时也在"官场"上为晋升而竞争。① 政府官员为追求自身的政治目标，会利用企业获取利益。以 GDP 为主要标准的地方官员考核体制更会诱发这种行为。地方政府通过对企业投资的操控将公共事业目标内化于企业经营中，如要求企业积极参与地方经济建设，进行能源、交通等基础项目投资；或利用上市公司的融资渠道收购兼并地方国企，帮助其脱贫解困，以缓解财政赤字和降低地区失业率。地方政府促使企业投资甚至过度投资对于促进经济增长、增加税收以及扩大就业等方面促进作用会比较明显，这些方面都是提升其政绩的关键内容。另外，土地所有权和环境产权模糊、环保体制缺陷以及财政软约束等问题也使得地方政府具有更为强大的投资干预能力。地方政府使用这些权力诱导和要求企业加大投资，甚至过度投资，以提高本地 GDP 和财政收入。如利用对土地的垄断权力，选择性地为企业提供低价土地；② 财政预算软约束的存在，使得减免企业税收、为企业发放补贴、帮助企业获取金融资源等成为地方政府干预微观经济的惯常手段；环境产权模糊与环保制度上的缺陷，也使得纵容企业污染和破坏环境成为许多地方政府助推企业粗放式发展的常见手段。在环保、安全标准和法规的执行过程中，有时存在着为了确保地方短期经济利益从而放松管制的现象，企业于无形中获得了环保、安全的低成本补贴。③

---

① 周黎安：《晋升博弈中政府官员的激励与合作——兼论我国地方保护主义和重复建设问题长期存在的原因》，《经济研究》2004年第6期。
② 目前工业用地市场在产权制度、交易制度、价格决定和法律制度上，尚未形成完全意义上的市场定价机制。
③ 王立国、鞠蕾：《地方政府干预、企业过度投资与产能过剩：26个行业样本》，《改革》2012年第12期。

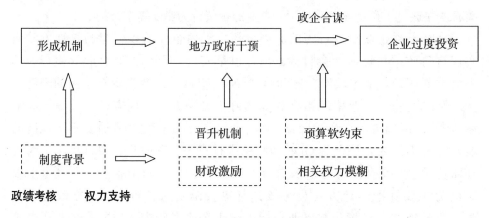

图 6-2　地方政府干预企业投资的动因分析

　　政府干预企业投资行为对需求结构影响的机理和表现。由于投资项目需要审批或核准、备案，企业投资在一定程度上受制于政府，其具有配合政府干预的意愿，这种干预行为的结果使得我国经济增长依然主要依靠投资。政府对企业实施的干预行为更明显地表现在国有企业上。如在解决投资资金方面，由于国有商业银行的分支机构掌握着一定的配置金融资源的权利，再加上大量的以地方资本为基础建立起来的地方金融机构，地方政府在一定程度上承接了干预金融活动的权利。他们可以用优惠的"配套"条件或其他因素来诱引银行在本地投入金融资源。此外，地方政府为解决投资资金来源不足的约束，大力发展地方政府融资平台，这种较高杠杆率的融资机制也在相当程度上放大了地方政府的投资主导能力。另一方面，国有企业对政府的这种依存性，使其追求经济效益与政治地位的双重目标要更多地体现国家意志。这就使得国有企业的投资行为也表现出"投资饥渴"却又"投资低效"。政府在行政上对国企实现了"超强控制"，绝大多数国企经营者的任免权仍由各级政府部门控制，且政府对高管人员的考核标准并非仅是企业绩效和公司价值，还考虑就业、社会环境、税收等通过扩张规模就可以满足的多元目标。由于国企经营者不拥有或很少拥有企业的股份，对利润的实际处置权也不能超过其任期，所以理性的国企经营者会热衷于遵循地方政府期望，扩大企业规模，从而扩大了投资需求。即使国有企业由于投资产生了亏损，政府也有责任对其给予补贴。这就使得国有企业的投资决策更无后顾之忧。另外，不少国企还被政府要求并购效益差的企业来为政府减轻负担。这些问题都导致了国有企业过度投资，最终导致了需求结构失衡。虽然与国有企业相比，政府对民营和外资企业的干预程度相对较低，但民营和外资企业也希望与政府搞好关系，愿意配合地方政府的相关干预政策，争取地方政府政策倾斜，故而政府对于民营和外资企业也具有一定的干预能力。

综上所述，政府促使企业过度投资的动机、能力与企业配合政府干预的意愿形成了匹配，政府与企业通过交易达成政企合谋，最终诱使企业过度投资导致产能过剩，从而导致需求结构扭曲。

**2. 过度依赖出口直接导致需求结构扭曲**

从出口的角度分析，我国出口有两种形式，即加工贸易和一般贸易。加工贸易出口主要为劳动密集型产品，并一直占出口比重的50%以上。一般贸易品出口主要以资源密集型产品为主。对我国出口影响较大的并不是外贸政策，而是国内外经济环境变化和高强度的投资，以及良莠不分的招商引资。大规模投资形成的巨大生产能力，必须依赖大规模出口获得释放，而大规模出口不过是置国内有效需求不顾而进行大规模投资的必然结果。虽然近年来，我国净出口率逐年下降，由2007年的8.8%下降到2012年的2.7%，但是净出口率下降的原因并不完全是主动调整需求结构的结果，而是国际金融危机导致外需不足。高投资低消费形成的过剩生产能力只能依靠国外市场来释放，最终导致了需求结构扭曲，导致经济发展方式转变步伐缓慢。

**3. 消费的特点导致需求结构扭曲**

政府虽然能够主导投资，却难以主导消费。一方面，与投资者不同，消费者花的是自己的钱，购买消费品时往往精打细算。加上我国消费者长期形成的节约型消费惯性，以及社会保障不足和市场秩序混乱，这都使得扩大居民消费的难度比较大。另一方面，与投资品和生产资料不同，消费品的生产具有品种多、批量小、难以形成规模效应的特点，提供消费品的又主要是私营企业和外资企业中的港台中小企业，经济实力相对较弱，技术和装备水平较低，既不会像国有企业那样听命于政府摆布，也难以与银行实现"银企对接"，政府的"大手笔"难有用武之地。这些因素都决定了政府干预消费不像干预投资那么见效，故我国形成了靠投资和出口而不是靠消费拉动经济增长的生产体系。

综上所述，政企关系不顺已导致发展目的异化。我国长期以来经济增长主要由投资拉动，从统计数据看，2007年以来我国投资率一直呈增长态势，这与"以GDP为中心的单向增长主义"分不开。"单向增长主义"的存在容易导致"投资饥渴症"。由于各级政府通过多种手段来引导企业投资行为，使得大部分企业也表现出"投资饥渴"状态。在此背景下，为了追求和维持高速增长，企业不得不依靠高投资，产品依赖大量出口到国外市场释放生产能力。

### （二）政企关系不顺导致供给结构失衡

目前我国产业结构仍然存在扭曲，长期以来经济增长主要依靠第二产业拉动（如表6-1）。经济增长偏快和总需求结构失衡以及粗放的经济发展方式、不合理的体制机制，必然导致供给结构失衡，助推了部分领域产能过剩的局面。

表6-1　2007~2012年我国供给（产业）结构情况

| 年份 | 供给（产业）结构 | | | | | | | | |
|---|---|---|---|---|---|---|---|---|---|
| | 第一产业 | | | 第二产业 | | | 第三产业 | | |
| | 比重(%) | 贡献率(%) | 拉动(百分点) | 比重(%) | 贡献率(%) | 拉动(百分点) | 比重(%) | 贡献率(%) | 拉动(百分点) |
| 2007 | 10.8 | 3.0 | 0.4 | 47.3 | 50.7 | 7.2 | 41.9 | 46.3 | 6.6 |
| 2008 | 10.7 | 5.7 | 0.6 | 47.4 | 49.3 | 4.7 | 41.8 | 45.0 | 4.4 |
| 2009 | 10.3 | 4.5 | 0.4 | 46.2 | 51.9 | 4.8 | 43.4 | 43.6 | 4.0 |
| 2010 | 10.1 | 3.8 | 0.4 | 46.7 | 56.8 | 5.9 | 43.2 | 39.3 | 4.1 |
| 2011 | 10.0 | 4.6 | 0.4 | 46.6 | 51.6 | 4.8 | 43.4 | 43.7 | 4.1 |
| 2012 | 10.1 | 5.7 | 0.4 | 45.3 | 48.7 | 3.7 | 44.6 | 45.6 | 3.5 |

资料来源：《中国统计年鉴（2013）》。

#### 1、供给结构失衡的原因分析

一是经济增长偏快和总需求结构扭曲，必然导致供给结构失衡。高投资率和过高的出口依赖度不利于产业结构调整。因为投资和出口拉动的主要是第二产业而不是第三产业。根据投入产出表，我国每百元固定资产投资使用第二产业的产品92.4元，其中购置工业设备31.6元，用于建筑业方面的支出60.8元（主要包括钢筋、水泥等建材类高耗能、低附加值产品）。与此同时，每百元投资用于服务业仅为5.6元。[1]高投资所带动的主要是冶金、建材等重化工

---

[1] 俞建国、王蕴：《"十二五"时期扩大消费需求的思路和对策研究》，中国计划出版社2012年版。

业。这样，高投资带动的工业和建筑业份额要大大高于服务业，其中重工业增长也要快于轻工业的增长。故在我国二产结构中，投资品大约占46%，出口占37%，消费品仅占17%。可见，以"钢筋加水泥模式"为基础的投资，增长速度过快、投资率过高必然会抑制服务业的发展。从而，最终影响到我国的供给结构。出口对产业结构的影响也与此类似（如表6-2）。我国出口中81%是第二产业的产品，服务业只占17%。因此，出口的增长也会导致工业比重上升、服务业比重下降。[①]从消费角度看，尽管消费中用于服务业的支出可达60%，但在经济高速增长的情况下，投资出口增速往往大于消费的增速，故消费对服务业的带动作用仍显乏力。其实，我国的服务业发展并不慢，但服务业作为非物质产品的生产行业，不太容易像第二产业那样高速发展。如在生产服务业领域，发展较快的是依托基础设施领域的传统服务业，高附加值服务业和新兴服务服务业发展较慢[②]；在居民服务业中，由于居民对产品要求相对"苛刻"，再加之服务业中的信息更加不对称，诚信缺失影响更大，故对非物质产品需求弹性较低，最终导致居民服务业难以较快发展；在政府消费领域，由于公共服务主要由政府自身提供，而政府采购的服务业产品有限，该领域也不可能快速发展。可见，上述情况致使服务业不可能高速发展。

表 6-2　我国出口及其他最终产品的使用构成　单位：%

| 产业 | 出口 | 固定资本形成 | 最终消费 |
| --- | --- | --- | --- |
| 农业 | 1.6 | 1.9 | 15.1 |
| 工业 | 81.0 | 31.6 | 30.8 |
| 建筑业 | 0.3 | 60.8 | 0.0 |
| 服务业 | 17.1 | 5.6 | 54.1 |

资料来源：俞建国、王蕴：《"十二五"时期扩大消费需求的思路和对策研究》，《中国计划出版社》2012年2月出版，第100页。

二是不尽合理的财税体制及政绩考核体制导致地方政府重视经济建设和产业投资，直接或间接助推了部分工业领域的产能过剩。由于工业部门尤其是重化工业所需要资本投入往往大于服务业和农业，能够较快地积累经济总量，在

---

[①] 俞建国、王蕴：《"十二五"时期扩大消费需求的思路和对策研究》，中国计划出版社2012年版。

[②] 高附加值服务业和新兴服务业技术含量高，对企业的合作要求也较高。而我国企业一方面素质不高，一方面社会诚信不足，企业宁可"自产自销"，也不愿意求助他人。

现有的财税体制下，地方政府面临较大的征收压力和动力，对于吸引工业投资发展经济具有天然的冲动。因为工业企业尤其是招商引资项目多为大企业，税收征缴相对容易，而且能带动房市发展和地价上涨，扩大地方政府税源。而服务业的税收虽基本全部归地方所有，但服务业多为小企业，税收征缴难度大，发展服务业的结果往往"富了百姓、穷了政府"。同时，地方政府在投资决策过程中存在的系统性制度软约束问题推动了投资过度增长等短期行为。此外，地方政府往往还运用非市场化手段刻意降低部分产业的进入门槛，人为地阻止企业破产淘汰，阻碍了部分行业落后产能的退出。例如，近年来我国迅速扩张的战略性新兴产业领域，属于政策明确扶持的产业，成为各地新一轮规划的投资热点，但也暴露出一定程度的"一哄而上"苗头。在 31 个省区市的产业发展规划中，绝大部分地区都在规划发展光伏产业，一半以上地区选择发展新能源汽车，近 20 个省市区提出要打造完整的半导体照明产业链，很多地区将新材料列为未来 5 年的重点投资领域。然而，部分领域市场已接近饱和，在体制机制不完善等因素的干扰下，仍有大量资本持续进入。对单个地方政府而言，这些投资能够创造更多的 GDP，但对整个国民经济来说，过多的投资往往导致总体的生产能力过剩。

三是不完善的企业产权制度和国有资产管理制度弱化了市场信号作用。一方面，部分国有企业仍然肩负着区域社会和经济发展稳定的责任，退出壁垒较高或退出机制不健全，一定程度影响了市场竞争机制对产能过剩调节作用的正常发挥。另一方面，国有资产管理体制仍不完善，加上企业治理结构的缺陷，合理的激励约束机制尚未形成，导致部分国有企业在投资决策中往往更多地追求规模和市场份额，而忽视经济和社会效益。另外，部分企业由于未能有效承担社会保障等应有的社会责任而使内部成本外部化，变相降低了企业的投资和经营成本，也间接推动了部分领域的投资过度增长。

四是不健全的资源要素扭曲了企业经营成本。相对于商品领域的市场化进程而言，我国各类生产要素的市场化发育较为滞后，要素资源分配的双轨制问题仍未解决，价格杠杆作用难以有效发挥，扭曲的生产要素价格一定程度上推动了产能过剩。

**2. 政府干预企业经营行为影响各类市场主体的产业布局**

首先，天然的优势地位导致国有经济的分布面过于宽泛，但国企并未体现高效率。2012 年统计数据显示，在我国全部规模以上工业企业中，国有及国有控股企业主营业务收入和资产总额的比重分别为 26.4% 和 40.6%。党的十五届四中全会提出"国有经济在国民经济中的主导作用主要体现在控制力上"，"国有经济在关系国民经济命脉的重要行业和关键领域占支配地位"，并提出"国有经济需要控制的行业和领域主要包括：涉及国家安全的行业，自然垄断的行业，提供重要公共物品和服务的行业，以及支柱产业和高新技术产业中的重要骨干企业。"究竟涵盖哪些行业，没有明确界定。2006 年 12 月 18 日，国务院办公厅转发了国资委《关于推进国有资本调整和国有企业重组指导意见》。随后，国资委提出对国有经济结构调整的最新部署：在军工、电网电力、石油石化、电信、煤炭、民航、航运等七大行业里，要保持"绝对控制力"；在装备制造、汽车、电子信息、建筑、钢铁、有色金属、化工、勘探设计、科技等九大行业，要保持"较强控制力"。但从这份行业目录来看，不论是国有资本要保持"绝对控制力"的军工等七大行业，还是要保持"较强控制力"的装备制造业等九大行业，大都是第二产业中的主要行业。在这种导向下，目前国有企业的战略性调整还未到位，国有企业遍布非竞争性领域和竞争性领域。工业中竞争性领域的部门大约占 75%，其中国有经济占 36.6%。在我国整个国民经济 GDP 中，扣除农业部门和行政事业部门各占的 10 个百分点，处于竞争性领域的部门大约占 85%，其中国有经济占 29.4%。

表 6-3　2012 年按行业分不同所有制工业企业的主营业务收入及比重

| 行　业 | | 国有企业 | | 私营企业 | | 三资企业 | |
|---|---|---|---|---|---|---|---|
| | | 主营业务收入（亿元） | 比重（%） | 主营业务收入（亿元） | 比重（%） | 主营业务收入（亿元） | 比重（%） |
| 采掘业 | | 35890.98 | 54.2 | 16013.11 | 24.2 | 2831.17 | 4.3 |
| 制造业 | 轻纺业 | 17385.39 | 9.0 | 83792.09 | 43.4 | 45070.87 | 23.3 |
| | 原材料 | 86154.74 | 27.6 | 102082.09 | 32.7 | 50627.77 | 38.1 |
| | 加工制造 | 53721.94 | 17.9 | 82893.67 | 27.6 | 118953.98 | 39.6 |
| 电、气、水的生产和供应业 | | 51922.94 | 90.5 | 840.54 | 1.5 | 4464.98 | 7.8 |
| 总　计 | | 245075.97 | 26.4 | 285621.48 | 30.7 | 221948.78 | 23.9 |

资料来源：根据《中国统计年鉴（2013）》计算。

表 6-4　2012 年按行业分不同所有制工业企业的资产总额及比重

| 行　业 | | 国有企业 | | 私营企业 | | 三资企业 | |
|---|---|---|---|---|---|---|---|
| | | 资产总额（亿元） | 比重（%） | 资产总额（亿元） | 比重（%） | 资产总额（亿元） | 比重（%） |
| 采掘业 | | 56924.11 | 71.2 | 9223.53 | 11.5 | 3247.04 | 4.1 |
| 制造业 | 轻纺业 | 17304.74 | 14.9 | 37720.23 | 32.4 | 33440.96 | 28.7 |
| | 原材料 | 81589.23 | 34.9 | 54883.84 | 23.5 | 43558.3 | 18.6 |
| | 加工制造 | 65347.22 | 27.8 | 49068.84 | 20.9 | 82759.74 | 35.2 |
| 电、气、水的生产和供应业 | | 90929.05 | 88.3 | 1651.70 | 1.6 | 9314.26 | 9.0 |
| 总　计 | | 312094.37 | 40.6 | 152548.13 | 19.9 | 172320.28 | 22.4 |

资料来源：根据《中国统计年鉴（2013）》计算而得。

　　国企的绩效，一方面要体现在跟一般企业的经营效率和效益的比较上，另一方面还必须体现在是否实现了其所有者的特殊要求。现实中国企尤其是央企主要凭借垄断地位实现了"做大做强"，企业规模的扩张已成为扩大企业负责人权力和影响力的重要途径。国企在国民经济命脉领域"做大做强"的结果，给国企管理层和员工带来了较为丰厚的收入，也使企业垄断地位不断得到加强，然而表面繁荣的背后是国有经济的低效率。不难看到，进入世界 500 强的国企几乎全部属于垄断企业，仅是做大了规模，若相对于国外同行知名公司而言，其在创新和盈利能力等方面的差距还很大。从实际数据来看，央企除去石油石化、电网、通讯等几家垄断企业，盈利水平还比不上民营企业。

　　其次，由于行业准入和要素获取的难度较大，民营企业发展受限，大部分民营企业存在于工业中的轻纺行业、服务业中的批发零售和住宿餐饮等领域。改革开放三十多年来，尽管私营经济已成为我国经济体系的重要组成部分，社会就业的主渠道、国家税收的重要来源和对外贸易的主要组成部分，但我国私营企业在多方面遭受着制度和政策上的"歧视"，而在市场准入方面的政策"歧视"尤为突出[1]。尽管新旧"36 条"等政策文件接连出台，但起的作用非常有限。各种有形、无形的门槛拦在民企面前，即使参与后民企仍没有发言权，

---

[1] 在对民营上市公司发展的实证研究中发现，各个行业中民营企业所占比例与行业进入壁垒系数之间的相关系数为 -0.692，汽车、交通运输、能源、金融等政府管制行业仍主要掌握在国有企业手中，其中只有约 20% 的民营企业进入了汽车、交通运输、能源、金融等政府管制行业，而国有企业的这一比例则高达 90.31%。

享受着事实上的不平等待遇。目前，民营企业普遍存在于门槛较低的轻纺、批发零售和住宿餐饮等领域。另外，民企不能像国企那样容易获得各种生产要素。例如，在经济低迷时期，民企贷款无门，面对银行信贷紧缩，只好到借助于高利息的民间信贷，而国企却可以拿着银行借来的钱 [1] 转贷给民营企业，从中赚取利差。

## （三）政企关系不顺导致投入结构扭曲

相对于商品领域的市场化进程而言，现阶段我国要素市场发育较为滞后，政府仍在直接干预要素市场。我国经济增长主要不是依靠全要素生产率，而是靠劳动、资本和土地等要素的投入，企业缺少原创技术，拥有核心技术、知识产权和名牌产品的企业不多。

### 1. 要素投入结构扭曲的原因分析

高投资恶化了要素的分配结构，从而影响要素的投入结构。高投资的需求结构主要拉动了工业增长，导致服务业发展缓慢，不仅影响就业和居民收入，更主要的是直接改变了要素分配的结构。因为工业增加值中资本收入比重较高而劳动报酬比重较低，服务业增加值中劳动报酬比重较高而资本收入比重较低（如表6-5）。目前的产业结构反映了以资本投入为主的增长方式的要求。要素投入时，资本既能够以低成本的方式取得，又得以与无限供给的劳动力相结合；产品实现时，也无须完全依赖国内的购买力；在分配时，高强度的投资势

表6-5　我国一、二、三产业要素分配结构　单位：%

| 产业部门 | 农业 | 第二产业 | 工业 | 服务业 |
|---|---|---|---|---|
| 劳动者报酬 | 86.2 | 38.7 | 35.9 | 46.3 |
| 生产税净额 | 2.2 | 18.7 | 20.1 | 12.8 |
| 固定资产折旧 | 4.6 | 15.9 | 17.0 | 18.9 |
| 营业盈余 | 7.1 | 26.7 | 27.0 | 22.0 |

资料来源：俞建国、王蕴：《"十二五"时期扩大消费需求的思路和对策研究》，中国计划出版社2012年版，第93页。

---

[1] 在经济低迷时期，国有企业不但能贷到款，而且还是银行的"香饽饽"。因为银行要效益，在没有其他投资渠道和手段的情况下，效益靠利差，必须把巨额存款放出去，其主渠道依然是由国家信用背书的国有企业，而不敢承担把钱借给民营企业所带来的风险。

必大大增强资本的地位。通过产业结构的逆向变化和对劳动的挤压，便会出现有利于资本要素不利于劳动者要素的分配结果。表现为要素分配中，代表资本要素的企业收入比重越来越高，劳动者报酬比重越来越低。这种分配结果增强了资本的地位，而对劳动贡献率和全要素生产率的贡献形成挤出效应，最终导致要素投入结构的扭曲。

**2. 政府干预企业经营行为对要素投入结构的影响**

政府与国企之间的紧密联系使得后者能够容易获得或者低成本使用各种生产要素。在资本要素使用时，国企能更易获得贷款。由于国企存在扩张冲动，在容易获得资本要素的背景下，会进一步高度投资于资本密集型产业。这就必然导致在二产中，劳动报酬所占比重逐步下降，而资本报酬（企业收入）所占比重逐年上升。国企在以低成本取得资本的同时，会形成对总体过剩供给劳动力的"挤出"，从而使得国企在促进经济增长时主要依靠资本要素的投入。很多垄断企业往往因为自身市场优势地位而安于现状，乐于享受垄断地位带来的高额利润，对企业的技术进步与创新发展不甚关心，甚至对利用贴息贷款搞技改也无动于衷。这使得国企的成长大多依靠数量扩张的外延发展模式，而难以转向依靠创新升级、做优做强的内涵增长模式。

从民营企业的境遇来看，在资本要素市场，他们不能像国有企业那样容易获得金融支持。再加上现行的法制、政策环境还不能完全适应当前民营企业自主创新的要求，影响了企业开展创新活动的积极性。所以，目前民营企业主要依靠素质不高的劳动力来实现生产，最终影响到我国要素投入结构的转变。

从外资企业的情况来看，目前我国的外资企业并没有实现市场换技术的目标。现有 70% 的"三资"企业都集中在技术含量不高和进入门槛相对较低的加工制造、房地产等行业。虽然有些三资企业也在我国设立研发机构，但其主要是为了进行新产品的本地化改型或者是与之配套的加工工艺流程改进或工装、模夹具等的匹配研究，真正从事创新型研发活动的很少，新技术特别是关键技术仍掌握在外方手中。这必然导致中方自主开发能力下降，不利于企业的长远发展，更不利于要素投入结构的转变。

# 三、新时期重塑政企关系的目标和路径

经济体制改革的核心问题是处理好政府和市场的关系，使市场在资源配置中起决定性作用和更好发挥政府作用。要促进我国经济发展方式根本转变，必须进一步理顺政府和市场的关系，切实转变政府职能，加快国有企业改革，提升民营经济可持续发展能力，更好发挥外资企业的技术外溢和管理创新的示范效应，打造更加适应社会主义市场经济体制的新型市场主体。

## （一）基本目标

理顺政府与市场的关系，必须明确他们作为资源配置的不同手段，各有其特定的功能，也有其各自的内在缺陷。在市场经济条件下，政府所要做的工作主要是弥补市场失灵。政府对经济管理的途径应主要是利用税收、价格和信贷等工具，通过市场来间接地作用于企业活动，而不是通过行政命令来直接指挥企业的运作。只有这样，才能使市场"活而不乱"，政府"管而不死"。因此，有必要合理界定政府和市场各自作用的边界，着力解决市场体系不完善、政府干预过多和监管不到位等问题。政府应进一步强化公共服务，减少对企业微观经济活动的直接干预。

随着我国各项改革措施的逐步推进，我国的政企关系也在逐步趋向合理，但由于种种原因进展仍不理想。展望未来，重塑政企关系的基本目标是：构筑法制完备、制度规范、以市场为纽带的合理、协调的政企关系，形成政府、市场、企业的金字塔式三维结构，充分发挥政府的服务职能，塑造真正生产经营和投资决策自主、交易公平自由、自主创新和可持续发展能力强的新型市场主体，以市场主体的优化升级促进我国经济发展方式的根本转变。

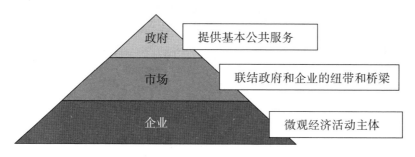

**图 6-3　政府、市场和企业关系的合理模式**

## （二）主要路径

### 1. 加快国有企业改革

国有企业是为了弥补市场失灵而做出的一种特殊制度安排，应当存在较为明确的边界。真正意义上的国有企业应存在于公共品和准公共品生产领域，尤其当政府成为唯一买家或者生产过程中需要严格控制的产品应当由国有企业提供，其他产品则完全可以由民营经济提供，国有企业不应以营利而是以实现社会公共利益为主要目标。从这个意义上看，我国的国企改革不能仅局限于减少国有企业的数量，更不能玩数字游戏般地明减而暗增，应把削弱其在某些领域的垄断地位，扩展民营经济生存发展空间作为改革的主要方向。今后一段时期国有企业改革的路线如下：坚持分类改革的方针，竞争性国有企业中的国有资本一律退到参股地位直至全部退出，退出资本适当补充社保资金；稳步推进垄断性行业国企改革，自然垄断领域中的骨干企业按其重要程度不同而实现国有绝对或相对控股；国家规定的专营企业保持国有独资或国有绝对控股，并严格按公法进行约束，国资委自身的改革也应同步进行。

按照时间先后划分为三个阶段，各阶段国企改革推进的重点领域有所不同，如表 6-6。

表 6-6  不同类型国有企业改革时序建议

| 时间段 | 2013 ~ 2015 | 2016 ~ 2020 | 2021 ~ 2030 |
|---|---|---|---|
| 一般竞争性领域 | 国有资本逐步退出，成为股权多元化的混合所有制公司 | 国有资本基本退出 | 国有资本全部退出 |
| 战略性竞争领域 | 降低民间资本准入门槛 | 国有资本逐步退出 | 国有资本仅保持一定比重 |
| 自然垄断领域 | 引导民间资本进入竞争性环节 | 民间资本进入全部竞争性环节，并相对控股 | 所有环节引入民间资本，竞争性环节国有资本基本退出 |
| 行政性垄断领域 | 加强收入分配监管，解除部分行政垄断 | 继续缩减行政垄断 | 基本解除行政垄断国企按公法约束 |

### (1) 近期（2013 ~ 2015 年）

合理定位国有企业职能，划定国有企业逻辑边界，促使竞争性领域的国有资本逐步退出，成为股权多元化的混合所有制公司，用部分国有资产转让所得和国有资产收益补充社保资金缺口。对垄断性国企要合理区分垄断性业务和竞争性业务，尽快将竞争性业务分拆，加强对自然垄断性行业的政府监管，对因技术进步和市场结构改变而使得某些垄断性行业不再具有自然垄断属性的情形，也应加快其市场化改革。

### （2）中期（2016～2020年）

一般竞争性领域国有资本基本退出，战略性竞争领域的国有资本逐步退出，引导民间资本进入自然垄断领域的全部竞争性环节，继续缩减行政垄断。彻底取消企业的行政级别。国有企业利润上缴比率提高到30%以上，用于补充社保基金。

### （3）远期（2021～2030年）

一般竞争性领域国有资本全部退出，战略性竞争领域的国有资本仅保持一定比重。自然垄断领域所有环节引入民间资本，竞争性环节国有资本基本退出。解除大部分行政垄断，将真正意义上的国有企业转变为非营利性、受公法约束的企业，并建立有效的治理结构。

**2. 促进民营企业健康发展**

十八届三中全会提出要鼓励、支持、引导非公有制经济发展，激发其活力和创造力。这就要求我们必须将民营企业发展纳入国家和各地经济社会发展的总体战略层面，营造良好发展环境，进一步完善社会化服务体系，促进民营企业加快转型升级。要以转变政府职能为切入点，进一步改善市场准入等民营企业发展的外部环境，着力清除市场壁垒，打破限制民营经济进入的歧视性"铁门"、"玻璃门"或"弹簧门"，为民营企业腾出必要的发展空间，形成有利于民营企业公平竞争的体制机制。还必须合理配置公共资源，在土地供给、城市规划、园区招商、政府采购等方面为民营企业提供公平发展机会。此外，公平的市场竞争环境同样不可或缺，要切实加强反垄断执法，继续深入推进垄断行业改革。重点治理垄断环节延伸和滥用市场地位的行为，加大对不正当竞争行为的打击力度，规范市场秩序，维护公平竞争。凝聚全社会力量，关心、支持和帮助民营企业发展，营造优良的发展环境。

**3. 引导外资企业更好地发挥技术外溢和技术创新的示范效应**

从我国外资企业技术外溢的制约因素和国外促进外资企业技术外溢的政策措施来看，我国也应积极采取措施，完善政策激励机制，正确引导外资投向，促进其技术外溢效应扩大。要积极完善投资环境，吸引外资在华设立研发机构，继续完善在研发机构设立项目申请、投资、土地利用以及税收等方面的政策，健全和完善知识产权保护的法律体系。进一步推进与研发活动相关的服务业发展，提供知识产权转移、技术授权、检测验证、技术预测及市场信息等服务。建立沟通机制，促进内外资企业研发交流合作。鼓励本土与外资研发机构的合作，鼓励外资研发机构与本土企业、研究机构等组成研究联盟，联合承担研发课题等，促进外资研发机构与本地科研机构在基础技术、技术信息等方面的交流。此外，也要更好地发挥好外资企业管理创新方面的示范带动效应，通过战略联盟等方式推动更多内资企业管理模式的创新。

**4. 促进混合所有制经济发展**

积极发展混合所有制经济，这有利于进一步巩固和完善社会主义基本经济制度，保证市场在资源配置中发挥决定性作用；有利于加快培育和重构微观市场主体，塑造更为公平的市场秩序和公正的分配机制，促进国有资本放大功能、保值增值、提高竞争力，促进各种所有制资本取长补短、相互促进、共同发展。目前，应继续深化国有企业改革，加快建立现代企业制度，完善企业法人治理结构，鼓励在国有企业发展混合所有制经济。鼓励混合所有制经济实行企业员工持股，形成资本所有者和劳动者利益共同体。同时，鼓励民营资本以出资入股、换股、资产收购、股份转让、购买可转债等方式参与国企改革，鼓励发展民营资本控股的混合所有制经济。鼓励民营资本通过 PPP 模式进入特许经营领域，消除各类所有制歧视和隐性壁垒。

**5. 切实转变政府职能**

首先要通过有关法律对各级政府的职能、作用、调控经济的方法及原则等做出相应的规定，彻底割断企业与政府之间的行政隶属关系；其次，要创建符合市场经济内在要求的行业管理机制，切断政府行业管理部门和企业间的经济利益关系，把政府对企业的干预降到最低限度；再次，要通过政府机构改革，进一步提高行政效能，把政府对经济的直接调控转变为间接调控，提高政府公信力和执行力。以此来保证包括民营经济在内的各种所有制经济成分平等使用生产要素，消除项目审批和市场准入等各种歧视性因素，促进良好市场秩序的建立，为消除不合理垄断造成的畸形市场结构提供良好的体制支撑和有效的市场监管。

这其中要重点把握好两方面的工作。一是改革政绩考核方式，破除 GDP 导向。制定合理而有效的政府官员政绩考核体系是改变传统的 GDP 导向，促进发展方式转变的当务之急。具体来说，要逐步淡化 GDP 增长以及与之相关的指标在考核体系中的地位，应推行最有效率的"自下而上"考核方式。应针对公共服务的决策、执行、监督等各个环节，建立符合规范的、科学的利益表达机制，将晋升地方政府官员的标准转到辖区内的民众福利的改善和公共服务供给水平的提高等指标上来，使是否能够有效地满足居民对公共品和服务的需求成为地方政府官员得以晋升的重要考核标准。此外，应充分发挥新闻媒体等社会监督的作用，从而减少上级政府设计指标的困难和考核所需要的信息成本。

表 6-7　政府职能转变的方向

| 领　域 | 不合理表现 | 转变方向和目标 |
|---|---|---|
| 政府与市场关系 | 过度干预（越位） | 适度干预 |
| 公共服务 | 缺位 | 强化公共服务提供 |
| 政府与企业关系 | 直接干预 | 间接干预（宏观调控） |

二是改革财税体制，规范地方政府投资行为。以加快财税体制改革为突破口，抑制地方政府过度投资、盲目投资的冲动。理顺政府间财政支出划分，进一步明确中央和地方政府事权的责任划分。理顺政府间的收入划分，重新构建和完善中央税收体系和地方税收体系，降低地方政府为扩大财政收入而过度刺激投资的积极性。同时规范地方政府投资行为，降低地方政府直接参与项目决策的激励。加强对地方政府非理性行为的监控、纠正，规范地方政府的招商引资和投资管理方式，严格控制土地开发总量，加强"招拍挂"政策的执行监督力度，增加土地供给的透明度。禁止地方政府用低地价、低环保标准、税收减免等方式扭曲资源要素价格，用不符合国民待遇原则的政策吸引投资。积极推动地方政府职能由直接干预和参与经济发展向创造公平的市场竞争环境为主转变。

# 四、对策措施

为加快培育和打造新型市场主体，必须在市场中介组织发展、资源要素市场化改革、企业创新能力提升等方面加大工作力度，塑造适应经济发展方式转变新要求的新型政企关系。

## （一）大力发展市场中介组织，承接政府职能转移

推进政府职能转变对中介机构的服务能力提出了更高要求。目前我国资产评估、审计、投资银行、法律咨询、财务顾问、市场调查等方面的中介机构发展仍然不足，因此，要尽快建立完善包括产权交易、融资担保、会计审计、资产评估、法律咨询等在内的中介服务体系，在此过程中要重视吸引享有较高信

誉的大型跨国中介服务公司来华投资和合作，全面提供可信任的优质中介服务；其次，应更多发挥中介组织的独立作用，使中介机构的服务方式、程序、标准等进一步科学化和规范化，防止服务与交易政企不分而滋生腐败与损害国家利益等行为的发生，为经济发展方式转变创造更为良好的市场环境。

## （二）加快资源要素市场化改革进程，健全金融信贷体系

深化资源要素市场机制改革，重点推进资源类产品价格改革，健全反映市场供求关系、资源稀缺程度的价格形成机制。调整和理顺土地、重要矿产资源、水资源等稀缺资源的价格关系，建立和完善生态环保补偿责任机制，使本应由企业承担、以前却由政府和社会承担的部分成本，真正进入企业的投资和经营成本中。继续加快能源产品和市场改革进程，加快推进资源税、天然气价格改革进程。进一步健全金融信贷体系。强化我国微观银行体系基础，大力发展地区性中小金融机构，降低我国银行业的集中度，不断改变银行等金融信贷资金过度集中于大企业和少数行业的局面。积极鼓励金融机构加大对小微企业的贷款支持力度，加强银行信贷执行产业准入标准的科学性和规范性。

## （三）深化国有资产管理体制改革，健全激励约束机制

改变国资委所谓"婆婆加老板"式的从保值增值要求管理国资做法，组建若干行业性国有资产经营公司，行使管资产职能。使国资委从国企的代言人和利益共同体向全社会和国家利益的代言人转变，由主要从国企角度考虑问题转向从全民、全社会的角度考虑国企和国有资产问题转变。加大产权改革力度，允许社会资本参股甚至控股国有企业，大力发展混合所有制经济。应制定法律法规，把约束国有企业的行为上升为国家意志（通过《特殊法》约束国有企业是发达国家管理国有企业的基本方式）。对薪酬福利待遇过高造成国有资产流失的，应依法予以严肃追究。这不但能最终解决混乱的分配体制，有利于提高国有资产的整体质量，也会有利于民营经济的发展。同时，国企内部要进一步健全激励约束机制，保障其受托的国企资产保值增值，确保包括社保基金在内的企业股东能充分享受到企业发展的成果。另外，为保障国有企业和国有资产管理体制改革的顺利推进，尽快完善国有资产立法，拓宽法律适应范畴，将资源性、行政事业性国有资产纳入统筹范围，而不单是适应于企业形态的国有资产。

## （四）强化创新驱动，提升市场主体可持续发展能力

企业自主创新能力是经济发展方式转变的关键因素。要深化科技体制改革，建立健全鼓励原始创新、集成创新、引进消化吸收再创新的体制机制，健全技术创新市场导向机制，发挥市场对技术研发方向、路线选择、要素价格、各类创新要素配置的导向作用。建立产学研协同创新机制，强化企业在技术创新中的主体地位，发挥大型企业创新骨干作用，激发中小民营企业创新活力，发展技术市场，健全技术转移机制，促进科技成果资本化、产业化。同时，要积极借鉴国外先进经验，进一步加强企业自主创新相关法制建设，使法律法规定型化、规范化和系统化，为各类所有制企业创新提供更加完备的法律保障，逐步建立起一套较为完善的促进企业创新的法律支持体系，为促进企业自主创新提供良好的法制环境。通过多种政策工具，加快体制机制改革，推动建立企业自主创新的内在良性发展机制，形成有效地创新激励，充分发挥创新主体的主动性，最大限度的利用创新资源。

**参考资料：**

周叔莲：《国有企业改革三十年的回顾与思考》,《改革发展》2008 年第 12 期。

刘在红、臧跃茹：《国企改革当打"系统工程牌"》,《中国经济导报》2009 年 1 月 3 日。

金碚：《论国有企业改革再定位》,《中国工业经济》2010 年第 4 期。

任鹏宇：《垄断"造就"央企高税负》,《投资者报》2010 年 4 月 19 日。

郭宏业：《对话白重恩，认清机会不平等的根源》,《董事会》2010 年第 8 期。

王小鲁：《灰色收入与国民收入分配状况》,《比较》2010 年第 48 辑。

俞建国：《转变经济发展方式与速度的关系》,《经济决策参考》（国家发展和改革委经济研究所内刊）2012 年 2 月 6 日。

俞建国：《对转变经济发展方式的一点思考》,《国家发展和改革委员会经济研究所研究报告》2012 年第 4 期。

马宇：《国有企业改革路线图与时间表》,《中国经营报》2013 年 1 月 19 日。

林永生：《光伏产业困境留下惨痛教训》,《环球时报》2013 年 3 月 22 日。

陈斌：《我国民营上市公司发展实证研究》,《证券市场导报》2008 年 4 月。

卫兴华：《创新驱动与转变发展方式》,《经济纵横》2013 年第 6 期。

本书编写组：《〈中共中央关于全面深化改革若干重大问题的决定〉辅导读本》,学习出版社 2013 年版。

世界银行报告：《有效约束、充分自主 -- 中国国有企业分红政策进一步改革的方向》，2010 年。

天则经济研究所课题组：《国有企业的性质、表现与改革》（天则内部文稿），2011 年 4 月。

国家发改委经济研究所课题组：《我国反垄断的重点、难点及其对策》，国家发改委宏观经济研究院 2012 年度重点课题 2013 年 2 月修改稿。

世界银行、国务院发展研究中心联合课题组：《2030 年的中国：建设现代、和谐、有创造力的社会》，中国财政经济出版社 2013 年版。

《中国统计年鉴（2012）》，中国统计出版社 2012 年版。

# 分报告七:转变经济发展方式与深化要素市场改革研究

生产要素市场是指土地、资金、劳动力、技术等生产要素商品化过程中的交易关系的总和,以及这些生产要素交易的场所或领域,一般包括土地市场、资本市场、劳动力市场、技术市场以及附着在土地上的能源、矿产资源市场等。改革开放以来,我国按照渐进式思路推进市场化改革,市场体系的发育从商品市场延伸到生产要素市场,从扩大市场调节范围深入到构建现代市场体系。与商品市场相比,要素市场改革相对滞后,符合社会主义市场经济要求的要素市场体系尚未建立起来,土地、资本、劳动力、技术、资源等生产要素市场在不同经济类型企业、不同行业、不同地区及城乡间分割,价格受到行政干预和管制,各类市场主体平等使用生产要素的环境尚未形成,影响到经济发展方式转变。

## 一、要素市场的制度框架及存在的问题

土地、资本、劳动力、技术、资源等生产要素市场,发展起步时间不尽相同,加之具有不同的要素属性和特质,因而具有不同的制度框架和市场体系,也存在不尽相同的问题。

### (一)土地市场

土地市场既包括城乡建设用地市场,也包括农村承包经营地流转市场。由于我国允许进入土地市场的主要是国有建设用地使用权,采取垄断供应方式,市场秩序尚不规范,今后建设用地市场化是土地要素市场化的重点,因此,本文重点研究城乡建设用地市场,同时兼顾农村承包地流转市场。

改革开放前，我国对城市建设用地实行行政划拨，实行无价、无偿、无期限使用的"三无"土地制度。改革开放后，农村联产承包责任制成功探索了农业用地所有权和使用权分离，为国有建设用地使用制度改革和土地市场建立提供了经验。1980年开始对中外合资企业征收土地使用费，1987年深圳敲响了国有土地使用权公开拍卖的"第一槌"，我国城市建设用地开始朝着有价、有偿、有限期使用方向发展，土地市场经历了从无到有、从小到大的发展过程。经过30多年的发展，目前已经建立起了以有偿使用、交易管理、监管调控、市场服务等为主要内容的土地市场基本制度框架。供给管理方面，形成了主要包括土地利用规划和土地利用年度计划、农用地转用制度、土地征收制度、土地储备制度、限制用地项目目录、禁止用地项目目录和划拨用地目录等管理制度。需求管理方面，建立了城镇土地使用税、房产税、耕地占用税、土地增值税、契税、新增建设用地有偿使用费等税费调控体系。价格管理方面，建立了土地价格评估制度，基准地价、标定地价确定和定期更新、公布制度，协议出让国有土地使用权最低价制度，全国工业用地最低出让价控制标准，交易价格申报制度等。尽管如此，目前土地市场还存在以下主要问题。

**1. 城乡二元分割**

我国城乡土地两种所有制并存，城市土地属于国家所有，地方政府代表国家行使建设用地的处置权、出让权和收益权；农村土地属于农民集体所有，农民集体拥有农地的使用权、收益权和转让权，在农地转化为非农用地时，农民的土地权利在获得原用途的倍数补偿后即告消失。城市建设用地由土地储备机构代表地方政府"统一收购、统一开发、统一出让"，统一收购农村土地和城市废弃建设用地，统一开发后通过土地市场统一供应，农村集体建设用地必须经政府征收后方可进入城市建设用地市场。部分地方开展了农村集体建设用地流转试点，探索农民以出让、转让、出租等方式流转使用权。

**2. 政府垄断供应**

中央政府拥有土地垄断供应的终极权利，通过行政审批和计划控制，对各地城镇新增建设用地实行指标管理，每年自上而下，层层分解；耕地占用实行更为严格的审批制度，并要求先补后占、占补平衡。地方政府是农地转化为建设用地的唯一合法人，一手从农民手中低价征地，一手将转为国有的土地独家向市场需求者高价供应，形成土地垄断供应的局面。按照现行《土地管理法》的相关规定，地方政府对于征收的农用地按照原用途进行补偿，补偿费用包括土地补偿费、安置补助费以及地上附着物和青苗补偿费，综合不得超过征收前三年平均产值的 30 倍。

### 3. 市场定价功能尚不完善导致价格扭曲

我国土地价格的市场形成机制尚不完善，市场定价功能尚未发挥作用，土地价格不能准确反映未来市场价值。我国对城市建设用地实行"批租制"，地方政府在出让城市建设用地时，根据土地用途一次性收取 40 年、50 年和 70 年不等（住宅用地 70 年、工业用地 50 年、商业用地 40 年）的土地出让金，作为地方政府基金收入。目前土地出让金已经成为地方政府财政收入的主要来源，国有土地出让成交价款占地方财政收入的比例从 1999 年的 9.2% 提高到 2009 年的 43.7%。一次性收取土地出让金的批租制，可以为地方政府赚取短期财政收入，但却不能充分反映未来几十年土地的使用价值（一般都偏低）。

土地市场价格扭曲还与我国对城镇建设用地供应的双轨制有关。目前政府划拨和有偿出让土地两种方式并存，按出让土地数量（公顷）计算，行政划拨用地占建设用地供应总量比例尽管从 2001 年的 41.4% 降低到 2012 年的 22.5%，但占比仍然较大；有偿出让中协议出让与招拍挂并行，通过真正体现市场竞争机制的招拍挂方式出让的土地所占比例，尽管从 2003 年 19.1% 提高到 2010 年 72.8%[①]，但仍然有一部分土地是通过协议出让的。尽管《国务院关于促进节约集约用地的通知》（国发〔2008〕3 号），明确要求严格落实工业和经营性用地招拍挂出让制度，对国家机关、基础设施及各类社会事业用地积极探索实行有偿使用，但工业用地报批时要求有项目、有可研报告等，工业用地的招拍挂只是程序性、走形式，形成的价格只是土地指导价或在其上小幅上浮，真正能够体现市场竞争规则而采取招拍挂的只有房地产用地，从而造成工业用地价格与房地产用地价格比价不合理，工业用地价格扭曲。

### 4. 市场秩序尚不规范

双轨运行的土地供应制度不仅造成土地价格扭曲，而且还影响到正常的市场交易秩序。一些地方巧立名目，将无偿划拨用地转为经营性用地，基础设施、机关事业单位、军事用地等公益性用地中还存在粗放使用、乱用、转用现象。市场交易中寻租、腐败等案件频繁出现。20 世纪 90 年代以来，一些农村地区探索以转包、出租、互换、转让、股份合作等形式流转土地承包经营权，培育和发展了农村承包地流转市场，但受土地确权不到位、政府流转服务不到

---

① 如果按存量计算，截至2012年底，我国行政划拨用地占建设用地供应总量的比例为53.0%，通过招拍挂方式出让的土地占42.4%。

位、承包经营地使用权流转市场不健全的影响，土地承包经营权流转中纠纷时有发生，还出现了农地非农化和侵犯农民权益现象，市场秩序也不规范。

## （二）金融市场

金融市场又称为资金市场，包括货币市场和资本市场，是资金融通和融资市场。货币市场是融通短期（一年以内）资金的市场，包括同业拆借、回购协议、商业票据、银行承兑汇票、短期政府债券、大面额可转换存单等子市场，资本市场包括中长期信贷市场和证券市场。开放经济中，金融市场还涉及到与其他国际资金的比价关系，因此，外汇市场也成为其重要组成部分。从融资方式角度看，金融市场可分为直接融资市场和间接融资市场，间接融资通过银行获取资金，直接融资通过金融市场向社会上有资金的机构和个人筹资，包括债券、股票、期货、保险、融资租赁等市场。

改革开放以来，我国金融市场同样经历了从无到有、从小到大的发展过程。20 世纪 80 年代中期，随着一批股份制银行和非银行金融机构的相继组建及外国金融机构在沿海地区设立分支机构，同业拆借市场、票据贴现市场、大额存单市场、长短期债券市场等货币市场体系和外汇市场获得了较快发展。20 世纪 80 年代试点和推行了企业股份制改革，1990 年建立了上海和深圳两大证券交易所，1981 年我国重新开始发行国债，1982 年和 1984 年分别出现了企业债和金融债，随着证券发行增多和投资者队伍扩大，股票市场、债券市场获得了较快发展。党的十四大及十四届三中全会做出了建立社会主义市场经济体制的决定，金融体制改革进入了全面展开阶段，金融市场在规范中不断发展。截至 2011 年末，我国货币市场参与机构超过 1 万家，基本涵盖了银行、证券公司、基金公司、保险公司、非银行金融机构、企业等所有类型市场主体，已经成为企业短期融资的重要场所。随着 20 世纪 90 年代以来封闭型和开放式证券投资基金的相继设立，股票发行由"指标制"转为"核准制"，实行由专家组成的发行审核制，实施股权分置改革，建立中小板、创业板和全国性中小企业股份转让系统（新三板）等，资本市场发展进程明显加快，市场配置金融资源能力明显提升。综合看来，当前金融市场主要存在以下主要问题。

### 1. 市场结构不合理

一是间接融资市场与直接融资市场发展不协调。我国金融体系仍然以银行为主，直接融资市场尚未充分发展起来。2001 至 2011 年，中国境内直接融资筹资额与同期银行贷款增加额之比分别为 9.50%、4.11%、2.97%、4.49%、

2.05%、8.05%、21.21%、8.48%、5.27%、12.82%、12.92%（图7-1）。2012年底我国直接融资约为2.5亿，占同期社会融资规模的14.3%，明显低于英美市场（直接融资占比70%）和德国市场（直接融资占比50%）。在大部分成熟市场和一些新兴市场，公司外部融资主要通过发行股票和公司债券等直接融资方式，而不是银行贷款。企业融资过分依赖银行系统，积聚了巨大的金融风险，并影响到金融资源配置效率。

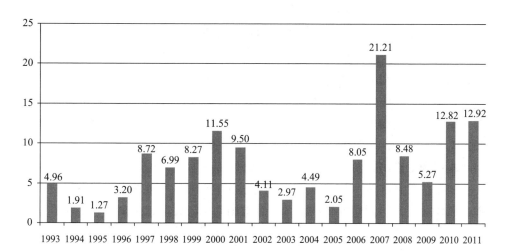

**图7-1 境内直接融资筹资额与银行贷款增加额的比率**

资料来源：《2012年中国证券期货统计年鉴》第17页。

二是间接融资市场上大中小型银行发展不协调。我国银行体系由大银行主导，地方性中小银行发展滞后。2013年，中资大型、中型、小型银行、外资银行、农村信用社的总资产占银行机构总资产的比例分别为54.5%、22.0%、16.3%、1.7%、5.5%，吸收纳入广义货币的存款（包括企业定期存款、企业活期存款、居民储蓄存款）占银行机构吸收存款总额的比例分别为57.0%、17.9%、17.0%、1.2%、6.9%[①]。中小银行是为中小企业提供融资支持的主体，其发展缓慢，必然影响到量大面广的中小企业融资需求。

---

[①] 根据《2013年中国人民银行年报》第102页~106页的银行资产负债表计算得到。其中中资大型银行指本外币资产总量超过2万亿元的银行，具体包括中国工商银行、中国建设银行、中国农业银行、中国银行、国家开发银行、交通银行、中国邮政储蓄银行；中资中型银行指本外币资产总量小于2万亿元且大于3000亿元的中资银行，具体包括中国农业发展银行、上海浦东发展银行、中信银行、兴业银行、中国民生银行、中国光大银行、华夏银行、中国进出口银行、广东发展银行、深圳发展银行、北京银行、上海银行、江苏银行。

三是直接融资市场上股票市场和债券市场发展不协调。首先表现在债券市场规模相对偏小，2011 年底，中国债券市场筹资规模仅相当于股票市场筹资规模的 22.2%，远低于美国等成熟市场，甚至低于韩国、印度等新兴市场[①]。债券市场品种结构和市场结构不合理，公司债券市场发展滞后。截至 2011 底，我国债券市场只有少量的可转换公司债（413.2 亿元）、可分离交易公司债（32 亿元）及上市公司债（1262.2 亿元）等属于真正意义上的公司债券，占债券市场总量仅为 1.5%，远低于成熟市场国家，也远远不能满足企业发展的需要。包括主板、中小板和创业板在内的股票市场虽然发展较快，以中关村股份转让代办系统为试点的"新三板"市场也在整合中发展，但与发达国家相比，股票市场规模总体也偏小，截至 2011 年底，我国共有上市公司（A、B 股）2342 家，总市值 21.48 万亿元，其中中小企业上市公司仅 646 家，总市值 2.7 万亿元，创业板上高新技术企业上市公司 281 家，总市值 0.74 万亿元，远远不能满足各类企业尤其是成长型中小企业、高新技术企业的融资需求。

**2. 市场定价功能尚不完善和价格扭曲**

一是信贷利率尚未完全实现市场化。尽管近 10 年来我国利率市场化改革不断加快，银行间同业拆借利率、债券市场利率、票据贴现利率、外币存贷款利率逐渐市场化，在金融机构试点放开了人民币协议存款利率，部分大额长期存款利率可由资金供求双方在基准利率的基础上协商确定，2004 年以来又放宽了对人民币存贷款利率的管制[②]，实现了"存款利率管上限，贷款利率管下限"，2012 年扩大了利率浮动空间[③]，2013 年 7 月 20 日取消金融机构贷款利率的下限管制，但存款利率管制没有放开，利率水平对资金供求的反映仍然不准确，不能合理引导企业和居民的金融活动。尽管 2007 年上海银行间同业拆借利率（Shibor）开始运行，但这一市场基准利率还不能在资金借贷市场和银行信贷业务中有效发挥作用，央行制定的基准利率起主导作用，资金价格扭曲现象仍然存在。银行体系存在的"规模歧视"和"所有制歧视"，也在一定程度上造成市场在资金配置中还不能发挥有效作用。

---

① 2006年底，日本、德国、美国、韩国、英国、印度债券市场与股票市场相对规模分别为 179%、157%、142%、136%、87%、50%。数据参见中国证券监督管理委员会《中国资本市场发展报告》，中国金融出版社2008年版，第84页。

② 放开金融机构贷款利率上限（城乡信用社贷款利率上限为基准利率的2.3倍），下限为贷款基准利率的0.9倍；同时，取消存贷款利率下限，上限为存款基准利率。

③ 贷款利率浮动空间的下限从基准利率的0.9倍调整为基准利率的0.8倍，存款利率浮动空间的上限由基准利率调整为基准利率的1.1倍。

二是证券发行和定价制度尚未完全市场化。股票和债券发行仍然存在行政控制环节过多、审批程序复杂等问题。股票市场发行制度名义上已经市场化，实际上仍然采用行政色彩较浓的核准制（实际上仍然是审批制），从发行人资格审查、发行规模、发行乃至上市时间等，很大程度上由监管机构决定，中介机构、专业机构投资者在发行定价过程中的作用没有充分发挥。国债、企业债和金融债分别由财政部、国家发改委、中国人民银行等部门负责，由于不同部门制定的发行审批具体规则差别很大，造成不同债券产品发行审批标准不同。企业债券发行审核体制总体上仍然沿用高度依赖行政审批的额度制，发行主体集中于大型金融机构、大型企业和国有企业，影响债券市场发展。国债交易市场流动性不足，收益率曲线不完整，导致债券发行和市场交易均缺乏必要的利率基准，也制约到债券市场定价功能的有效发挥。

三是汇率形成机制尚未完全市场化。我国外汇管理体制经过1994、2005年两次较大幅度改革，目前实行"以市场供求为基础、参考一篮子货币进行调节、有管理的浮动汇率制度"。汇率浮动区间的逐步扩大使汇率弹性有所增强，汇率形成在一定程度上体现了市场供求作用，但由于资本项目开放尚未完全到位，人民币无法实现自由兑换，因此汇率形成机制尚未完全市场化。

**3. 市场分割**

中国股票市场分为国内A股市场、国内B股市场和香港市场（红筹股和H股），债券市场则分为银行间债券市场、交易所债券市场和银行柜台交易市场。市场间相互分割，缺乏必要的套利机制，降低了中国股票市场和债券市场的有效性。金融市场分割还表现在体制内金融市场和体制外金融市场并存：体制内金融市场主要包括以国有银行为主的信贷市场、股权市场和债权市场等，体制外金融市场主要是地下钱庄等民间非法金融市场。由于国有企业、国有银行与政府存在天然的特殊关系，银行信贷、股权融资和债权融资以国有企业为主要服务对象，国有经济部门可以以低于市场价格的利率获得资金，而非公经济在融资中经常受到"所有制歧视"，融资难问题突出。

**4. 市场体系不完善**

突出表现在两方面。一是货币市场发育滞后。同业拆借市场、债券回购市场、票据市场等货币子市场规模偏小，交易工具结构单一，各个子市场间分割，既不能满足企业短期融资的需要，也在一定程度上导致货币市场形成的利率信号失真，不能反映资金的市场价值。二是缺少柜台交易市场，中国非上市的股份公司数量众多，但由于缺乏柜台交易市场，这些公司的股份无法顺畅地流转。

## （三）劳动力市场

广义的劳动力市场既包括以简单劳动、体力劳动为主要交易对象的劳动力市场，也包括以技术人才、管理人才为交易对象的人才市场，狭义的劳动力市场则仅包括以简单劳动、体力劳动为主要交易对象的低端劳动力市场。这里研究宽泛意义上的劳动力市场。改革开放以来，我国劳动力市场也经历了从无到有、从大到小的发展过程。1958 年开始实行的户籍制度，将劳动力资源固定在户籍所在地，城市用工实行计划管理，中国没有劳动力市场。20 世纪 80 年代，随着城乡管理制度松动和城市劳动用工制度改革，数千万农村劳动力自发冲破城乡壁垒，拥进城镇务工谋生，我国出现了以国有企事业单位为需求主体的体制内劳动力计划配置和以"三资"企业、私营企业、国有企事业单位雇佣农民工等为需求主体的体制外劳动力市场，这一时期劳动力市场具有城乡分割、体制内外部门分割的特点。20 世纪 90 年代以来，随着与市场化相配套的就业制度（国有企业劳动用工制度、大学生就业分配制度等）和社会保障制度不断完善，计划配置劳动力资源的范围不断缩小，劳动力交易的市场体系基本形成。综合看来，当前我国劳动力市场还存在以下几方面的主要问题。

### 1. 市场多元分割

劳动力市场分割是一种普遍现象，但像我国这样存在严重的制度性分割，世界少有。我国劳动力市场分割首先与户籍、劳动用工与社会保障等制度有关，正是这些制度及其惯性作用导致了劳动力市场长期在城乡之间和不同所有制部门之间分割。20 世纪 90 年代以来，随着国有企业改革深化和非国有经济发展，劳动力在不同所有制单位间的流动性加强，体制内外部门分割有所弱化。与此同时，在对大多数行业引进市场竞争机制的同时，某些行业仍然实行行政垄断，加之存在由于行业网络特征产生的自然性垄断，劳动力市场出现了与垄断和竞争格局有关的行业分割。

在市场因素、制度因素和社会因素的综合影响下，我国劳动力市场呈现出城乡分割、区域分割、体制内外部门分割、行业分割等多元分割状态。目前，城乡劳动力可以双向流动，每年有 2 亿多的农民通过市场方式进入城市，但由于城市劳动力市场还没有对农村实行全方位开放，政府对城市劳动者就业采取不同于农村劳动者的特殊保护制度，农村劳动力与城市劳动力还不可能真正享受平等竞争的权利，城市劳动力市场和农村劳动力市场在相当程度上呈分割状况。受社会保障制度不统一、福利待遇和升迁机会差别大等多种原因的影响，国有企事业单位等体制内部门的劳动力与"三资"、私营企业等体制外部门的劳动力也呈现分割状态。垄断行业因其高工资与高福利形成特殊的劳动者群体，行业内劳动力一般不向外部流动，其他行业的劳动力也很难进入，致使劳动力在垄断行业和竞争行业之间分割。受户籍制度和社会保障转移接续制度尚不健全的影响，劳动力在区域之间也存在分割现象。此外，在人力资源和社会保障部成立之前，我国劳动和人事分属不同部门管理，劳动保障部门和人事部门分别建立了"劳动力市场"和"人才市场"，在一定程度上造成劳动力市场与人才市场之间分割。劳动力市场的多元分割，极大地影响到劳动力在城乡、部门、区域、行业间优化配置，并提高了劳动力的市场流动成本。

**2. 市场定价功能尚不完善导致价格扭曲**

在城乡分割、体制内外部门分割、行业分割、区域分割的劳动力市场体系中，不同市场之间劳动力相互流动的门槛高，一般很难跨越，即使人员是流动的，但由于就业人员身份固定，不存在统一的劳动力价格、社会保障制度、劳动用工制度以及劳动力供求关系，市场定价功能尚不完善，市场机制还不能有效发挥作用。劳动力不能通过公平竞争获得市场价格，同等劳动不能领取同等报酬现象比较普遍。

在城乡分割和区域分割的劳动力市场中，受户籍制度影响，进入城市的农村劳动力，无法同城市劳动力一样，获取平等竞争的就业机会并获得大致相同的制度性工资。他们大多从事劳动强度大、劳动条件差的工作，领取比城市劳动者低得多的劳动报酬，如果连同社会保障、医疗保险、子女教育等计算，福利待遇差别更大。根据国家统计局对全国 31 个省（自治区、直辖市）7500多个村和近 20 万农村劳动力的监测调查资料，2012 年全国农民工总量达到26261 万人。这些进城务工人员主要进入制造业、建筑业和服务业（表 7-1），劳动强度普遍较大、工作条件较差、工资待遇低。多年来，农民工的月平均工资仅仅相当于城镇职工的 50~60%（表 7-2）。2012 年，大约四成外出农民工雇主或单位不提供住宿也没有住房补贴；2010、2011、2012 年外出农民工每周工作时间超过法定规定的 44 小时的分别高达 90.7%、84.5%、84.4%[①]。大部分农民工还没有被纳入城镇社会保险，2012 年雇主或单位为农民工缴纳养老保险、工伤保险、医疗保险、失业保险和生育保险的比例分别为 14.3%、24%、

---

① 国家统计局主编《2013年中国发展报告》，中国统计出版社2013年版，第117页。

16.9%、8.4% 和 6.1%（表 7-3），而城镇职工参保比例基本上达到 90%。由于劳动力市场城乡分割，加上劳动力供给超过需求，需求方往往凭借其强势地位，利用歧视性就业制度和户籍制度来压低农民工工资，致使其工资水平长期偏低。此外，一些地区还利用户籍制度限制外地农民工的就业领域，对本地农民工与外地农民工实行不同工资待遇。

表 7-1　农民工从事的主要行业分布　单位：%

|  | 2008 | 2009 | 2010 | 2011 | 2012 |
|---|---|---|---|---|---|
| 制造业 | 37.2 | 36.1 | 36.7 | 36.0 | 35.7 |
| 建筑业 | 13.8 | 15.2 | 16.1 | 17.7 | 18.4 |
| 交通运输仓储和邮政业 | 6.4 | 6.8 | 6.9 | 6.6 | 6.6 |
| 批发零售业 | 9.0 | 10.0 | 10.0 | 10.1 | 9.8 |
| 住宿餐饮业 | 5.5 | 6.0 | 6.0 | 5.3 | 5.2 |
| 居民服务和其他服务业 | 12.2 | 12.7 | 12.7 | 12.2 | 12.2 |

资料来源：国家统计局主编《2013 年中国发展报告》，中国统计出版社 2013 年版，第 114 页。

表 7-2　城镇职工与农民工的月平均工资比较　单位：元

|  | 2008 | 2009 | 2010 | 2011 | 2012 |
|---|---|---|---|---|---|
| 城镇职工 | 2408 | 2687 | 3044 | 3483 |  |
| 农民工 | 1340 | 1417 | 1690 | 2049 | 2290 |

资料来源：城镇职工工资来源于《2012 年中国劳动统计年鉴》第 37 页，农民工工资来源于国家统计局主编的《2013 年中国发展报告》第 116 页。

表 7-3　外出农民工参加社会保障的比例　单位：%

|  | 2008 | 2009 | 2010 | 2011 | 2012 |
|---|---|---|---|---|---|
| 养老保险 | 9.8 | 7.6 | 9.5 | 13.9 | 14.3 |
| 工伤保险 | 24.1 | 21.8 | 24.1 | 13.6 | 24.0 |
| 医疗保险 | 13.1 | 12.2 | 14.3 | 16.7 | 16.9 |
| 失业保险 | 3.7 | 3.9 | 4.9 | 8.0 | 8.4 |
| 生育保险 | 2.0 | 2.4 | 2.9 | 5.6 | 6.1 |

资料来源：国家统计局主编《2013 年中国发展报告》，中国统计出版社 2013 年版，第 117 页。

在体制内外部门分割和行业分割的劳动力市场中，国有企业和垄断企业职工的工资水平既体现不出劳动力市场价格，也反映不了劳动力市场供求状况，其工资决定还维持着与计划经济体制相联系的工资分配制度，保留着"大锅饭"、"铁饭碗"现象。这些部门由于拥有行政性垄断产生的超额利润，职工工资水平由企业内部决定，福利也很好[①]，同时排斥外来人员进入，形成了封闭的内部劳动力市场。垄断企业有岗位空缺通常不会向社会公开招聘，往往都是在内部推荐的人选中选择。为了使垄断利益在内部循环，石油、化工、电信、金融、银行、航空、铁路等行业的国企尤其是中央企业，还雇佣大量劳务派遣工。有数据表明，截至2010年底，全国劳务派遣人员已达6000万，大致占职工总数的两成。劳务派遣工的收入、福利和发展机会远远比正式职工差。

**3. 市场体系不完善**

我国劳动力市场以简单劳动、体力劳动为主要交易对象，市场层次较低，高级劳动力市场如企业家、职业经理市场尚未形成。受教育体制改革滞后的影响，劳动力市场还存在低素质劳动力过剩和高素质劳动力缺乏并存、一般劳动力过剩和人力资本不足并存等问题。

## （四）技术市场

改革开放以来，技术市场的形成和发展也经历了从无到有，从小大到大的过程。改革开放之初，随着计划经济体制松动，自发出现了技术有偿转让活动，技术市场处于萌芽中。20世纪80年代中期到90年代初，随着中央关于科技体制改革决定、《国务院关于技术转让的暂行规定》、《技术合同法》等一系列文件相继出台，技术的商品属性得以明确，技术市场开始出现。党的十四大提出建立社会主义市场经济体制后，培育和发展要素市场成为经济体制改革的重要内容，技术市场也随之进入快速发展阶段。新世纪以来，我国着力强调提高自主创新能力，加速科技成果转化，技术市场得以深入发展。经过30多年的改革和发展，目前技术市场已经形成了比较完整的政策法规体系、监督管理体系、中介服务体系，技术交易日趋活跃，技术价格形成机制趋于成熟，技术市场成交额从1991年的95亿元提高到2012年的6437亿元，

---

[①] 统计数据表明，改革开放30年来垄断行业平均工资是非垄断行业的近3倍，其中还不包括无法精确统计的各类非工资收入。

年均增长 13.8%。

无论是与发达国家相比，还是与我国资本、劳动力市场相比，我国技术要素的市场化程度还较低，技术市场尚不能对技术研发方向、路线选择、要素价格、各类创新要素配置发挥导向作用。当前，我国技术市场体系尚不完善，市场定价功能尚不完善，价格机制尚不能有效发挥作用。技术是特殊和复杂的生产要素，需要专门的评估机构，但技术经纪机构、技术评估机构等科技中介机构发展滞后，技术要素的价格评估与知识产权管理分属不同部门，一定程度上造成市场分割、价格信号失灵，影响市场对技术要素的合理定价和优化配置。在我国，大学和科研院所是科技成果的主要产生地，但科研管理体制僵化，产学研合作机制尚不完善，知识产权和技术产权主体模糊，无法在市场上进行产权交易，也在一定程度上影响技术市场发展。企业作为技术市场主体的作用还没有充分发挥，从供求两方面影响技术市场发展：作为技术需求方，由于大多数企业追求短期利益，造成技术市场上需求不足；作为技术供给方，企业研发动力不足，技术创新能力弱，造成技术市场上供给不足。

## （五）资源要素市场

矿产、能源等不可再生资源，由于产、供、销尚未完全摆脱计划配置方式，这类市场还属于计划控制的市场。市场尚不具备定价功能，煤炭、石油、天然气等主要能源的价格形成机制尚未形成，价格大多只反映资源开发和运输成本，没有反映资源稀缺程度和环境损失的外部成本，价格水平偏低。以煤炭价格为例，根据山西省测算，仅煤炭资源、水资源、土地塌陷、煤矸石污染和占地等损耗，每吨未计入成本部分接近 100 元，如果包括安全欠账、工资偏低、少提折旧和发展替续产业费用的积累等因素，则相当于现有生产成本的50% 左右[①]。国际通用的按照热值计算的煤炭、石油、天然气比价关系，大致为1：1.5：1.35，而我国实际大致为 1：4：3，与主要依靠进口的石油、天然气相比，我国主要靠自产供应的煤炭价格偏低。资源价格改革背后深层原因是资源产权制度不完善，我国宪法尽管规定了资源归国家所有，但迄今并没有在开发领域实行国家所有权，而仅以税费形式管理。在实际开发利用中，由于资源环

---

① 赵自芳：《生产要素市场扭曲的经济效应——基于中国转型期的实证研究》（浙江大学博士学位论文），2008年。

境产权界定不清晰，中央和地方对资源的所有权和使用权、收益权等权利关系还未完全理顺，也没有建立起资源环境交易制度和资源环境保护制度，以上都影响到资源要素市场的发育和发展。此外，受地方保护的影响，全国统一、竞争有序的能源矿产资源市场也未形成。

## （六）小结

尽管土地、资本、劳动力、技术和资源等生产要素市场的制度框架和运行机制不同，但市场体系不完善、市场分割、价格扭曲、交易秩序不规范是各类生产要素市场存在的共同特征。

首先，各类生产要素市场体系都还不完善。部分地区探索建立了农村土地市场，包括农民承包经营地和集体建设用地在内的农村土地市场尚处于发育之中。金融市场体系中场外交易市场发展缓慢，多层次资本市场体系尚不健全。劳动力市场体系中职业经理人等高级劳动力市场尚未培育出来。技术要素市场的覆盖面还比较小，参与交易的市场主体还很有限。

其次，各类生产要素市场都存在二元（多元）分割和双轨运行现象。城乡土地分别属于国有和集体所有，城乡建设用地市场二元分割，农村集体建设用地必须经地方政府征用方可进入城市建设用地市场，农村集体建设用地在农村内部以入股、入资、转让等方式进行自行流转。体制内金融市场和体制外金融市场并存，以国有银行为主体的信贷市场和以民间资本为主体的地下金融并存，造成不同所有制的市场主体获取金融资源的难易程度和资金成本不同。受户籍、城乡劳动用工和社会保障等制度的影响，劳动力市场出现城乡分割、体制内外部门分割、行业分割、区域分割、劳动力市场和人才市场分割等多元分割状态。技术市场则被计划和市场分割开来，体制内科研院所与体制外市场主体尚未有效对接，技术与金融对接不畅，全国统一的技术市场尚未形成，"卖技术难"和"买技术难"现象并存。

再次，各类生产要素市场都存在市场定价功能尚不完善和价格扭曲现象。长期以来，在主要依靠投资带动经济增长方式的推动下，我国自觉不自觉做出了压低资本、外汇、劳动力、能源资源等要素价格的一系列制度安排。当前，在行政控制（或与行政控制相关的体制因素）下，市场定价功能不能有效发挥作用，生产要素价格扭曲，政府通过垄断控制、行政审批、价格管制等方式，掌握土地、资本、能源、矿产资源等稀缺要素的配置权和定价权。资金的价格主要由中央政府控制，表征资金价格的存款利率至今尚未放开。

土地的价格主要由地方政府控制，一方面，土地批租制不能反映市场未来市场价值；另一方面，各级地方政府在招商引资过程中竞相压低地价，土地价格大大偏离了市场价值。受户籍制度影响，城乡劳动力同工不同酬现象普遍，劳动力价格主要由在劳动力市场处于强势地位的企业控制。能源矿产资源使用者实际支付的是资源使用费或资源税，并未包含环境污染等社会成本，政府主导的资源价格形成机制决定了资源价格大大偏离了其市场均衡价格。技术市场价格尽管由市场决定，但参与生产要素交易的市场中介组织不规范，定价随意性大。

最后，各类生产要素市场都存在秩序不规范和效率不高等问题。在政府控制的土地市场、能源矿产资源市场和体制内金融占主导地位的金融市场中，都存在大量寻租行为，交易行为不规范，导致市场交易秩序较乱。政府对融资进行许可管理，股票和债券发行中存在各种寻租行为，股票市场上对"壳资源"的炒作和各种市场投机现象频繁发生。土地、能源矿产资源、劳动力、技术等生产要素，普遍存在着产权界定不清晰、产权不完整或产权主体模糊等问题，大大增加了要素市场的交易成本，降低了要素所有者的报酬，导致要素资源无法按照市场经济效率原则配置。

处于经济转型和体制转轨时期的我国，要素市场体系不完善、要素市场多元分割、市场定价功能不完善和价格扭曲、交易秩序较乱等问题，是产权制度不完整和行政管制共同作用的结果。要素市场改革滞后，市场体系不健全，核心是产权问题。产权权能归属清晰，方可保证市场机制正常发挥作用，保证要素所有者的合法权益。农村集体土地产权不完整，金融、能源矿产资源等要素的产权名义上归国家所有，实际上处于虚置状态，劳动力产权虽然归劳动者所有，但我国尚未形成完善的保护劳动力产权的法律法规体系，体制内科研单位创造的技术，由于产权模糊，而无法正常交易。依靠行政管制手段替代市场机制，是各类要素价格扭曲、市场混乱、配置效率不高的又一个重要原因。当前，土地、资金、能源矿产资源等要素，都直接或间接受到政府控制，劳动力、技术则与体制因素有关。

表7-4列出了土地市场、金融市场、劳动力市场、技术市场和能源资源市场存在的主要问题。

表 7-4　要素市场存在的主要问题

| 类　别 | 市场体系不完善 | 市场分割 | 价格扭曲 | 市场秩序不规范 |
|---|---|---|---|---|
| 土地市场 | 农村建设用地市场和承包地流转市场建设尚在探索中。 | 城乡建设用地市场二元分割。 | 农村建设用地被地方政府征收后方可进入城市建设用地市场，土地价格扭曲市场价格；地方政府主导土地价格。 | 存在寻租、腐败等现象。 |
| 金融市场 | 货币市场、场外交易市场发展滞后；直接融资市场和间接融资市场、信贷市场、股票市场、债券市场均存在市场结构不合理问题。 | 体制内信贷市场与体制外信贷市场并存，股票市场内部分割、债券市场内部分割。 | 利率、汇率管制；股票、债券上市定价受行政控制。 | 信贷和资本市场存在各种寻租、腐败等现象，股票市场上对"壳资源"炒作和各种市场投机现象。 |
| 劳动力市场 | 高级劳动力市场尚未发育。 | 存在城乡分割、体制内外部门分割、行业分割、区域分割、劳动力和人才市场分割。 | 国有部门、垄断行业工资内部化；农民工等非正规就业群体工资水平长期偏低。 | 国有部门、垄断部门职工不参与劳动力市场配置。 |
| 技术市场 | 技术市场中介服务体系不完善。 | 区域分割，全国统一的技术市场尚未形成。 | 规范的定价机制尚未形成。 | 竞争秩序尚不规范。 |
| 能源矿产资源市场 | 计划控制中的市场。 | 全国统一的能源矿产资源市场尚未形成。 | 价格没有反映污染和环境损害等外部成本。 | 存在寻租、腐败等现象。 |

资料来源：作者整理。

# 二、现行要素市场对转变经济发展方式的影响

生产要素是各种生产中必不可少的投入品，要素市场体系不完善、市场分割、市场定价功能不完善和价格扭曲、交易秩序混乱，不可避免地改变市场主体的消费、储蓄、投资行为，影响企业的要素使用方式和技术选择模式，最终影响到经济发展方式转变。

### （一）对需求结构的影响

要素市场存在的问题影响投资、消费和出口，进而对总需求结构产生影响。

**1. 要素价格扭曲降低了投资成本并在一定程度上刺激了投资**

土地、能源等资源要素价格扭曲，相当于降低了企业投资成本，不仅无法抑制投资冲动，而且所制造的"经济租"可以给企业带来"超额利润"，在一定程度上促使财富向资本所有者集中，为企业扩大再生产和增加投资提供了条件。城乡分割的户籍制度及附着在其上的福利待遇，相当于压低了进城务工人员的市场价格，而我国 2.6 亿多的农民工主要进入第二产业尤其是加工型行业，扭曲了这部分劳动力的工资，相当于降低了企业生产成本，提高了资本所有者的收入。资金市场实行利率管制，企业资金成本保持在较低水平，实际上是用居民部门收入变相补贴企业部门（主要是国有企业）。企业污染等外部成本没有内部化，企业成本被社会化，进一步扩大了企业投资盈利空间。长期以来，我国企业尤其是国有企业始终保持着旺盛的投资热情，与各类要素价格扭曲引致的投资成本低有很大关系。

**2. 金融、土地和劳动力市场体系不完善影响居民收入和消费需求**

第一，金融市场体系不完善，影响居民财产性收入和消费。我国资本市场发育滞后，居民获得财产性收入的机会很有限，2001 年 ~2005 年、2007 年至今的股票市场调整，进一步加剧了居民获得财产性收入的难度。金融市场发展滞后，投资工具有限、利率管制，在造成银行存款成为家庭部门储蓄主要投资渠道的同时，也造成家庭部门的利息收入增长缓慢。与亚洲金融危机以来我国利率变化趋势基本吻合[①]，包括利息在内的居民财产性收入占农村居民收入的比例一直在下降。其中，利息占居民初次分配收入的比例由 1998 年的 6.43% 下降到 2005 年的 3.69%，此后有所提高，但 2008 年也仅为 5.16%。居民财产性收入占国民总收入（初次分配）的比例由 1998 年的 4.33% 下降到 2006 年的 2.51%，此后有所提高，2008 年仅为 3.60%，居民财产性收入占居民初次分配收入的比例由 1998 年的 6.58% 下降到 2005 年的 4.20%，此后有所提高，2008 年还处在 6.11% 的低水平（表 7-5）。对利率进行管制，压低了存款利率，导致资金价格保持在低水平上，相当于将居民收入变相转移给企

---

[①] 在应对亚洲金融危机中，为了刺激投资，我国一年期存款基准利率从 1997 年 10 月 23 日的 5.67% 下调至 2002 年 2 月的 1.98%，此后适应调控经济的需要，反复调整，但一直低于亚洲金融危机前的存款利率水平。

业，影响居民消费需求扩大。

表 7-5　居民收入来源结构　单位：%

| 年　份 | 财产性收入占国民初次分配总收入的比例 | 劳动者报酬占居民初次分配收入的比例 | 财产性收入占居民初次分配收入的比例 | 利息占居民初次分配收入的比例 | 红利占居民初次分配收入的比例 |
|------|------|------|------|------|------|
| 1998 | 4.33 | 80.80 | 6.58 | 6.43 | 0.11 |
| 1999 | 4.35 | 81.90 | 5.30 | 5.06 | 0.17 |
| 2000 | 3.45 | 80.51 | 5.04 | 4.80 | 0.20 |
| 2001 | 3.19 | 82.07 | 5.05 | 4.68 | 0.33 |
| 2002 | 3.10 | 84.12 | 5.21 | 4.70 | 0.47 |
| 2003 | 3.15 | 82.82 | 4.72 | 4.37 | 0.31 |
| 2004 | 2.82 | 81.75 | 4.58 | 4.10 | 0.44 |
| 2005 | 2.64 | 84.60 | 4.20 | 3.69 | 0.41 |
| 2006 | 2.51 | 83.09 | 5.74 | 4.92 | 0.38 |
| 2007 | 3.39 | 82.30 | 6.22 | 4.68 | 0.52 |
| 2008 | 3.60 | 83.27 | 6.11 | 5.16 | 0.40 |
| 2010 | 3.24 | 78.91 | 5.36 | 4.23 | 0.44 |
| 2011 | 4.02 | 78.24 | 6.63 | 6.00 | 0.39 |

资料来源：根据 1998~2011 年的"资金流量表（实物交易）"整理得到，表见《中国统计年鉴》(2001~2013 年)。

第二，城乡分割和政府垄断的土地市场影响居民收入和消费需求。在城乡分割和政府垄断的土地市场上，农村集体土地只有通过政府低价征收转为国有后，才能作为城市建设用地。农地被征用，按照"平均年产值"倍数计算征地安置费和补偿费，补偿标准过低，农民不能分享城镇化、工业化进程中的土地增值收益，影响了农民收入和消费能力提高。与城市的房产一样，宅基地及其上的房产是农民的重要财产，尽管 2007 年颁布的《物权法》明确了农村宅基地的用益物权性质，但同时禁止宅基地抵押、严格宅基地用于房地产开发，并规定"农村宅基地只能在村集体内部流转"，从近期看虽有其必要性，但毕竟影响宅基地的融资功能和市场价值，进而影响到农民财产权利的实现和财产性收入的提高，最终影响农村居民消费预期和消费能力。

地方政府垄断城镇土地一级市场，以土地批租制出让土地，并一次性收取土地出让期内的全部地租收入。当前土地出让收入已经成为许多地方政府的一个主要收入来源，被称为"第二财政"。在这种情况下，地方政府存在为了增加财政收入而设法抬高地价的动机。另外，按照一次性收取土地出让期内全部地租收入的方式出让土地，大大提高了开发商的开发建设成本，并传导到房价上，最终由消费者承担，高房价对居民消费产生了挤压效应，不仅抑制居民当期消费，也对居民未来消费产生不利影响。

第三，多元分割的劳动力市场影响农村居民收入和消费需求。在城乡分割的劳动力市场中，我国 2.6 亿多进城务工农民加入了城市就业队伍，但不能与城镇职工"同工同酬"，在住房、就业、教育、医疗等方面，享受不到城镇居民同等待遇，其消费行为和生活方式与城市居民完全不同，很难成为与城镇居民相似的消费主体，影响居民消费需求扩大。在体制内外部门分割的劳动力市场中，国有企业和垄断行业职工收入远远高于其他行业，而这些部门和行业职工大多属于中、高收入群体，消费倾向低，其收入提高部分不能有效转化为实际消费，一定程度上影响居民消费扩大，不利于需求结构调整。

**3. 要素价格偏低成为过去几年内外需求结构失衡的主要原因**

过去 30 多年，我国利用低成本优势，通过出口低附加值产品参与国际分工。而土地、资金、劳动力、能源资源等生产要素价格低廉，环境成本没有内部化，增加了出口产品的成本优势和国际竞争力，是我国利用低成本优势参与国际分工的基本条件。劳动力工资低廉、资源价格不合理、环境成本没有内部化增加了我国出口产品的价格竞争优势，导致资源劳动密集型产品过度供给，构成了我国国际收支顺差的经济基础，并成为过去几年我国内外需求结构失衡的主要原因。为了鼓励出口，我国还实行以保持出口企业竞争力为基调的汇率管制政策。1981~1984 年底实行的人民币内部结算价与官方汇率双重汇率并存制度，1985~1993 年底官方汇率与外汇调剂市场汇率并存制度，都是围绕着奖励出口、限制进口并结合外贸发展情况实行的。1994 年通过一次性贬值将人民币并轨为单一汇率，更是大大促进对外贸易的发展。亚洲金融危机以来，实行与美元挂钩的固定汇率制度，降低了企业对外定价风险，有利于企业出口。2005 年汇率制度改革，开始实行"以市场供求为基础、参考一篮子货币进行调节、有管理的浮动汇率制度"，但汇率浮动区间很小。2008 年国际金融危机以来，又回到盯住美元的汇率制度。缺乏弹性的汇率制度对贸易收支和资本流动调节作用有限，外部失衡的自动调节机制不能有效发挥作用，人民币难以应对美元、欧元等其他主要储备货币间的汇率变化，名义汇率保持相对稳定，实际汇率不断降低，造成贸易顺差持续快速增加[1]，加剧了过去几年的内外需求结构失衡。

由于金融市场不完善，投资渠道缺乏，将结余资金存在银行成为大多数居民的选择，而上世纪末以来，改革中的商业银行由于风险意识增强而惜贷，中小企业很难从银行获得贷款，加之债券市场和股票市场发展缓慢，国内储蓄不能有效转化为投资，为外资进入中国提供了"良机"[2]。由于外商大多投向加工贸易行业，而加工贸易是产生贸易顺差的主要方式，在外商直接投资的直接带动下，我国贸易顺差持续增加，并引发了过去几年的内外需求结构失衡。

## （二）对产业结构的影响

要素市场存在的问题影响工业转型升级、现代服务业发展和农业现代化，进而影响到经济增长由主要依靠第二产业带动向依靠第一、第二、第三产业协同带动转变，使经济发展不能更多依靠现代服务业和战略性新兴产业带动。

### 1. 现行要素市场影响工业转型升级和新型工业化

一是要素价格扭曲不利于技术创新。我国资源、能源、劳动力等上游产品价格与工业制成品价格相比过低，资源开发的价值增值向产业链下游转移，下游产业从扭曲的要素价格中就可以获取利润，没有以技术创新替代资源的压力和动力。加之知识产权保护制度尚不完善，企业倾向于选择利用要素价格扭曲所创造的寻租机会，通过与政府官员建立联系，获得低成本资金或其他稀缺的生产要素，获取超额利润或租金收益，而不选择通过技术创新来获得高额利润和汇报。这不利于企业成为自主创新主体，进而影响到工业转型升级和新型工业化。二是要素价格扭曲不利于工业转型升级和走新型工业化道路。长期以来，工业用地主要采取协议出让方式，在各地招商引资大比拼中，工业用地低地价、零地价供应现象比较普遍，一定程度上助长了工业粗放发展；劳动力工资偏低、资源价格不合理、环境成本没有内部化，管制导致的低成本贷款利率无法抑制投资冲动，加剧了产能过剩，不利于工业转型

---

① 根据实际汇率公式：$q=e*(p*/p)$，当国际收支恶化，在汇率（e）不变的情况下，国内物价（p）将被动收缩，通过实际汇率贬值来调整进出口。

② 外资在我国大力发展，与我国实行出口导向战略下的利用外资政策有很大关系，但不可否认，金融市场不完善，国内储蓄不能有效在转化为投资，也是外资能够进入中国投资的重要原因之一。

升级。资源价格低廉、环境污染成本外部化，形成了低价格的资源要素和低水平的环境成本，人为降低了资源型产业的生产成本，导致了不合理的投资行为及对矿产、水、环境等资源的过度消耗，并使"高投入、高消耗、高污染、低效益"的工业生产方式难以改变，影响我国走新型工业化道路。三是金融市场体系不完善影响技术创新和工业转型升级。我国金融市场结构不合理、功能不完善，在支持创新创业和高新技术产业发展及促进工业转型升级方面存在明显不足。国际经验表明，信贷市场尤其是以大银行为主的信贷体系主要支持成熟期产品和传统产业，股权融资、证券市场等则更适合创新产品和新兴产业的融资需要。我国当前现实情况也表明，金融体系对传统产业发展项目支持比较有效，但对技术创新型项目发展相对不利，影响到技术创新和工业转型升级。资本市场尤其是场外交易市场发展缓慢，不利于传统产业利用市场机制兼并重组，也在一定程度上影响到工业结构优化。四是技术市场发展缓慢影响技术创新和工业转型升级。技术产品定价机制不完善，技术市场交易秩序不规范，不能在技术供给和需求之间建立有效的经济关系，既影响科研院所和企业开发出让技术的积极性，也影响科技成果在企业推广应用，最终影响到技术创新和工业转型升级。五是多元分割的劳动力市场不利于走新型工业化道路。在城乡分割、体制内外部门分割的劳动力市场中，"干中学"效应无法充分发挥，影响人力资本素质提高，进而影响工业转型升级和走新型工业化道路。

**2. 现行要素市场影响现代服务业发展**

一是金融、技术等要素市场不完善直接影响到金融业、科学研究和技术服务业发展。我国金融体系尚不完善，融资租赁、商品期货、金融衍生品等金融子市场尚未发展起来；资本市场定价机制尚不健全，交易机制也不完善，股票市场和债券市场都存在分割现象，加之上市公司治理内部治理和外部约束机制不健全，影响了投资者的积极性，以上都直接影响金融业发展。技术市场发展缓慢，技术与金融对接机制不健全，技术供应和需求普遍不足，影响了技术市场做大做强，进而直接影响到科学研究和技术服务业发展。二是劳动力、金融等要素市场不完善，影响传统服务业向现代服务业升级。我国传统服务业就业已经趋于饱和，科技研发、创新设计、金融服务、市场营销等新兴服务业发展缓慢，很大程度上与高素质劳动力短缺有关。在城乡分割、体制内外部门分割、行业分割的劳动力市场中，进城务工的农民工大多进入批发零售、住宿餐饮、居民服务等传统服务领域，由于他们没有真正融入城市，也没有精力和财力参加继续教育，提高技能和素质，因而不能适应新兴服务业发展的要求。我国尚未形成支持服务业发展的金融体系，无法满足现代物流、文化创意、健康服务、科技研发等新兴服务业发展中的融资需求，也影响到传统服务业向现代服务业升级。

**3. 现行要素市场影响农业现代化**

一是土地市场不完善影响农业现代化。我国农村土地分散、零碎经营，通过土地市场流转，实现规模化经营是提高农业劳动生产率和实现农业现代化的重要途径。但当前农村土地流转市场不健全，承包地经营权流转市场化程度低、操作不规范，农民参与的积极性不高，农民难以从中获得合理回报，参与积极性不高，必然影响土地规模化经营和农业结构调整。新农村和现代农业发展需要大量资金，而农村土地权能不全，不能用于抵押融资，农村缺乏发展资金，必然影响农村建设和农业现代化。二是金融市场不完善影响农业发展。伴随国有银行改革和出口行业发展，我国金融机构和金融资源向大中城市集中，加之大中型银行信贷权上收，农村地区出现一定程度的金融服务退化现象，农民资金流向发达地区和城市，对城乡二元结构产生了逆向调节作用，不利于农业结构优化和现代农业发展。

## （三）对要素投入结构的影响

改革开放以来的30多年中，我国经济快速增长主要靠要素投入支撑，全要素贡献率对经济增长的贡献率不高，其中一个重要原因就是要素价格偏低，企业对要素的投入有较强依赖，创新动力不足。由于政府主导要素配置权，要素价格不能充分反映市场供求情况和稀缺程度，不仅导致资本、矿产资源、土地等生产要素的粗放和低效使用，造成工业粗放式发展、城市外延式扩张，而且还弱化了企业节约资源、保护环境、开发技术和加强管理的动力和压力。劳动力市场多元分割，劳动力跨体制内外部门、跨地区、跨行业流动性差，"干中学"的能力只能在同一岗位连续获得，限制动态"干中学"，不利于人力资本积累和劳动力素质提高，加之我国高素质劳动力短缺，技术市场发展缓慢导致技术转化为生产力的渠道不畅，最终都影响到经济增长由主要依靠增加物质资源消耗向主要依靠科技进步、劳动者素质提高、管理创新转变。

表7-6列出了现行土地市场、金融市场、劳动力市场、技术市场和能源资源市场对调整和发展方式转变的影响。

表 7-6　要素市场对转变经济发展方式的影响

| 类别 | 需求结构 | 产业结构 | 要素投入结构 |
|---|---|---|---|
| 土地市场 | 1. 工业用地价格低有利于投资和出口。<br>2. 城乡二元土地市场中征地价格低，宅基地不能流转，影响农民收入和消费需求；政府垄断土地供应及实行土地批租制，抬高了地价和房价，影响居民消费需求。 | 1. 工业用地价格低，不利于形成工业转型升级的倒逼机制。<br>2. 农村土地市场建设滞后，农村土地不能用于抵押融资，不利于农业现代化。 | 土地价格偏低，不利于改善要素投入结构。 |
| 金融市场 | 1. 利率管制有利于投资和出口；汇率市场形成机制不完善，有利于出口。<br>2. 利率管制、金融市场体系不完善，居民投资渠道有限、影响居民财产性收入提高和消费需求扩大。 | 1. 金融体系不完善，不利于技术创新；资本市场尤其是场外交易市场发展缓慢，不利于工业兼并重组；低成本贷款利率加剧了工业产能过剩，以上都不利于工业转型升级。<br>2. 金融、技术等要素市场不完善直接影响金融业、科学研究和技术服务业发展；尚未形成支持服务业发展的金融体系，无法满足文化创意、健康服务等新兴服务业发展中的融资需求，不利于服务业升级。<br>3. 农村金融体系不健全，不利于农业现代化。 | 金融市场不完善，科技与金融对接不畅，不利于改善要素投入结构。 |
| 劳动力市场 | 1. 劳动力价格偏低有利于投资和出口。<br>2. 多元分割的劳动力市场，劳动力价格偏低，不利于消费。 | 1. 劳动力价格低，劳动力市场多元分割，影响劳动力素质提高，不利于工业转型升级。<br>2. 劳动力市场多元分割，影响劳动力素质提高，不能满足现代服务业发展需要。 | 劳动力市场多元分割，不利于提高人力资本素质，不利于改善要素投入结构。 |
| 技术市场 | 技术市场发展缓慢，不利于提高出口产品质量和促进外贸转型升级。 | 技术市场发展缓慢不利于工业转型升级。 | 技术市场发展缓慢，不利于改善要素投入结构。 |
| 能源矿产资源市场 | 能源矿产资源价格偏低，助推企业投资行为，不利于优化需求结构。 | 存在寻租、腐败等现象，企业通过寻租而不需技术创新就可获得利润，不利于产业结构升级。 | 能源矿产资源价格没有反映污染和环境损害等外部成本，不利于优化要素投入结构。 |

资料来源：作者整理。

# 三、以要素市场化促进经济发展方式转变的对策建议

结合党的十八届三中全会全面深化改革的战略部署及转变经济发展方式的现实需要，以要素市场化促进经济发展方式转变，应该稳步推进土地市场化改革，完善金融市场和劳动力市场，加强技术要素制度创新和市场建设，加快能源资源要素市场化改革，形成产权清晰、功能完善、流动顺畅、统一开放、竞争有序的现代要素市场体系。

## （一）稳步推进土地市场化改革

促进经济发展方式转变，应加快推进农村土地市场化改革，将土地占有、使用、收益、流转、抵押、担保等权能赋予农民，建设城乡统一的建设用地市场，建立健全土地承包经营权流转市场，改革农村宅基地制度和征地制度，同时加快完善城市土地使用制度。

**1. 打破政府垄断供应城市建设用地的局面**

使市场在土地资源配置起决定性作用，必须减少中央政府和地方政府对城市建设用地的行政管制。中央政府要淡化年度计划指标在土地利用中的作用，探索将建设用地的数量管制改为利用土地规划和税收等经济手段引导土地资源配置，使市场在土地资源配置中真正发挥决定性作用。地方政府要加快完善土地储备制度，打破对土地一级市场的垄断供应，让土地储备机构回归到收储公益性用地、管理城市国有土地和稳定土地市场等职能。

**2. 建设城乡统一的建设用地市场**

按照先难后易的改革顺序，以城中村和城郊集体建设用地流转为突破口，在符合规划和用途管制前提下，允许农村集体经营性建设用地出让、租赁、入股，实行与国有土地同等入市、同权同价。完善城乡建设用地增减挂钩试点，扩大农村集体建设用地流转范围，探索建立土地跨区域调剂使用制度，允许农村集体经营性建设用地与城镇建设用地远距离、大范围流转置换，在缓解城市建设用地不足矛盾的同时，提升偏远农村的土地价值，使边远农村地区能够分享城市化工业化进程中的土地增值收益。建立兼顾国家、集体、个人的土地增值收益分配机制，合理提高个人收益。

**3. 完善农村土地流转市场**

一是建立健全土地承包经营权流转市场。切实落实农村承包地无固定期限

的长久使用精神，加快确权颁证，全面赋予农民对承包地占有、使用、收益、流转及承包经营权抵押、担保权能。在此基础上，建立健全土地承包经营权流转市场，加强土地承包经营权流转管理和服务，培育流转中介服务组织，按照依法自愿有偿原则，允许农民以转包、出租、互换、转让、股份合作等形式流转土地承包经营权，发展多种形式规模经营，为农业结构调整和农业现代化创造条件。二是建立健全宅基地使用权流转市场。保障农户宅基地用益物权，改革完善农村宅基地制度，选择若干试点，慎重稳妥推进农民住房财产权抵押、担保、转让，探索农民增加财产性收入渠道。建立健全宅基地使用权流转市场，适当放宽宅基地流转范围。借鉴城市住宅用地使用权 70 年限期的规定，明确农村宅基地的流转期限，引导宅基地合法有序流转，依法保障农民宅基地的财产性收入权利。修改《担保法》、《物权法》中关于耕地、宅基地、自留地等集体所有土地使用权不得抵押的规定，发挥其融资功能，为农村、农业和农民发展提供资金支持。

### 4. 加快完善征地制度

现行征地制度是将工业化、城镇化中土地增值收益从农民转移给政府的重要制度安排，必须加快改革完善，形成公益性用地靠征用、经营性用地靠市场的城乡建设用地新格局。一是缩小征地范围。严格界定公益性用地和经营性建设用地，采取排除法界定"公益性"用地，把明显属于公益性和经营性的用地列出，对介于二者之间的用地，通过引入听证、裁决机制等决定是否采取征收的办法，挤压公益性和经营性用地之间的模糊空间，逐步形成公益性用地目录，缩小征地范围[①]。二是完善征地补偿机制。完善对被征地农民合理、规范、多元保障机制，修改《土地管理法》中按"平均年产值"倍数计算征地补偿的相关规定，对被征地集体经济组织和农民给予及时足额补偿，解决好被征地农民的就业、住房、社会保障等问题。三是规范征地程序。推进征地公众参与和过程公开，强化提前告知制度和听证制度，确保农民在征地过程中有充分的知情权、参与权和监督权。完善征地补偿争议的协调裁决机制，将争议纳入行政复议与司法诉讼范围，为被征地农民提供法律援助。

### 5. 完善城市土地使用制度

一是改革城市土地供应双轨制度。将行政划拨用地范围严格限定为军事用地和政府用地，切实减少非公益性用地行政划拨。对基础设施和学校、医院

---

① 徐绍史：《健全严格规范的农村土地管理制度》，《理论参考》2009年第1期，第32~33页。

等公益性用地以协议方式出让，建立基础设施和各类社会事业用地有偿使用制度。对经营性用地严格实行招拍挂，按照公开、公平、公正的原则在市场上获取。建立有效调节工业用地和居住用地合理比价机制，提高工业用地价格。二是加快完善土地批租制。从促进土地长期有效利用及减轻城镇居民住房支出负担出发，加快改革土地出让制度，将一次性收入土地出让金改为分年度收取。有两种思路：其一，将土地批租制改为年租制，经营性建设用地按一定年限由政府与用地者签订合同，年租金由用地者逐年缴纳。其二，采取混合年租制，土地使用者在签订土地使用合同时一次性交纳地价，自批出土地之日起，每年交纳年租金。年租金收取有捆绑征收和合并征收两种方式：以完善房产税为契机，将年租金同保有环节的房产税结合起来捆绑征收；将二者合并征收为统一的房地产税或物业税。年租金的水平可根据具体情况进行调整。

## （二）完善金融市场体系

加快转变经济发展方式，应进一步深化金融体制改革，完善金融市场体系，加快发展以创业投资和证券市场为主的创新金融体系，逐步实现以银行为主的间接金融体系向以证券市场为主的直接金融体系转变，重构农村金融服务体系，推进利率和汇率市场化改革。

**1. 加快发展多层次银行体系**

大力发展地方性中小商业银行和其他信贷服务机构，改变大中型银行和国有银行的垄断地位，健全多层次银行体系，为促进技术创新和产业结构调整创造条件。放松金融管制，大力发展面对中小企业的村镇银行、小额信贷公司，在加强监管前提下，允许具备条件的民间资本依法发起设立中小型银行等金融机构，为中小企业发展提供融资支持。引导和支持民间地下借贷组织规范化经营、合法化发展。

**2. 健全多层次资本市场体系**

一是多渠道推动股权市场发展。大力发展主板市场，推动更多大盘蓝筹公司上市。加快发展中小企业板和创业板，放宽中小企业板、创业板的财务准入标准，加快形成适应中小企业的快速融资机制，适应创新型、成长型企业的融资需求。推进股票发行注册制改革，加快形成市场化定价的新股发行制度。建立适应不同层次市场的交易制度和转板机制，逐步形成各层次市场间有机联系的市场体系。支持区域性场外市场和股权交易市场发展。优化上市公司投资者回报机制，保护投资者尤其是中小投资者合法权益，多渠道增加居民财产性收入。二是发展并规范债券市场。大力发展企业债券、公司债券市场，加快发行制度由审批制向备案制转变，逐步建立发行利率、期限、品种的市场化选择机制。丰富债券品种，优化市场结构，支持各类企业尤其是中小企业发行多样化的企业债券，改变发行主体集中于大型金融机构、大型企业和国有企业的局面。积极推进交易所债券市场和银行间债券市场互联互通，建立安全、高效、统一互联的债券市场，逐步形成由交易所市场和场外交易平台共同组成的多层次债券市场。探索发展地方债券市场，为地方政府提供规范的融资渠道，减轻地方政府对投资和产业项目的过度依赖，为产业结构调整创造条件。

**3. 建立多层次的科技金融服务体系**

大力发展包括天使资本、种子基金、引导基金等在内的创业投资基金，重点发展财政出资的政策性引导基金和政策性种子基金，吸引更多社会资本进入创业投资领域。探索成立科技银行，允许其以股权投资、贷款等方式灵活为科技创新型企业提供资金支持；引导支持商业银行特色支行和信贷专营机构为科技型中小企业和现代服务业提供金融服务，为技术创新、中小企业发展和产业结构优化升级创造条件。积极探索设立并购重组等股权投资基金，支持商业银行开展并购重组贷款业务，推动产业结构调整。

**4. 重建农村地区的金融服务体系**

大力发展有利于城乡协调和农业发展的地方性银行、地方性资本市场、地方性债券市场和农村金融服务体系，构建以农村信用社和农业发展银行为主导、农业银行和规范化的民间融资为补充的多元化农村金融服务体系。通过补贴利息收入、税收减免等方式，引导商业银行加大对农村和农业的投入。大力发展农村商业银行、村镇银行、小额信贷机构等适合农村地区发展需要的小型金融机构，保障金融机构农村存款主要用于农业农村，为农村和现代农业发展提供金融支持。

**5. 推进利率和汇率市场化改革**

建立存款保险制度，抓紧完善信用评级等支撑体系，在此基础上，全面放开利率管制，形成市场决定的利率体系。以实现基于市场供求决定的有风险防控机制的浮动汇率为最终目标，加快推进人民币汇率形成机制改革。近期以完善人民币中间价形成机制为主，适度扩大汇率浮动区间，增强汇率灵活性，同时加快推动资本市场双向开放，有序提高跨境资本和金融交易可兑换程度，加快实现人民币资本项目可兑换，加快外汇市场建设，丰富交易品种，扩大交易主体范围；中期进一步扩大汇率浮动区间；长期应取消汇率浮动区间限制。

## （三）深化劳动力市场改革

加快转变经济发展方式，应以消除城乡、行业、身份、性别等一切影响平等就业的制度障碍和就业歧视为重点，加快建立城乡统一的劳动力市场，深化国有企业和垄断行业用工制度改革，完善工资市场形成机制和社会保障制度，促进劳动力在城乡、不同部门、行业和区域间自由流动、优化配置。

### 1. 建立城乡统一的劳动力市场

关键是彻底消除限制农村剩余劳动力进入城镇就业的各种制度障碍，维护农民生产要素权益，保障农民工同工同酬。一要建立平等公正的用工制度，废除一切歧视外来务工者的歧视性规定，实行城乡平等的就业准入制度和同工同酬的劳动报酬制度。二是实行城乡平等的就业服务制度，大力开展多渠道、多层次、多形式的农民职业技术教育和培训，提高农村远程教育水平，提高农业从业人员的素质和技能。三是加快户籍和城市基本公共服务制度改革，加快剥离户籍制度的福利分配职能，建立以常住人口为分配依据的公共财政体制和公共服务获取机制。全面放开建制镇和小城市落户限制，有序放开中等城市落户限制，合理确定大城市落户条件，严格控制特大城市人口规模，稳步推进城镇基本公共服务常住人口全覆盖，把进城落户农民完全纳入城镇住房和社会保障体系，在农村参加的养老保险和医疗保险规范接入城镇社保体系。

### 2. 深化国有企业和垄断行业用工制度改革

建立国有企业和垄断行业用人制度和职工工资与其他行业对接机制，加快国有企业和垄断行业用人向社会开放，建立符合市场竞争要求的劳动力配置机制。加强对垄断企业劳动用工的社会监督，抑制部分行业工资过快增长势头。实施国有股权转让收入上缴及上缴资金补充社保资金的制度，推广和扩大国企的分红政策，探索垄断利润全民分享机制，减少国有企业提高工资和福利待遇的经济基础。

### 3. 完善工资市场形成机制

按照市场机制调节、企业自主分配、平等协商确定、政府监督指导的原则，形成反映劳动力市场供求关系和企业经济效益的工资决定和正常增长机制。建立最低工资标准随经济增长速度和物价水平增长的动态调整制度，实行工资增长与企业利润、劳动生产率和高管薪酬挂钩，保障劳动者在工资分配中的权益，提高劳动报酬在初次分配中的比重，缩小薪资分配差距。完善最低工资和工资支付保障制度，完善企业工资集体协商制度。创新劳动关系协调机制，畅通职工表达合理诉求渠道。

**4. 建立与劳动力自由流动相适应的社会保障制度和体系**

将事业单位和公务员纳入社会保障体系，建立全民统一的社会保障制度和体系，促进人才在不同所有制单位之间流动。整合城乡居民基本养老保险制度、基本医疗保险制度，加快地区之间社会保障制度转移接续制度建设，逐步减小城乡、区域间的社保差距，为劳动力自由流动创造条件。

**5. 加快发展高端劳动力市场**

改革国有企业领导人的选聘制度，实行内部竞聘上岗、社会公开招聘、人才市场选聘等多种形式的经营者市场化配置方式，增强市场在配置国有企业高层管理者中的决定性作用。以此为突破口，加快建立经理人才市场，经理人才市场实行任职资格证制度和专家评审机制。加快发展高技术人才市场。

## （四）加强技术要素制度创新和市场体系建设

加快转变经济发展方式，应大力推进科技创新体制改革，推动技术的产权化进程，建立产学研协同创新机制，强化企业在技术市场中的主体地位和主导作用，改革科研管理制度，完善技术市场体系建设，努力释放创新潜力。

**1. 进一步推动技术的产权化进程**

明确技术产权的可界定、可划分、可流通、可交易属性，挖掘技术的产权资本属性，促进高新技术与资本有效对接，推进高技术快速全面融入市场。促进技术以生产要素形态参与资源配置和权益分配。

**2. 强化企业在技术市场的主体地位和主导作用**

从技术供应和需求两方面，强化企业在技术市场的主体地位和主导作用。引导企业树立创新意识，改变短期经营行为，激发创新动力。全面落实企业研发投入税收抵扣政策，加强政府采购对科技创新的支持，加强对企业引进创新人才的支持，提升企业技术创新能力。进一步促进企业与高等学校、科研机构联合协作，引导企业增加科技投入，提升技术研发水平，掌握在技术交易中的优先权。

**3. 改革科研管理制度，为技术要素市场化注入活力**

完善政府对基础性、战略性、前沿性科学研究和共性技术研究的支持机制，支持发展一批公益性研究机构。推进应用型技术研发机构市场化、企业化改革。建立创新调查制度和创新报告制度，构建公开透明的国家科研资源管理和项目评价机制。鼓励企业与高等院校、科研机构以产学研结合等形式，共建国家工程（技术）研究中心、国家工程实验室等产业技术开发体系。完善技术创新市场导向机制，建立主要由市场决定技术创新项目和经费分配、评价成果的机制。建立合理的技术利益分配机制，引导科研人员完成的职务技术成果，通过本单位的技术转移机构或地区指定就近的技术转移示范机构向外转移。加强知识产权运用和保护，健全技术创新激励机制。

**4. 加快技术市场体系建设**

健全技术转移机制，创新商业模式，促进科技成果资本化、产业化。发展壮大适应技术市场发展需要的公益型和赢利型共存的技术中介服务机构体系，加强技术要素市场人才队伍建设，造就一批懂技术、懂法律、懂管理、懂经营的复合型技术中介服务队伍，建立和完善技术经纪人认证制度。建立客观公正的技术要素价格评估体系和功能齐全的价格服务网络，加快形成技术要素市场定价机制。推动技术产权市场的信息化、标准化和规范化建设，充分利用现代通信技术，建设与全球相连的技术要素市场信息网络体系，优先解决可交易项目和品种模式的标准化，健全相应规范的交易规则和规范。加大技术市场监管力度，完善技术合同登记制度，规范技术交易行为和市场秩序。

## （五）加快推进资源要素改革

在健全能源矿产资源产权制度，厘清资源开发中政府与企业、中央与地方之间财产关系的基础上，充分发挥市场在能源和矿产资源配置中的决定性作用，形成合理的资源价格形成机制，加快实行资源有偿使用制度和生态补偿制度，完善资源税费制度，为集约节约利用资源、促进经济发展方式转变创造条件。

**1. 完善资源环境产权制度**

加快构建归属清晰、权责明确、监管有效的自然资源资产产权制度，健全国家自然资源资产管理体制，统一行使全民所有自然资源资产所有者职责。在加强用途管制制度的前提下，建立公共资源出让收益合理共享机制，完善国家宏观层面与资源属地的利益分享机制，重视资源属地的利益，中央应将部分税收让利于地方，使地方在资源开发利用中获取应有的利益。加快建立环境产权制度，建立平衡环境外部经济的贡献者与受益者之间关系的体制机制

**2. 加快资源价格形成机制改革**

加快自然资源及其产品价格改革，形成全面反映市场供求、资源稀缺程度、生态环境损害成本和修复效益、代内与代际公平成本的资源价格形成机制。建

立健全包括资源外部经济的贡献者和受益者之间的直接"横向利益补偿机制"以及以国家为主体的间接"纵向利益补偿机制"。健全资源利益补偿机制。

**3. 实行资源有偿使用制度和生态补偿制度**

坚持使用资源付费和谁污染环境、谁破坏生态谁付费原则，逐步将资源税扩展到占用各种自然生态空间。坚持谁受益、谁补偿原则，完善对重点生态功能区的生态补偿机制，推动地区间建立横向生态补偿制度。发展环保市场，推行节能量、碳排放权、排污权交易制度，建立吸引社会资本投入生态环境保护的市场化机制。

**4. 完善资源环境税**

推动资源税费制度改革，实现资源初始价格和附加价格的税收政策调整。征收环境税，针对直接污染环境的行为和在消费过程中会造成环境污染的产品进行课税，提高各种涉及环境保护的税、费征收标准，使资源价格能够反映资源破坏和环境治理成本。改变"从量计征"为"从价计征"。

**参考资料：**

吴晓求等：《2013 年中国资本市场研究报告》，北京大学出版社 2013 年版。

聂高民等：《中国经济体制改革顶层设计研究》，人民出版社 2012 年版。

赖德胜等：《2012 年中国劳动力市场报告》，北京师范大学出版社 2012 年版。

郭春丽等：《基于破除发展制约视角的土地制度改革思路和对策》，《宏观经济管理》2012 年第 6 期。

赖德胜等：《2011 年中国劳动力市场报告》，北京师范大学出版社 2011 年版。

陈竹：《产业转移升级下的我国劳动力要素市场建设》，《发展研究》2007 年第 1 期。

经济所内部报告：《建立健全有利于经济结构调整的体制机制研究》（2009 年）。

中国证券监督管理委员：《中国资本市场发展报告》，中国金融出版社 2008 年版。

中国证券监督管理委员会：《2012 年中国证券期货统计年鉴》，学林出版社 2012 年版。

国家发展改革委高技术产业司：《关于技术要素市场发展与价格问题研究》，《宏观经济研究》2005 年第 7 期。

# 附件1:行治修制，民强国兴

## ——关于经济体制改革和经济发展方式转变相关研究评述

学术界关注制度和体制影响经济增长与发展具有很长的历史，从斯密（Smith）研究的生产制度对经济增长的影响（斯密，1776），到阿斯莫格鲁（Acemoglu）和罗宾斯（Robinson）通过制度安排差异解释各国经济发展差距，其结果无不应证了制度建设与经济增长的密切关系（阿斯莫格鲁和罗宾斯，2012）。战后，苏联经济的规模日益扩大，而人口出生源逐渐枯竭，资金紧缺，使得人力、物力、财力等量追加投入来增长难以为继了，由此苏共二十四大（1971年）决定，实行生产集约化的方针，要求社会生产和物化劳动耗费获得较多的最终成果，即加快转变经济增长方式，这是转变经济发展方式的雏形（葛霖生，1997）。

鉴于前苏联体制转轨失败带来的经济发展停滞，近年来，我国正加快转变经济发展方式，力图通过经济结构调整、社会事业发展和资源环境保护推进经济发展模式的转型与升级，避免走苏联经济发展失败的老路，而体制改革问题被认为是转变经济发展方式的关键环节（吴敬琏，2011）。从理论上厘清制度体制安排与经济发展的关系，系统梳理近年来我国学者对经济发展方式和经济体制改革关系的研究，有利于我们正确认识经济体制改革与发展方式转变的内在逻辑和在我国的经验实践，为下一步设计改革路线、推进经济发展方式转变提供理论思路和借鉴观点。

## 一、关于经济制度和体制与经济发展关系的相关研究

学术界对经济制度和体制与经济发展关系的研究由来已久，这些研究基

于不同的视角对制度变迁与体制变革影响经济发展的机理进行了系统的逻辑描述。其中，有三个问题值得特别关注：一是经济制度与经济体制的概念界定，二是整体制度安排与经济发展的关系，三是经济体制变革与经济发展的关系。对这三个问题的解释，有助于帮助我们系统理解我国经济体制改革和经济发展方式转变之间的关系。

## （一）关于经济制度与经济体制的界定

从制度经济学理论出发，制度是指社会中的"游戏规则"，他是被创造出来规范社会各类行为的准则。一般来说，广义上的制度包括三个层次：正式制度（Former Rules）、非正式制度（Informal Rules）和实施机制（Enforcement Mechanism）。其中，正式制度即一般意义上的社会中的文本法律和相关法规；非正式制度则是社会中的非文本规则，包括文化、行为准则、作风标准等等；实施机制是正式制度和非正式制度实施的体制框架，它分为强制实施机制和非强制实施机制（耶格尔，Yeager，1999）。从这个意义上来说，我们一般说的经济制度与制度经济学所描述的制度概念更窄，它主要包括正式和非正式制度，并且更强调正式制度；而经济体制则与制度经济学中的制度实施机制概念相近，它主要体现了实施机制系统。

由此，就制度经济学基本理论而言，经济制度（Economic Institution）是指国家的统治阶级为了反映在社会中占统治地位的生产关系的发展要求，建立、维护和发展有利于其政治统治的经济秩序，而确认或创设的各种有关经济问题的规则和措施的总称。一定社会的经济制度构成这个社会的经济基础，并决定着这一社会的政治制度、法律制度和人们的社会意识等上层建筑（诺斯，North，1990）。

与此同时，经济体制（Economic System）则是指一定区域内（通常为一个国家）制定并执行经济决策的各种机制的总和。通常指国家经济组织的形式，它规定了国家与企业、企业与企业、企业与各经济部门之间的关系，并通过一定的管理手段和方法来调控或影响社会经济流动的范围、内容和方式等。社会的经济关系，即参与经济活动的各个方面、各个单位、各个个人的地位和他们之间的利益关系，就是通过这样的体系表现出来。某一社会生产关系的具体形式，是一定的所有制和产权结构与一定的资源配置方式的统一，属于经济运行中的体制安排范畴。简言之，经济体制就是资源配置的具体方式或制度模式（罗塞和罗塞，J.B. Rosser 和 M.V. Rosser，1998）。

## （二）体制安排与经济发展的理论研究

一般来说，制度包括生产制度、政治法律制度和文化制度，其中既包括正式制度，又包括非正式制度，三者都与经济发展具有较强的相关关系，现有研究对其具体机理的解释和总结如下综述。

### 1. 生产制度与经济发展

生产制度对经济发展影响的研究，主要集中在研究生产的分工制度结构对经济绩效的影响。斯密的研究首次把经济学的重点集中到生产领域，把国民财富增进的根本原因归结为劳动分工。他所说的劳动分工不限于企业内部的分工，而实际上是一种生产性的制度安排，正是这种安排带来了三个直接好处，即由减少转换工作所节约的时间，由专于同一工作所造成的知识与技能的积累，和由工作的单调性和知识积累所产生的发明工具的可能。表面上看，这些优势都直接导致生产成本下降（斯密，1776）。然而更重要的是，分工制度在经济领域中引入了迂回生产方式（Roundaboutness），表明企业内部契约安排有可能带来收益递增、技术进步和知识信息存量的扩大，从而降低生产领域的交易成本。这种思路在此后得到了许多发挥。一般地，生产过程越是复杂，分工越细致，则对专门化生产工具要求越高，迂回时间可能越长；但分工反过来又促进专门化工具的发明与创新，使得生产方式中资产专用于某个用途，从而效率大大提高，迂回时间也得到节省。可见，生产效率提高降低了生产成本，而迂回时间的节省则降低了生产中的交易成本（杨小凯和黄有光，Yang 和 Ng，1993）。

20 世纪 20 年代杨格总结出"劳动分工受市场范围限制"的定理之后，逐步形成了企业生产制度与市场交易制度之间在一定时点上互为限制互为替代，但在时间序列上互为补充互为推动的新观念，从而把分工制度更紧密地与整个经济发展联系在一起（杨，Young，1928）。分工所带来的知识技能也被归纳为"边干边学"，成为 80 年代以来新增长理论中不断予以探讨的重要内生增长因素。许多学者指出，分工的好处是动态的，一方面促进专业化人力资本的加速积累，另一方面通过生产中工人的集中减少信息成本，强化社会分工，进而为市场发展和社会一般性人力资本积累提供了更多机会（阿罗，Arrow，1962；罗默，Romer，1986；杨，1993，2002）。从某种意义上讲，这种以分工制度为出发点，以人力资本积累为枢纽的收益递增经济发展模式是斯密理论的现代扩展（舒尔茨，Schultz，1961）。

### 2. 政治法律制度与经济发展

现有对政治制度与经济发展的研究，其核心集中在政府（国家）与市场的关系。市场经济原教旨主义认为，一国政治法律制度制约着经济自由度和个人行为特征，进而作用于经济绩效，这样的观念也要首先归结到斯密所建立的"经济人"思想上。在斯密体系中，"经济人"的自利即是其行为理性的保证。他一方面指出建立合适的法律结构和完善的政治制度十分重要，另一方面又指出，国家作为整个社会有机体的一部分，应该仅仅提供一种框架，使人们在其中可以在最大范围内自由行动，并且他认为这样的制度结构会自动地实现社会经济发展目标，即"无为而治"（斯密，1776）。哈耶克可以说把经济自由和个人主义推崇到近于极端。在他看来，完全的经济自由和真正的个人主义能够产生出一种行之有效的秩序机制，即非强制性惯例。个人宁愿遵从惯例互相协作，而不愿意政府干预。由此推论，经济发展要求政府强制尽可能地削减，直至形成哈耶克所谓"自发秩序"（哈耶克，Hayek，1944）。

其后，阿罗的研究认为，从逻辑上讲，人们不可能建立完全协调一致的集体选择制度，亦即著名的"阿罗不可能定理"。阿罗的论证大致是，假如大家没有对自己偏好进行分类的共同标准，又假设两个以上的投票人和选择项，那么人们不可能制定出达到一致的集体选择的投票程序。阿罗定理表明，真正的民主政体是不存在的，也是不可能存在的，多种现行政治制度的经济效应主要是负面的（阿罗，1951）。

公共选择学派对政治制度的研究则带有较强的实践性和建设性色彩，指出西方经济的困境与其说反映了市场经济的破产，不如说反映了西方政治结构的彻底失败。政治权利的分配并不比经济权力的分配更平等，现行民主政治制度最终给利益集团的权力远大于给纳税人的权力，这样的结构是十八世纪根据适合产业革命初期条件的政治技术设计的，可是一直没有改进，以致在一系列内在不平衡作用的冲击下，现代国家的增长只能有害于市场和经济发展了（布坎南，Buchanan，1986）。布坎南在《自由的限度》中表达了这样的思想，我们时代面临的不是经济方面的挑战，而是制度和政治方面的挑战。良好的政治法律制度是经济发展的重要保障（布坎南，1975）。

### 3. 文化制度与经济发展

关于文化制度对经济发展的影响的阐述表现在两个不同角度上，一个是以道德伦理观为主体的社会精神对人们价值取向的影响，另一个是以习俗、习惯、知识等形式累积下来的非正规规则对人们经济行动的约束。

最早对此做出合理解释的是斯密，他认为经济关系同宇宙一样，是看得见的现象与事件的不完全流动，是一种可用"无秩序的秩序"来加以解释的东西，这实际上是一个"经济能量守恒定律"。据此，经济生活中表面上的混乱无序可以通过市场主体的自我矫正而导向有序，结果是每个人都较以前更加富裕，而不是尔虞我诈，损人利己。也就是说，财富增长不是以道德沦丧为代价的（斯密，1776）。

韦伯对社会文化制度作了广泛的分析，他所说的"资本主义精神"实际上是含义丰富的文化范畴。在西方世界，典型的精神观念，即时间就是金钱、信誉就是金钱、金钱应该用于增殖、善于付给别人钱的人是别人钱袋的主人等等，总结起来便是"从牛身上榨油，从人身上赚钱"的哲学。这种贪婪哲学一经从神学的轻蔑中释放出来，就构成了人类行为的强大动力，甚至成为具有信誉的正直人的理想。这种社会精神所劝诫的不仅是取得经济成功的手段，而且是一种特殊的伦理规范，谁要是违反了它，就被视为忘记了他所应付的义务，而不是愚蠢或懒惰（本迪克斯和罗斯，Bendix 和 Roth，1971）。他认为正是这种道德观念使得西方形成了理性资本主义经济制度，建立了有规则的市场，使人们合法地追求利润或效用的最大化，从而造就了西方资本主义文明（韦伯，Webber，1904）。而在中国和印度等东方社会，资本主义萌芽之所以未得到发展，也正是由于缺乏适宜的具有资本主义理性的文化制度相支持（费兰特，Ferrante，2005）。

与此同时，就文化知识的累积和沉淀而言，大多数学者认为，它们通过建立起一些习俗惯例，构成了经济生活中非正规的、然而可能十分有效的约束。哈耶克的"自发秩序"即是对非正规约束所能达到的结果的高度概括（哈耶克，1944）；熊彼特（Schumpeter）也认为，如果没有习惯的帮助，人们一天也无法工作，甚至于无法生存（熊彼特，1954）；诺思称习惯性行为具有制度的功能，它告诉人们关于行为约束的信息（诺斯，1990）。文化是知识与信息的载体，知识与信息之所以重要，是因为人们不是无所不知的，现实世界充满了不确定性和风险，因此需要通过"集体学习"把知识、信息、价值观念及其他影响人们行为的因素一代代传下去，这个过程蕴含了大量非正规规则的形成和信息的传递，体现了文化与经济发展之间的动态关系。

## （三）经济体制改革与经济发展关系的理论脉络

代表现代意义上主流经济学的新古典经济理论建立在"经济制度和个人偏好属于外生变量"这一假定上，忽略了体制调整与变革对经济增长的影响，无法说明经济制度和个人偏好对技术进步的作用。由此，新制度经济学认为经济增长和发展的关键是经济体制因素，能提供适当的个人激励的有效的体制是促进经济增长的决定性因素（诺斯，1981）。

舒尔茨（1961）是较早把体制调整与变革进行内生化研究的经济学家，他主要通过区分不同制度功能来进行分析，认为经济体制与增长之间存在着内在的联系，大多数执行经济职能的体制是对经济增长动态的需求反映。

此后，诺思（1973）以及诺思和托马斯（1990）通过历史的分析得出体制调整与变革对经济增长起着决定作用，他们关于经济增长与体制调整与变革的核心观点就是一种提供适当的个人刺激的有效的体制是促进经济增长的决定性因素，而在体制因素中，产权关系的最重要。

同时，公共选择学派的奥尔森（Olson，1982、1996）认为经济持续增长取决于两个必要条件：一是存在可靠且明晰的财产权利和公正的契约执行权利；二是不存在任何形式的强取豪夺，由此他建议需要建立一个"强化市场的政府"，而在体制调整与变革中，由于利益相关者往往产生"集体行动"的问题不能协调行动，致使无效体制经常长时间存在。

而杨小凯和黄有光（1999）则沿着杨格（1928）提出的"杨格定理"即分工决定分工的思路，利用超边际分析的方法建立了一个被称为新兴古典的研究框架来研究经济增长，他们认为一个国家的体制很大程度上影响这个国家的交易费用，而交易费用又决定专业化水平，从而导致一个国家经济增长绩效的差异。而在后续的研究中，杨小凯、萨克斯和胡永泰（Yang、Sachs 和 Woo，2000）在跨国经验的分析中，特别关注一个国家的宪政建设，并以英国等国家作为参考的基点，从而得出宪政的建立是一个国家长期稳定增长的基本保证。

此外，新政治经济学的代表人物阿斯姆格鲁、约翰逊和罗宾斯（2004，2012）综合了以往的研究成果提出了一个解释经济绩效的一般性分析框架，在这个框架中他们以经济体制和资源分配为恒量，以内生的社会利益集团的政治权力为中间变量，推理出经济体制转变是决定长期经济发展的根本原因。

## 二、关于我国经济体制改革推动 经济发展历程的相关研究

对于一国经济发展战略而言，体制框架及其演进战略是不可或缺的层面，它决定了战略执行的制度环境和实施机制（斯蒂格利茨，Stiglitz，1998）。从

"北京共识"到"中国模式"，大多数学者认为，在过去三十多年中，经济体制改革对中国经济发展的贡献巨大，它在很大程度上能够解释"中国奇迹"的诞生（罗兰，Roland，2008）。由此，我国体制改革战略的理论研究基本上围绕着"中国式"改革和"中国特色"制度框架进行讨论，并试图提炼出一般的发展体制模式。

首先，中国特色社会主义市场经济的建立和逐步完善集中反映了我国基本经济体制的变革，为我国经济发展提供了基本条件。过去三十年，中国制度框架的形成有赖于体制改革，改革则是一个制度变迁过程（诺顿，Naughton，2007）。概括来说，这种制度变迁就是从"计划经济"转向"中国特色社会主义市场经济"，为了实现这种转变，产权制度改革首当其冲，从农村的土地承包责任制，到国有企业的大规模改制，为充分发挥个体的积极性，释放经济活力提供了制度激励基础（钱颖一和罗兰，Qian 和 Roland，1998；马晓河，2010）。当然，随着产权制度改革，财政金融制度的配套改革也随之展开，银行系统的商业化、股份化，财政制度的分权式改革等都为经济发展起到了巨大作用（贝克，Baicker，2005）。不管是新制度主义学派还是旧制度主义学派，都承认良好的制度设计对经济发展的决定性作用，恰当的制度变迁是经济发展的强大动力（诺斯，1994；杨，2000）。从中国经济发展的实践来看，改革开放这场制度变迁将中国由计划经济体制下的无效激励和激励错位状态斧正到有效激励、激励有序状态。可以认为，中国经济发展的成绩取得是正确制度变革的结果，而中国经济要想继续取得较高绩效，还仍然要坚持体制改革。

其次，经济分权、政治集权和关系组织是我国制度框架的基本特点，为我国经济发展提供了有效机制。制度经济学认为，基本制度框架至少包括三个方面的内容，即正式制度、非正式制度和制度实施机制，这与比较制度经济学所谓的政治域、经济域以及社会域相类似（柯武钢、史漫飞，2000；青木昌彦，2001）。根据这一理论逻辑，经过三十年改革，中国特色的制度框架到底是什么？一些研究认为，中国特色的制度框架可以归结为经济分权、政治集权和关系组织三个层面。首先，中国的社会存在一个分割的结构，而其中特别重要的就是城乡间的分割，这在经济发展的早期对于经济增长有积极的作用，特别是有利于城市的资本积累，这对于一个资本短缺的发展中经济来说非常重要；其次，中国是一个实行经济分权和政治集权的国家，经济的分权（特别是财政的分权）给微观行为主体（特别是地方政府）提供了有效的激励机制，而政治的集权又在一定程度上减少了与经济分权相伴随的负面影响；此外，在政治集权和等级制的社会结构中，中国在传统社会下形成的关系型社会结构得以延续，在经济发展的早期，关系型社会成为比规则型社会更为低成本的履约机制（麦金农，McKinnon，1997；徐和王，Tsui 和 Wang，2004；王永钦、张晏、章元、陈钊和陆铭，2006）。

此外，经济分权、政治集权和关系组织虽然支撑了经济高速增长，但导致了发展中的沉疴痼疾。应该说，中国渐进式的转型保持了中国的社会（城乡）分割结构、经济分权和政治集权以及关系型社会结构，这些政治和社会结构分别为改革后的经济增长提供了有效的资本积累方式、激励结构和合约实施方式，形成了中国经济增长的政治和社会基础（布兰查德和施莱弗，Blanchard 和 Shleifer，2001；马丁内兹－伍兹奎兹和麦克纳布，Martinez-Vazquez 和 McNab，2003；严冀和陆铭，2003；罗兰，2004；拉莫，Ramo，2004；张晏和龚六堂，2006）。根据现有关于中国体制模式的研究可以看到，大多数观点认为"经济分权"是"中国特色"经济体制的重要特点，这也是过去三十多年中国经济飞速发展的体制保障（姚洋，2010）。因此，对于中国模式的"批评"也基本上是从这一逻辑起点出发。这些批评的观点认为，在财政分权体制下，对地方政府相对绩效的评估会造成代理人之间相互拆台的恶性竞争，形形色色的地方保护主义，地方保护主义造成的地区分割和"诸侯经济"会阻碍中国国内市场整合的过程，并产生收入差距、公共服务市场化改革中的群分效应与动态效率损失以及地区间的市场分割与重复建设等问题（坎布尔和章，Kanbur and Zhang，1999；白重恩等，Bai 等 2002；李实，2003；庞塞特，Poncet，2002，2003；章，Zhang，2006）。其中，市场分割会限制产品、服务的市场范围，市场范围的限制又会进一步制约分工和专业化水平，从而不利于长远的技术进步和制度变迁，最终会损害到中国长期的产业国际竞争力和经济长期持续发展（庞塞特，2002；白重恩、杜颖娟、陶志刚和全月婷，2004；施莱弗和穆利根，Shleifer 和 Mulligan，2005；陈钊和陆铭，2009）。

# 三、关于影响我国转变经济发展方式<br>体制障碍的相关研究

早在 20 世纪 60 年代初期，许多经济学家就已提出了"把外延的扩大再生产转变为内涵的扩大再生产"，但中国经济增长方式的转变却始终没有取得实质性突破，反而粗放型经济增长方式在新世纪初期变得更加突出，并引发一

些深层次的新问题，以至于进一步提出转变经济发展方式，许多学者把最主要的原因归咎于体制问题（张玉台，2007；张卓元，2006；王一鸣，2008）。许多学者认为，我国经济体制在某种程度上仍然有前苏联的印记，这种体制不利于加速科学技术进步、不利于加强科技与经济的结合、不利于结构调整和资源配置的优化、不利于调动人的积极性、主动性、创造性，在长期实行中央计划经济体制下，形成了"重新建、轻改造"，"重数量、轻质量"，"重速度、轻效率"，以及贪大求全，忽视专业化协作，"找首长、不找市场"等等传统习惯和惰性，反过来又严重地阻碍了转变经济增长和发展方式（景维民和郎梦圆，2011；吴敬琏，2012）。

重视转变经济发展方式的制度性因素，是因为经济制度是一种有效的资源，可以为人们提供有价值的服务。一方面，制度使人类的经济交换行为在一系列共享的社会规范制约下成为稳定的和可预期的，从而减少了非规范经济行为中的不确定性风险；另一方面，制度作为一种交易各方共享的社会规范，促进了人们之间的相互信任与合作，使经济行为变成一种超越个体的集体行动，由此形成的规模经济和外部效果将大大降低交易成本（陈孝兵，2008；吴敬琏，2008；魏礼群，2012）。

已有文献对影响转变经济发展方式的体制障碍的分析从论证层次看可分为两个大类。一类文献着眼于分析影响转变经济发展方式的具体体制障碍，认为由于从计划经济体制向市场经济体制转轨中还存在许多不完善的体制因素，这些因素构成了影响经济发展方式转变的重要体制障碍。有观点认为，市场体系还很不健全，要素市场发展滞后，资源要素价格扭曲，市场主体特别是企业行为还不规范，财税和行政管理体制改革还不到位是影响经济发展方式转变的主要体制症结（王一鸣，2008；宋晓梧，2009；林兆木，2011）。另一类文献往往着眼于更深层次，从计划经济体制存在诱导粗放型经济发展方式的内生激励机制入手，论证通过继续深化社会主义市场经济体制改革以推动经济发展方式转变的必要性（吴敬琏，2011；魏礼群，2012）。早在 20 世纪 90 年代，许多理论家就认识到了计划经济体制与粗放型经济增长方式、市场经济体制与集约型经济增长方式之间内在的逻辑联系并对此展开了深入分析。他们认为，计划经济体制一方面因为生产单位的非企业化运行管理方式产生软预算，使其更容易把精力集中于一些非经济目标，另一方面因为非货币化的行政交易规则、信息不对称、价格虚置所引发的激励机制缺乏，人为地造成社会供求失衡，加剧了资源浪费和配置失衡，从而存在诱导粗放型经济增长方式的内在逻辑。与此相对应，市场经济机制，以其在节约信息成本、强化价格调整机制、利益驱动、竞争机制等方面相对于计划经济体制有明显的优势，因而存在促进经济增长方式向集约型转变的内在动力。一些学者认为，建国初期从苏联引入的经济增长模式，即是依靠投资和劳动力来驱动增长、支持增长，在中国持续60年后，现已走到尽头，其附带问题逐渐积累并日益突显，政府在城市化中，依靠大量土地、劳动力资源和超发货币方式的经济投入方式已失效，未来经济增长模式转变的关键，是要把经济增长转变到依靠效率的提高上来（吴敬琏，2012）因此，把经济增长方式转变落实到实处，必须推动计划经济体制向市场经济体制转变（李萍，2000）。由于社会主义市场经济体制还在不断完善，制约经济集约型增长的体制障碍还未消除，因此，以转变经济增长方式为核心的转变经济发展方式仍然需要在进一步完善社会主义市场经济体制的前提下寻找出路。

从已有文献对影响转变经济发展方式的体制障碍分析的逻辑机理看，有的学者从利益驱动机制的角度进行分析，认为生产要素及资源的定价制度、分税制财政管理体制、税收制度和干部政绩考核制度中存在导致转变经济发展方式的利益驱动机制缺失的体制性因素（李菊英，2008；保育钧，2011）。由于政府掌握着重要经济资源配置权并控制着重要生产要素的价格，环境监管也不到位，使得稀缺生产要素升值和资源环境的压力大多隔离在了政府层面，没有充分转变为价格信号和更加严格的环境执法，从而使地方政府与企业缺乏转变经济发展方式的经济驱动力（陈清泰，2007）。有的学者则侧重于从对问题的辨析中去说明转变经济发展方式的深层原因在于体制性障碍，认为发展方式或发展模式与发展何种产业之间并无必然联系的结论。由于在不同类型的行业中都能找到好的和不好的发展模式，因此发展方式或者发展模式问题在本质上是一个体制、机制和政策问题（刘世锦，2006；国务院发展研究中心课题组，2010）。

## 四、关于体制改革难点与突破口的相关研究

已有文献对转变经济发展方式的体制难点的分析，主要是围绕经济体制基本框架，从政府管理体制、财税体制、价格体制和企业体制四个关键环节展开。

从政府管理体制看，我国在社会主义制度的前提下探索市场经济发展道路，决定了政府在推动经济发展方式的制度创新方面扮演最重要角色有明显的优势（陈孝兵，2008，林毅夫，2011），然而，这些优势却由于政府缺乏转

变经济发展方式的内在激励没有落实到位。主要原因集中于以下三方面：一是政府职能错位。政府通过控制国企、批租土地、项目审批、价格管制、行政垄断、地区保护等仍掌握着过多的资源配置权，在一些重要领域排斥了市场配置资源的功能。同时，政府介入微观经济领域，使自己在"市场参与者"和"市场监督者"之间很难有一个准确的定位，削弱了政府对市场活动合规性监管的职能。政府对一些重要资源价格的行政管制造成价格不能正确反映资源稀缺程度（宋晓梧，2011；张林山，2011）。二是地方官员的选拔标准、任期长短和政绩考评体系的不科学导致过分追求短期利益与 GDP 增长指标（张卓元，2006；陆铭，2009）。三是基于利益驱动、政绩考核与横向攀比等原因导致一些地方运用政府的动员能力，不惜以很大的资源、环境代价和扭曲性政策实现 GDP 的高增长，表现出强烈的追求短期经济增长的倾向（姜作培，2008；景维民和黄秋菊，2011）。

从财税体制看，以建设财政和经济财政为主要特征的财政支出结构是造成三次产业结构扭曲、创新能力不足以及生态环境恶化等一系列问题的重要原因（林跃勤，2008；于平和王慧慧，2011）。税制设计不合理也导致经济发展方式难以真正扭转。例如，目前以增值税和流转税为主的税收体系，刺激了各个地方拼命追求 GDP 的高速发展和发展重化工业以获得更多税收，客观上刺激了粗放式扩张，不利于 GDP 的稳步健康增长（刘国旺，2007；吴昊和闫涛，2010；汤吉军和陈俊龙，2011）。资源税征收范围过窄导致一些自然资源被廉价甚至无偿使用，资源税税率低、没有考虑资源开采回采率的差别、从量计征的定额税等不合理的资源税税率没有起到调节资源开采和使用行为，资源税税目的设置无法体现公平以及资源税的计税依据无法遏制资源浪费，也是影响经济发展方式转变的重要体制障碍（安体富和蒋震，2008；魏礼群，2010）。

从价格体制看，价格机制改革不到位，也是较为公认的影响经济发展方式转变的重要原因，主要有两类：一是资源性要素价格形成机制不健全，价格水平没能反映资源的稀缺程度及全部成本，包括资源开采过程中造成的环境破坏和污染等外部成本，从而使得加工企业的生产成本低估、资源浪费严重，成为难以从机制上推进经济发展方式转变的一个重要原因（倪红日，2008）。二是重要生产要素，如土地、石油和天然气价格的市场化程度较低，导致资源配置严重失当（李伟，2008）。

从企业改革的角度看，早在 20 世纪 90 年代，就有许多学者认识到企业，尤其是国有企业缺乏体制改革的内驱力是经济增长方式难于转变的重要原因

（吴立贤，2010；宋晓梧，2010）。这个根本性的体制障碍在新时期仍然值得重点关注。这些研究认为，基于政企尚未彻底分开、许多企业初步形成的现代企业制度框架离规范的要求还差很远、企业软预算约束明显等主要体制因素造成企业，尤其是国有企业的主体意识与竞争观念仍然不到位，使得企业对国家的各项产业发展政策及其变化、市场价格及其变化所体现的资源稀缺程度与配置效率，难以正确理解并对相关变化做出及时而有效的反映。

针对体制性障碍，理论界与决策层从各自的角度提出了推动体制改革的突破口。从已有文献的研究看，提及较多或有新意的主要包括以下一些观点：第一，认为有利于提高自主创新能力的各项体制改革是新时期转变经济发展方式的中心环节（高旭东，2007；陈建国，2008）。第二，把适当放缓经济增速作为遏制攀比之风，摒弃多年来拼资源、拼能源、先污染后治理，一味粗放扩张的手段（张卓元，2007）。第三，强调把节能减排工作真正放在经济工作的首位，用节能减排等约束性指标制约各级政府盲目攀比 GDP 的行为（于庭和李艳，2007）；认为重视和抓好节能降耗减排工作，就抓住了转变经济发展方式的关键（白亚平，2008）。第四，转变经济发展方式的关键环节是提高地方政府的执行力（黄晓鹏，2006；张慧君，2009）。

由此，可以看到，在我国现有"转变经济发展方式"的主要体制障碍的研究，主要还是侧重于对我国经济发展的重大现实问题的研讨，从理论上系统地对其进行深度研究的文献还较为欠缺。

# 五、以体制改革推动经济发展方式转变具体对策的相关研究

理论界与决策层围绕影响实现经济发展方式转变的关键领域的体制性障碍，结合我国经济发展新阶段的要求，在强调进一步深化社会主义市场经济体制改革的进程中，从操作层面提出了许多有针对性的具体对策建议。

首先，在加快行政管理体制改革方面，一些研究认为核心是政府改革，主要包括了四个层面的改革。一是强化政府的服务意识和责任意识，加快公共服务体制的建设，通过均等化公共服务为全体社会成员提供大致相当的基础教育、公共卫生和基本医疗等促进注重经济总量向注重人的发展和经济质量转变，为转变经济发展方式提供更为广泛的社会动力（方栓喜，2007；魏礼群，2011；聂高民，2012）。二是转变政府经济管理职能，使其从各种形式的市场

参与者角色中淡出，重点转向再分配关系、城乡和区域平衡等市场顾及不到的领域，或者公共产品的提供、社会保障体制的建立等市场失灵的领域，或者如土地、资源、环境、安全等有内部效益，但可能损害社会公众利益的领域以及如基础教育、公共卫生、部分基础设施等外部效益大于内部效益的领域（陈清泰，2007；汪玉凯，2012）。三是在完善政府绩效考核体系方面，把节能、降耗、减排等指标纳入政府绩效考核中，放在与 GDP 或人均 GDP 的增长率同等重要的地位（杨欢进，2010）。四是通过规范垂直管理部门与地方政府的关系，协调中央政府与地方政府的事权与财权关系，建立地方政府的绩效评估制度和问责制度等以提高政府，尤其是地方政府转变经济发展方式的执行力（姜作培，2008）。五是通过科学划分中央与地方事权与财权，削弱基层政府为获得财政收入过分追求 GDP 的动机（张卓元，2006）。

其次，在深化财税体制改革方面，主要是为解决转变经济发展方式的一些关键环节所遇到的难题提供有针对性的对策建议。在财政支出结构的优化方面，一些研究强调降低政府对一般竞争性领域投入，强化关键领域和重要产业投入，特别是强化对文教卫等部门的投入，加大财政支出对创新体系和发展循环经济的支持力度，是转变经济发展方式的重要途径（林跃勤，2008；高培勇，2008；迟福林，2010）。有的学者建议通过加大用于农业生产资料价格补贴、良种补贴、农机具购置补贴和粮食直补的实施力度，支持农业生产和农村长远发展，通过提高农村义务教育经费和扩大新型农村合作医疗等办法支持社会主义新农村建设（钱淑萍，2008）。旨在促进资源有效利用的财税政策的较普遍建议主要以节能降耗、保护环境、实施绿色经营为重点。一是取消高能耗、高污染和资源性产品出口退税政策，控制高能耗、高污染和资源性产品的出口；二是由从量征税改为从价征税，将税收与资源市场价格直接挂钩，提高资源使用成本；三是开征促进经济发展方式转变的新的税种，进一步将耕地资源、滩涂资源、地热资源等不可再生资源或者再生周期较长、再生难度较大的资源，或者将河流、湖泊、地下水、人工水库等我国较为稀缺的再生资源纳入征税范围，或者将草原资源、森林资源、海洋资源等供给缺乏，不宜大量消耗的绿色资源产品纳入征税范围（安体富和蒋震，2008；杨帅和温铁军，2010；魏礼群，2011）。在促进城乡、区域经济平衡发展方面的一些观点有，增加对限制开发区和禁止开发区用于公共服务和生态环境补偿的财政转移支付，逐步建立与主体功能区管理相适应的财税体制（王一鸣，2008）；较大幅度地增加基础教育特别是中西部落后地区的基础教育投入，提高农村义务教育经费保障水平，以及建设覆盖城乡居民的基本医疗保障制度等（李新安，2008；彭森，2010）。在缩小收入差距、调节收入水平以提高消费能力方面，强调通过进一步落实减免税费、小额担保贷款财政贴息、职业培训补贴等促进就业的财税政策；按照 CPI 变动调整社会保障对象和低收入者补贴，完善社会保障体系，严格执行最低工资制度，建立健全工资正常增长机制（钱淑萍，2008；吴敬琏，2011；贾康和刘薇，2011）。

再次，在价格改革方面，主要的思路是继续改革和完善资源性要素价格形成机制，逐步理顺被压低和扭曲的资源价格体系，从根本上解决导致资源浪费的机制和制度性因素。主要的一些改革建议包括：积极稳妥地推进石油、天然气等资源性产品价格形成机制改革；通过征收特别收益金、资源级差收入（袁宏明，2009；常修泽，2011），较大幅度地提高资源税率，建立健全资源有偿使用制度和生态环境补偿机制（于祥明和叶勇，2007；常修泽，2011），提高城镇土地使用税，开征物业税、燃油税等新的消费税等手段促进提高资源利用效率，促使经济发展方式转变（李伟，2008；迟福林，2010）。完善资本、土地、劳动力等要素市场，加强激励性、限制性和惩罚性制度建设，也是提高资源综合利用效率和环境质量的重要手段（张玉台，2007；魏礼群，2011；肖文海，2011）。

最后，在推进企业改革，重点是构建有利于经济发展方式转变的微观基础。一是通过加大国有经济改革力度，深化股份制改革，规范履行出资人职责，加强与改进国资监管，完善统计评价体系和法规体系建设，健全重大事项报告制度，探索完善国有资本预算体系，大力推进技术和管理创新等一系列体制改革推动国有经济加快转变经济发展方式的动力（北京市国资委党委宣传部，2007；张文魁，2012）。二是营造促进多种所有制企业之间公平竞争的环境、通过积极推进企业间的兼并与重组培育优胜劣汰的机制、充分发挥和运用资本市场拓展企业融资渠道"三管齐下"，提高产业集中度和整体技术水平，培育具有国际竞争力的大公司，使之有能力、有条件在促进转变经济发展方式上发挥带头作用（王正伟，2007；夏小林，2010）。三是推进垄断行业改革，完善定价和监管机制（张玉台，2007；宋晓梧，2010）。四是通过确立适应市场需求的企业创新主体地位，引导和支持各类要素向企业集聚，加强企业创新人才队伍建设，建立健全面向企业的公共研发、创业孵化和科技中介服务平台，不断优化财税、金融、知识产权和政府采购等措施增强企业的自主创新能力（陆峰，2008；吴立贤，2010）。五是真正确立企业投资主体地位，政府通过发布信息，设立水平越来越高的能耗、环保、安全、卫生等技术法规和市场准入门槛，促进结构优化和产业升级（陈清泰，2007；吴立贤，2010）。

由于转变经济发展方式在新的发展时期面临的一些问题超越了我们过去的经验，所以有些方面的建议还更多地停留在政策方向的层面，在细节措施上还处于探索和试验阶段，需要在实践中不断修正。同时，由于转变经济发展方式的体制改革理论的不完善，使得从宏观经济体制的系统性角度构建相互配套、整体协调和高效推进的一整套制度体系去提高转变经济发展方式的整体效率的研究还十分不足。因此，完善转变经济发展方式的体制改革的比较经验研究和系统的理论探讨，将是下一阶段研究者们需要继续努力的方向。

# 六、基本结论

本文通过对国内外关于经济体制改革与经济发展的相关研究，特别是我国经济体制改革推动经济发展方式转变相关问题的综述，我们可以得到以下几个初步的基本结论。

第一，经济体制改革主要通过降低交易费用和提供微观经济激励，对经济发展方式转变进程产生影响。在这个过程中，在经济制度、政治制度和文化制度逐步变化的条件下，体制框架适应性变化使制度变迁作用于经济发展，从而导致经济模式的调整和转变。因此，体制变革带来的制度影响机制的调整是转变经济发展方式的重要环节。

第二，从过去三十多年的经验看，中国特色社会主义市场经济的建立和逐步完善集中反映了我国基本经济体制的变革，形成了以经济分权、政治集权和关系组织为核心的整体制度框架，为我国经济发展提供了基本条件和有效机制，形成了有效的资本积累方式、激励结构和合约实施方式，支撑了经济高速增长，但同时导致了经济发展过程中所积累的包括地方保护主义盛行、市场分割程度加深、收入差距扩大、经济动态效率缺失等的沉疴痼疾。

第三，从现阶段的情况看，由于我国社会主义市场经济体制还在不断完善，制约经济发展方式转变的体制障碍还未消除，市场体系还很不健全，要素市场发展滞后，资源要素价格扭曲，市场主体特别是企业行为还不规范，财税和行政管理体制改革还不到位，形成了导致转变经济发展方式的利益驱动机制缺失的体制性因素，系影响我国经济发展方式的转变主要体制症结。

第四，从未来通过体制改革促进经济发展方式转变的整体方向来看，要围绕政府管理体制、财税体制、价格体制和企业体制四个关键环节展开。具体来说，在行政管理体制改革方面，其核心是政府改革，要加快转变政府经济管理职能，积极协调中央政府与地方政府的事权与财权关系，规范垂直管理部门与地方政府的关系，不断完善政府绩效考核体系；在深化财税体制改革方面，要降低政府对一般竞争性领域投入，强化关键领域和重要产业投入，促进资源有效利用的财税政策以及加大财政支出对创新体系和发展循环经济的支持力度；在价格改革方面，要继续改革和完善资源性要素价格形成机制，逐步理顺被压低和扭曲的资源价格体系，从根本上解决导致资源浪费的机制和制度性因素；在推进企业改革，重点是通过深化股份制改革、确立适应市场需求的企业创新主体地位、推进垄断行业改革和营造促进多种所有制企业之间公平竞争的环境，构建有利于经济发展方式转变的微观基础。

**参考资料：**

张玉台：《中国 2020：发展目标和政策取向》，中国发展出版社 2008 年版。

柯武钢、史漫飞：《制度经济学——社会秩序与公共政策》，商务出版社 2000 年版。

常修泽：《经济增长方式转变：三点新情况和三条出路》，《中国经贸导刊》2007 年第 6 期。

林兆木：《关于转变经济发展方式问题》，《人民日报》2010 年 2 月 3 日。

刘世锦，侯永志：《石耀东．我国经济发展方式转变：成就、挑战与战略》，《大连日报》2009 年 1 月 19 日。

任仲平：《把握转变经济发展方式的战略重点》，《人民日报》2010 年 4 月 7 日。

卢中原：《加快转变经济发展方式的战略抉择》，《发展研究》2008 年第 12 期。

洪银兴、沈坤荣、何旭强：《经济增长方式转变研究》，《江苏社会科学》2000 年第 4 期。

张卓元：《深化改革，推进粗放型经济增长方式转变》，《经济研究》2005 年第 11 期。

张立群：《论我国经济增长方式的转换》，《管理世界》1995 年第 5 期。

吴敬琏：《政府转型：转变经济增长方式的唯一出路》，《江南论坛》2004 年第 12 期。

钟春洋：《转变经济发展方式的利益博弈研究》（厦门大学博士论文），2008 年 4 月。

张慧君：《经济转型与国家治理模式演进——基于中国经验的研究》，《经济体制改革》2009 年第 2 期。

吴敬琏：《转变经济发展方式需消除体制障碍》，2008 年 11 月 2 日，http://view.news.qq.com /a/20081102/000042_1.htm。

王一鸣：《加快推进经济发展方式的"三个转变"》，《宏观经济管理》2008 年第 1 期。

陈孝兵:《改革开放 30 年: 转变经济发展方式刻不容缓》,《湖北社会科学》2008 年第 8 期。

李萍:《经济增长方式转变的制度分析》(西南财经大学博士论文), 2000 年。

李菊英:《转变经济发展方式与构建利益驱动机制探析》,《理论导刊》2008 年第 1 期。

陈清泰:《转变增长方式需要经济驱动力》,《文汇报》2007 年 3 月 5 日。

刘世锦:《如何理解我国经济增长模式转型》,《河北企业》2006 年第 11 期。

陈清泰:《以政府改革促进经济增长方式转变》, 2007 年 3 月 9 日, http://www.chinagate. com.cn。

张卓元:《转变经济增长方式: 政府改革是关键》,《经济研究参考》2006 年第 74 期。

姜作培:《转变经济发展方式与地方政府执行力》,《当代经济研究》2008 年第 5 期。

林跃勤:《财政支出结构优化与经济发展方式转变》,《中国金融》2008 年第 7 期。

刘国旺:《以三项改革转变经济发展方式》,《中国财经报》2007 年 12 月 1 日。

安体富、蒋震:《加快资源税改革有利于转变经济发展方式》,《中国税务报》2008 年 3 月 19 日。

倪红日:《推进经济发展方式转变的税收政策研究》,《税务研究》2008 年第 3 期。

李伟:《助推经济发展方式转变的价格政策选择》,《价格月刊》2008 年第 1 期。

周叔莲:《转变经济增长方式和深化国有企业改革》,《管理世界》, 1996 年第 1 期。

刘相:《朱健. 完善转变经济发展方式的体制机制》,《人民日报》2007 年 8 月 10 日。

张卓元:《用节能减排等约束性指标制约盲目攀比 GDP》,《光明日报》2007 年 3 月 16 日。

方栓喜:《转变经济发展方式亟待调整制度安排》,《上海证券报》2007 年 11 月 1 日。

杨欢进:《论转变经济发展方式》,《河北经贸大学学报》2008 年第 1 期。

钱淑萍:《从转变经济增长方式到转变经济发展方式及其财税对策思考》,《江西财经大学学报》2008 年第 4 期。

李新安:《高投资率、高宏观成本与我国经济发展方式转变》,《宁夏社会科学》2008 年第 3 期。

张玉台:《转变经济发展方式, 实现又好又快发展》,《政策》2007 年第 10 期。

王正伟:《转变经济发展方式, 推进新型工业化》,《人民日报》2007 年 8 月 20 日。

陆峰:《大力推进企业自主创新, 加快转变经济发展方式》,《新华日报》2008 年 8 月 4 日。

国务院发展研究中心课题组:《加快转变经济发展方式的目标要求和战略举措》,《理论学刊》2010 年第 5 期。

Acemoglu Daron, Johnson Simon and Robinson James A., "Institutions as the Fundamental Cause of Long-Run Growth", *CEPR Discussion Papers*, 2004.

Arrow Kenneth J., *Social Choice and Individual Values*, New York: John Wiley & Sons, 1951, pp.231~254.

Yang, Xiaokai and Ng, Yew-Kwang, *Specializaton and Economic Organization : A New Classic Microeconomics*, Elsevier Science Publishers B.N. (North-Horland, 1993), pp.134~148.

Young, Allyn, "Increasing Returns and Economic Progress", *Economic Journal*, 1928, Vol.38, pp.45~56.

Arrow, K, "The Economic Implications of Learning by Doing", *Review of Economic Studies*, 1962, Vol.29 (3), pp.42~61.

Schultz.T, "Investment in Human Capital", *American Economic Review*, 1961, Vol.51(1), pp.24~31.

Romer, P., "Increasing Returns and Long-Run Growth. *Journal of Political Economy*, 1986, Vol.94 (5), pp.142~162.

F. A. Hayek, *The Road to Serfdom*, University of Chicago Press, 1944, pp.24~38.

James M. Buchanan, *Liberty, market, and state: political economy in the 1980s*, Wheatsheaf Books, 1986, pp.234~259.

Joan Ferrante, *Sociology: A Global Perspective*, Thomson Wadsworth, 2005, pp.23~28.

Reinhard Bendix and Guenther Roth, *Scholarship and Partisanship: Essays on Max Weber*, University of California Press, 1971, pp.131~184.

# 附件2:当前我国政府事权划分存在的问题及相关建议
## ——对上海市、安徽省的调研

党的"十八大"报告指出,深化改革是加快转变经济发展方式的关键,经济体制改革的核心问题是处理好政府和市场的关系。当前,财力与事权的不匹配是将各级政府推向市场,促使其成为市场主体的重要原因之一,由此也导致经济发展方式难以真正转变。理论上,在事权与财力的配置过程中,事权划分是基础和前提,财力是配套,事权划分不仅涉及政府间关系,同时也涉及政府与市场的关系。为了深入了解当前我国政府事权划分存在的问题,课题组于2013年9月10~14日赴上海市、安徽省进行调研。

## 一、调研基本情况

上海和安徽是我国东中部具有代表性的省份,调研组通过与上海市、徐汇区和安徽省、合肥市、肥西县等不同行政层级的发改、财政、商务、工信、卫生、教育、社保、民政、公安、编办、食药监等政府部门及相关研究机构进行座谈,对当前各级政府的财力与事权有了较为充分的了解,也"以点带面"发现了不少的问题(具体内容见附表)。

在上海市,调研组先与市发展改革委、宏观经济研究院进行了座谈,重点了解发达省份的财力和事权现状,并了解他们对该问题的看法。据了解,当前上海市存在财力与事权不匹配的情况,他们认为,地方政府承担较多事权,包括大量全国性、跨区域公共产品,并建议中央明确自己的事权,剩下的由上海自己承担,实行公共服务责任分工制度。其后,在上海市徐汇区,调研组重点了解了区一级财力与事权现状。徐汇区多数部门认为,当前政府与市场边界定位不清、上下级政府事权划分不清、事权与财力不匹配，使得政府成为无限政府、权力政府和苦恼政府，并建议上移事权，加快财政体制改革，实现谁主张谁承担支出责任。

在安徽省，调研组与省直部门，合肥市直部门以及肥西县相关部门进行了座谈，了解省、市、县三级政府的财力与事权情况。安徽省直部门反映了与上海类似的问题，建议中央上收事权，承担更多的支出责任，并优化各级政府的支出责任。合肥市和肥西县的座谈会共同反映了省以下事权划分的混乱和不合理，事权严重超出财力等问题。

# 二、存在的突出问题

学术界普遍认为，政府事权划分存在"越位"、"缺位"、"错位"，本次调研基本验证了上述结论。具体来说，当前我国政府事权划分存在以下几个重要问题：政府职能"越位"与"缺位"并存，政府市场主体特征明显；中央与地方政府的事权划分存在错位，基层政府承担了本应由中央或者上级政府承担的支出责任，导致财力吃紧；不同层级、不同部门和不同区域间的事权划分存在交叉，缺乏科学划分；近年来新设政府事权较多，但都缺乏足够的财力配套甚至没有财力保障。

## （一）政府职能"越位"、"缺位"并存，政府市场主体特征明显

调研发现，即使是政府部门也普遍认为，当前仍然存在着较为严重的政府与市场界线划分不清，政府职能"越位"与"缺位"并存的问题。上海、安徽两地参与座谈的多位同志都坦言，他们所承担的一些行政审批工作完全可以交由企业自己决策，自己负责，而诸如保护产权，维护市场公平等工作却没有相应的部门去承担。在这种情况下，政府部门市场主体的特征非常明显。

根据调研期间了解到的情况，安徽某市于2013年9月10日召开市直部门招商引资工作汇报会，会上该市市长指出，各市直部门要积极走出去，只有走出去招商，才能有机会、有项目，要持之以恒，打足时间，部门主要负责人要保持三分之一以上时间在外招商，分管负责人和招商人员要常年在外招商。据介绍，实际上该市市直部门也是如该市长所要求的那样去全力招商引资。

## （二）基层政府承担了本应由上级承担的支出责任，财力吃紧

上海市、安徽省基层政府均反映基本公共服务事权重心设置偏低，中央政府承担的事权尤其是直接支出责任相对不足，地方政府尤其是基层地方政府承担了过多的实际支出责任，最终使得基本公共服务供给不充分和不稳定。根据座谈会上的发言总结，在宏观经济管理，食品药品安全，优待抚恤、退役士兵安置、优抚事业单位建设，军供站建设管理，社会福利、社会救助等事务中均存在上述问题，特别是基础教育、公共卫生、社会保障等领域，地方政府的支出几乎占到本领域总支出的 90% 以上。在支出责任下移，财力配套有限的情况下，地方政府普遍反映相关工作的开展难度较大。

与此同时，很多具有监管和稽查职能的部门还反映，他们的上级部门经常下派指标或提出刚性任务要求，但却不配套相应的财力，变相降低本级可支配财力。常见的有：一是上级一些部门经常直接插手地方事务、扩编增人，回避本级编制部门的监督，而相应经费却由地方政府承担。二是常常出现"上级请客、下级买单"的现象。调研发现，基层普遍反映上级"不给枪、不给炮、只吹冲锋号"，也就是上级政府拥有决策权或对公众和国际社会的承诺权，但不负担某些公共服务供给的执行责任和义务。

## （三）政府职责交叉，缺乏科学划分

调研发现，事权划分存在一定程度的"上下不清"问题。根据安徽省编办部门反映，我国宪法和相关法律只对政府间事权划分做原则性规定，上下级政府职能交叉的情况较为常见，并且在上级政府实际决定下级部门事权的背景下，事权调整的随意性较大，各级地方政府事权划分方法千差万别，导致各级政府之间事权与支出责任交叉重叠、支出责任重点不明确。

同级部门间也存在一定的职责交叉问题，以社会保险基金管理为例，人社部门的社保经办机构负责扩面、基金核算、个人权益记载和待遇支付；地税部门负责基金征缴；人行国库负责基金归集；财政部门负责财政专户管理。据安徽省人社部门反应，上述划分看似事权清晰，实际上扯皮很多，并且在全国较为普遍。主要表现为：一是社保经办机构与国库、财政专户对账不顺；二是国库滞留基金不能及时划转财政专户；三是财政专户基金存在哪个银行、收益如何经办机构根本不知晓。在城乡医保问题上，人社部门管理城镇职工和居民医保，卫生部门管理"新农合"，两个部门为了完成上级下达的目标任务，年年

为参保人数互争资源，现在是"你中有我、我中有你"，互不相让，重复参保、重复享受待遇比比皆是，造成财政重复补助。

各级政府事权划分还存在一些区域间交叉问题。安徽省公安部门反映，在"条块结合、以条为主"的模式下，他们的工作受公安部领导，承担了较多的区域性、跨境案件和重大事件。但是对于这些事务，公安部并没有建立相应的财力保障机制。上海市发展改革委反映，上海负责长三角一体化的基础设施建设和协调责任，该事权属于区域性，覆盖上海、浙江和江苏三省市，但支出责任只由上海市承担。安徽省民政厅在实际的工作中发现，跨省救助和省级界线管理属于跨区域行政管理，具有较大利益外溢性，需要协调区域之间的利益和分工合作，属于准全国性公共产品，应属于中央事权，由中央政府统一提供；或者虽由地方政府提供，但中央政府提供财政补贴，以保证这类公共产品的适当供应和地方间利益的协调。但在实际工作中，这些跨省际的公共事务都被划为地方事权，导致一些地方没有足够的积极性和财力来保障上述工作的开展，也造成了一些地区之间的冲突矛盾。

### （四）政府新设事权较多，但财力不足

调研发现，随着经济社会的快速发展，为了解决一些发展中的问题，近年来我国政府新设了很多职能，主要集中在社会保障等领域。然而，据地方政府反映，与事权和职能增加相配套的财力却没有及时跟进。比如，合肥市民政局反映，近年来，中央陆续赋予民政部门一些新的职能和业务，如实施廉租住房和经济适用住房保障政策的城市低收入家庭资格认定以及社会组织管理等，但财政支出未能及时地把一些新增职能和业务列入预算科目，同时也没有安排相应的专项业务经费支持。

与此同时，从当前我国民政系统中央与地方的事权划分情况来看，民政系统的实际工作中大部分事权都由县级政府承担。由于县级财力窘迫，很多县级民政部门工作经费严重缺乏，造成越是贫困地区，中央专款越多，而实际上地方又无力安排基本工作经费，使得很多工作不能落到实处，中央专款不能发挥最大效益。在当前财权不断上移、事权不断下移的趋势下，地方事权与财权出现"小马拉大车"现象。

# 三、问题的原因与危害

座谈中很多部门也都谈及了造成上述问题的原因，认为是多方面的。同时也指出了这些问题对公共资源有效配置，经济发展方式转变带来的危害。

## （一）经济分权与单一制体制是深层次体制根源

虽然事权划分本身就是一个体制问题，但是座谈中也有一些共同观点，即事权划分问题的背后还有更为深层次的体制根源，即经济分权与单一制体制之间的不协调。

在我国垂直的单一制体制下，各级政府职能"上下对口、职责同构"。除了少数事权如外交、国防等主要属于中央政府外，各级政府的职责并没有明显区别，高度重叠交叉，地方政府拥有的事权几乎全是中央政府的事权延伸或细化，以致形成了同一事务各级政府"齐抓共管"的局面，呈现出"上下对口、职责同构"的特征。同时，在这种单一制下，中央政府对地方政府官员的考核、任命具有绝对的权威；省级政府对市级政府以及市级政府对县级政府在行政、晋升方面具有绝对的权威。人事任命由上级政府决定，财政资源在很大程度上也受控于上级政府，行政责任和施政业绩也直接对上级政府负责，在地方政府间形成了一种基于上级政府评价的"自上而下"的标尺竞争。在中国式财政分权的背景下，地方政府有动力提供公共物品主要是为了追求任期内的"政绩最大化"获得升迁的机会。在我国，政府主要以地区生产总值及其增长来考核下级政府官员的政绩，这使得地方官员重视地方的经济发展，有时会成为市场主体，直接参与经济建设。由于不同类型的财政支出对推动地区经济增长的作用是不同的，使得追求政绩最大化的地方政府官员就会把较大比重的财政支出投入到在他任期内能迅速带来经济效益的基础设施建设上，而忽视了对社会基本公共服务领域的投入，将这些基本公共服务层层转移给下级政府。在这种环境下下级政府承担了较多的事权，承担了较多的基本公共服务支出责任。

## （二）地方事权快速增长但财政体制改革缓慢是重要原因

调研发现，随着经济和社会快速发展，地方事权也快速增长，主要源于：一是政府担负了太多的市场主体责任，特别是随着经济规模和市场范围的扩大，政府经济建设职能更加繁杂；二是随着城市化进程的加快以及社会公共需求的增多使得事权快速增长。与此同时，由于行政级次过多使得省及以下各级财政支出责任划分涉及多级财政体制，工作量很大且困难，上级往往采取层层下放的方式规避事权。在这些原因的共同作用下，地方政府尤其是基层政府的事权快速增长。

与事权的快速增长相反，财政体制改革却较为缓慢，没有及时形成与事权相匹配的财力。1994 年分税制改革以来，财政体制逐步表现出以下重要问题：一是分税与分税权不匹配，使得应与事权相匹配的地方财力增长较慢。从我国的实践来看，虽然分税制改革明确了中央政府和地方政府各自的税种，并且设了两套税务机构，各征其税，但是在税收管理权限上，中央税、共享税以及地方税的立法权、解释权，实施细则的制定权，地方税的税收优惠减免政策的制定权大部分都集中在中央。由于税收立法权过于集中在中央，在一定程度上影响了地方发展经济的自主性和积极性，造成了地方政府财政支出的相对灵活性与财政收入缺乏自主性之间的矛盾。二是地方税收体系缺乏主体税种，地方财源缺乏支撑性力量，造成地方政府过于依赖中央政府的转移支付。

### （三）最大的危害是强化了政府的市场主体地位

事权增加而财力不匹配客观上强化了地方政府充当市场主体，使得经济发展方式难以转变。在市场主体的现实定位下，地方政府在收入最大化的激励下争抢好税基、好税源，把本地、本级税基做大，将短期内无助于地区经济增长发展的支出项目压缩下来或干脆推出去，重高级服务、轻基本服务，重经济发展、轻社会事业和经济社会协调发展。地方政府的职能扭曲在一定程度上是近年来我国宏观经济快速增长的重要原因，但也是经济发展方式难以转变的原因。

在各级地方政府不断强化经济增长目标的情况下，发展型财税政策被普遍奉行，地方政府既要对投资主体提供税率优惠和减免，又要加大基础设施和城市建设等发展支出，甚至常常以财政补贴来吸引投资。与此同时，各级政府也是尽量地将各类"财政包袱"，如基础教育、卫生医疗、社会保障、保护弱势群体等方面往外推，往下甩，直到县乡一级再也无处可推可甩，只好往后拖，严重地制约了地方政府提供基本公共服务的供给能力，导致基本公共服务供给水平不充分、不稳定，缺乏制度化保障。另外，目前县级担负着沉重的支出责任导致了县财政普遍困难，隐性债务越来越重，在不同程度上直接或间接影响了县级政府的有效运作，影响了经济稳定。

# 四、相关政策建议

为了解决财力与事权不匹配问题，消解各级政府的市场主体地位，建议首先科学界定政府与市场的边界，并根据外部性、信息复杂性等条件确定各级政府的事权。与此同时，推动税收征管权限、转移支付制度方面的改革，形成与事权划分相配套的财力。结合调研情况，建议有针对性地采取以下政策。

## （一）率先剥离乡镇政府的经济建设职能，加快转变政府职能

本着继续厘清政府和市场的界限，明确划分政府与市场之间的职责，继续坚持有所为、有所不为的思想，率先在乡镇一级剥离政府的经济建设职能，并本着自下而上、自东向西、从发达地区到欠发达地区，递次取消地方政府直接配置市场资源的功能，推动政府职能向创造良好发展环境、提供优质公共服务、维护社会公平正义转变。值得注意的是，上海市各街道已经取消了经济建设职能。根据徐汇区的介绍，在取消街道的经济建设职能之前，各街道办事处的主要精力都放在了招商引资等经济建设任务上，社会管理、微观治理等职能履行较少；在取消街道经济建设职能之后，各街道的财力来源于上级拨付，街道办事处的主要精力都被放在公共服务方面。

目前，要进一步加强地方政府职能转变，进一步理顺政府与市场、政府与社会、中央与地方的关系，更多释放市场活力，更好地服务人民群众。地方政府职能转变重点做好：一是要接好中央下放的审批事项；二是把地方本级该放的权力切实放下去、放到位，特别是对不符合法律规定、利用"红头文件"设定的管理、收费、罚款项目应一律取消，防止"上动下不动、头转身不转"；三是把该管的管起来、管到位。在减少事前审批的同时，加强事中事后监管，规范监管行为，克服随意性，着力构建统一开放、公平竞争的市场环境。

## （二）科学划分中央和地方事权，明确省及以下的各级政府事权

根据外部性和信息复杂程度科学划分中央和地方事权，总的方向是中央要多承担教育等领域的支出责任。具体来说，除工伤、生育、失业保险，普通公

共卫生支出和管理信息处理，义务教育支出，地方性基础设施建设等基本由地方本级受益的事项之外，其他事权全部上移至中央政府。

针对省和省以下政府事权设置的随意性较大问题，建议建立健全包括政府组织法、财政法、预算法、税法、转移支付法等在内的法律体系，以法律形式明确各级政府的事权范围。法律制定要重点突出两点：一是科学界定各级政府本级事务，避免各级政府支出责任交叉；二是科学界定各级政府共同事务，明晰各级政府支出分担比例。

## （三）完善地方财力建设，构建与事权相匹配的财力体系

在合理安排各级政府事权的同时，应建立与事权相匹配的财力。要使财力与事权匹配，首先，通过赋予省级政府适当的税收征管权限，扩大地方政府的财权。一是科学配置税种，依据民生需要的程度和社会公共管理的实际归属来优化税收分享，与地方民生相关度大、更富地方特性的税种，应当增大地方的权限。二是应通过改革使房地产税和资源税成为地方政府主要的收入来源。三是赋予省级政府对地方税种适当的管理权限，包括税种选择权、税率调整权，在一定前提下，允许省级政府通过立法程序，经中央政府批准，对具有区域性特征的税源开征新的税种。其次，完善转移支付。一是加快转移支付制度的法制化建设。二是试行纵向转移与横向转移相结合的模式。三是完善转移支付形式，逐步缩小税收返还和体制补助占转移支付总额中的比重，并最终取消；调整一般性转移支付，提高均衡性转移支付的比重；整合、控制、规范专项转移支付。最后，在设定规范、透明的程序和必要的制约条件的情况下，规范发展地方政府市政债等地方公债。

通过进一步理清政府间的事权，并健全地方财力与事权相匹配的体制，形成"一级政权、一级事权、一级财权、一级税基、一级预算、一级举债权"再加上自上而下的转移支付的制度安排，促进各级政府财力与事权相匹配。

附表 2-1：

### 上海市调研基本情况

| 地区 | | 单位 | 讨论内容 | 主要观点 |
|---|---|---|---|---|
| 上海市 | 本级政府及相关机构 | 发展和改革委 | 事权划分存在的问题 | 地方政府承担较多事权 |
| | | | | 财力与事权不匹配 |
| | | | 事权划分的建议 | 上移事权 |
| | | 宏观经济研究院 | 事权划分取得的进展 | 街道已剥离经济职能 |
| | | | 事权划分存在的问题 | 地方政府（区级政府）承担较大支出责任 |
| | | | | 事权划分不清，地方政府承担了大量全国性、跨区域公共产品 |
| | | | 事权划分的建议 | 明确中央政府事权，其余归地方政府负责 |
| | | | | 实行公共服务责任分工制度 |
| | | | | 健全区县地方税收体系，使得财力与事权相匹配 |
| | | | | 加强监督、问责 |
| | 徐汇区 | 发展和改革委 | 事权划分存在的问题 | 无限政府——政府与市场边界定位不清 |
| | | | | 权力政府——上下级政府事权划分不清 |
| | | | | 苦恼政府——事权与财力不匹配 |
| | | | 事权划分的建议 | 上移事权 |
| | | 财政局 | 事权划分情况 | 事权超出财力 |
| | | | | 事权划分不清、层层下达 |
| | | | 事权划分的原则及建议 | 遵循外部性、信息复杂性、激励相容、财力与事权相匹配等四原则 |
| | | 编办 | 事权划分存在的问题 | 各级政府事权划分不明确 |
| | | | | 事权下放随意性较大 |
| | | | | 基层政府事权往往承担较多事权 |
| | | | 事权划分的建议 | 划清政府与市场的边界 |
| | | | | 划清各级政府间的事权 |
| | | 公安分局 | 事权划分存在的问题 | 事权超出财力 |
| | | | 事权划分原则和建议 | 谁主张谁承担支出责任 |
| | | | | 建立与事权相匹配的财力 |
| | | 教育局 | 事权划分存在的问题 | 区级政府承担大部分义务教育支出责任 |
| | | 民政局 | 事权划分存在的问题 | 创造性工作缺乏财力保障 |

资料来源：根据调研材料整理。

附表 2-2：

**安徽省调研基本情况**

| 地区 | 单位 | | 讨论内容 | 主要观点 |
|---|---|---|---|---|
| 安徽省 | 本级政府 | 财政厅 | 事权划分存在的问题 | 政府间事权与支出责任划分不明 |
| | | | 事权划分的建议 | 明确中央应承担的事权和支出责任 |
| | | | | 划分省以下各级政府事权，明确各级财政支出责任 |
| | | | | 划分各级政府职能和支出责任后需进一步调整事宜 |
| | | 省编办 | 认识改革中存在的问题 | 中央与地方事权模糊不清 |
| | | | 划分中央与地方事权的建议 | 明确中央与地方事权划分的原则 |
| | | | | 合理调整中央与地方在经济调节、市场监管、公共服务方面的事权和职责 |
| | | | | 健全中央与地方事权与财力相匹配的体制 |
| | | 省公安厅 | 事权划分存在的问题 | 承担大量区域性、跨境案件、重大事件以及公安部部署的其他任务，但财力不匹配 |
| | | | 事权划分建议 | 建立与事权相匹配的财力 |
| | | 省教育厅 | 教育部门财力保障程度 | 事权划分模糊且与财力不匹配 |
| | | | 事权划分建议 | 优化调整中央、省、市、县四级政府的教育事权与支出责任 |
| | | 省民政厅 | 事权划分存在的问题 | 民政事权缺位现象严重 |
| | | | | 事权划分与财力不匹配 |
| | | | 事权划分不当造成的后果 | 社会救济标准低、覆盖面窄 |
| | | | | 基础设施数量少、条件差 |
| | | | | 经费缺乏，难以保证工作开展 |
| | | | 事权划分建议 | 合理界定各级政府的事权 |
| | | | | 明确划分各级政府的公共支出责任 |
| | | 食品药品监督管理局 | 事权划分存在的问题 | 严重超越了财力所及 |
| | | | 事权划分建议 | 哪级下达工作任务哪级配套工作经费 |
| | | 人力资源和社会保障局 | 事权划分存在的问题 | 事权严重超出财力 |
| | | | 事权划分建议 | 财力与事权相匹配原则 |
| | | | | 明确各级政府在基本公共服务领域中事权 |

续表

| 地区 | 单位 | 讨论内容 | 主要观点 |
|---|---|---|---|
| 安徽省 | 合肥市 | | |
| | 发展和改革委 | 事权划分存在的问题 | 政府与市场职能划分不清 |
| | | | 政府内部事权划分不清 |
| | | | 建立健全相关法律体系 |
| | | 事权划分建议 | 合理划分政府与市场职能 |
| | | | 合理改革财政层级 |
| | | | 合理划分中央、地方事权 |
| | | | 合理划分投资权 |
| | 财政局 | 事权划分存在的问题 | 各级政府事权划分不清晰 |
| | | | 事权划分与财力不匹配 |
| | | 事权划分建议 | 划分市场和政府的边界 |
| | | | 划分中央与地方政府的事权范围 |
| | 工商局 | 事权划分存在的问题 | 事权严重超出财力 |
| | | 事权划分建议 | 行政管理体制改革 |
| | | | 给予充实财力保障 |
| | 商务局 | 事权划分存在的问题 | 缺乏财力保障 |
| | | 事权划分建议 | 财力与事权相匹配 |
| | 卫生局 | 事权划分情况 | 主要承担七项职责 |
| | | 事权划分存在的问题 | 事权划分模糊且与财力不匹配 |
| | | 事权划分建议 | 合理划分各级政府公共卫生事权 |
| | 民政局 | 事权划分存在的问题 | 民政工作中央与地方事权划分不合理 |
| | | | 新增民政事业事权划分不明确 |
| | | 事权划分建议 | 合理划分中央与地方民政工作事权 |
| | | | 制定社会福利和社会救助国家标准 |
| | | | 合理安排工作经费补助资金 |
| | | | 加大民间基础设施领域内的投资 |
| | 肥西县 | | |
| | 财政局 | 事权划分存在的问题 | 省以下政府间事权界定模糊，事权和支出责任下压给县（市）级政府较多 |
| | | 事权划分建议 | 探索省、市、县的事权与支出责任划分 |

续表

| 地区 | 单位 | 讨论内容 | 主要观点 |
|---|---|---|---|
| 安徽省 | 肥西县 | | |
| | | 民政局 | 主要承担的事权 | 承担十三项职责 |

| 地区 | 单位 | | 讨论内容 | 主要观点 |
|---|---|---|---|---|
| 安徽省 | 肥西县 | 民政局 | 主要承担的事权 | 承担十三项职责 |
| | | | 事权划分存在的问题 | 事权与财力不匹配 |
| | | | 事权划分的政策建议 | 明确事权划分的原则 |
| | | 工商局 | 事权划分存在的问题 | 事权与财力不匹配 |
| | | 人力资源和社会保障局 | 主要承担的事权 | 承担三十余项 |
| | | 编办 | 主要承担的事权 | 承担五项事权 |
| | | | 事权划分存在的问题 | 事权划分不清，且与财力不匹配 |
| | | 卫生局 | 事权划分存在的问题 | 事权划分与财力不匹配 |
| | | | 事权划分原则及具体内容 | 财力和事权相匹配的原则 |

资料来源：根据调研材料整理。

策　　划：张文勇

责任编辑：张文勇　何　奎　孙　逸　罗　浩

封面设计：李　雁

**图书在版编目（CIP）数据**

转变经济发展方式与深化改革研究 / 俞建国，曾铮主编．—北京：人民出版
　　社，2017.12

ISBN　978 – 7 – 01 – 018773 – 0

Ⅰ．①转…　Ⅱ．①俞…　②曾…　Ⅲ．①中国经济—经济发展模式—研究　②
　　中国经济—经济体制改革—研究　Ⅳ．① F120.3　② F121

中国版本图书馆 CIP 数据核字 (2017) 第 331730 号

**转变经济发展方式与深化改革研究**

ZHUANBIAN JINGJI FAZHAN FANGSHI YU SHENHUA GAIGE YANJIU

俞建国　曾　铮　主编

人民出版社 出版发行

（100706　北京市东城区隆福寺街 99 号）

涿州市星河印刷有限公司印刷　　新华书店经销

2017 年 12 月第 1 版　2017 年 12 月北京第 1 次印刷

开本：710 毫米 ×1000 毫米 1/16　印张：14.5

字数：250 千字

ISBN　978 – 7 – 01 – 018773 – 0　定价：36.00 元

邮购地址 100706　北京市东城区隆福寺街 99 号

人民东方图书销售中心　电话（010）65250042　65289539